ESSAI

SUR LA

CHAINE DE L'OCTATEUQUE

ABBEVILLE. — IMPRIMERIE F. PAILLART.

BIBLIOTHÈQUE
DE L'ÉCOLE
DES HAUTES ÉTUDES

PUBLIÉE SOUS LES AUSPICES

DU MINISTÈRE DE L'INSTRUCTION PUBLIQUE

SCIENCES HISTORIQUES ET PHILOLOGIQUES

CENT QUATRE-VINGT-QUINZIÈME FASCICULE

ESSAI SUR LA CHAÎNE DE L'OCTATEUQUE

PAR

Joseph DECONINCK

ÉLÈVE DIPLÔMÉ DE L'ÉCOLE DES HAUTES ÉTUDES

PARIS

LIBRAIRIE ANCIENNE HONORÉ CHAMPION

5, QUAI MALAQUAIS

1912

Tous droits réservés

ESSAI

SUR LA

CHAINE DE L'OCTATEUQUE

AVEC UNE ÉDITION DES

COMMENTAIRES

DE

DIODORE DE TARSE

QUI S'Y TROUVENT CONTENUS

PAR

Joseph DECONINCK

ÉLÈVE DIPLÔMÉ DE L'ÉCOLE DES HAUTES ÉTUDES

PARIS

LIBRAIRIE ANCIENNE HONORÉ CHAMPION

5, QUAI MALAQUAIS

—

1912

Tous droits réservés.

AVANT-PROPOS

L'objet de cette étude n'est pas de préparer un accueil d'entière confiance aux commentaires qui sont édités en seconde partie : ils devraient, pour être scientifiquement authentiques, avoir été traités par d'autres procédés de critique interne et externe. J'ai tenté le premier effort qui mène à cette certitude, celui d'entendre le témoignage de la chaîne : et ceci est une tâche déjà, et exige une méthode ; je me suis borné à cette tâche et j'ai recherché cette méthode.

M. D. SERRUYS, directeur à l'*Ecole des Hautes Etudes historiques et philologiques*, voudra bien agréer, à la première page de ce livre, l'expression de ma gratitude ; que valent les autres pages, si elles ne portent la marque de sa collaboration ?

Je dois aussi un témoignage de reconnaissance à l'*OEuvre d'encouragement des études supérieures dans le clergé* : grâce aux subsides qu'elle m'a accordés, j'ai prolongé mon séjour à Paris et j'ai entrepris des voyages à l'étranger.

Sur l'avis de M. Daniel SERRUYS, directeur-adjoint des Conférences
de philologie grecque et de MM. Alfred JACOB et Alexandre DESROUS-
SEAUX, commissaires responsables, le présent mémoire a valu à
M. Joseph DECONINCK le titre d'Élève diplômé de la section d'histoire
et de philologie de l'École pratique des Hautes-Études.

Paris, le 26 Juin 1910.

Le Directeur de la Conférence,

Signé : D. SERRUYS.

Les Commissaires responsables,

    Signé : A. JACOB.

      A.-M. DESROUSSEAUX.

Le Président de la Section,

Signé : G. MONOD.

ÉTUDE

SUR LA

CHAINE DE L'OCTATEUQUE

BIBLIOGRAPHIE[1]

I

Catalogues de manuscrits.

G. Karo et Joh. Lietzmann, *Catenarum græcarum catalogus*, dans
*Nachrichten der Gesellschaft der Wissens-
chaften zu Göttingen*, 1902, Philologisch-
historische Klasse, Hefte 1, 3, 5.

M. Faulhaber, *Die Katenenhandschriften der spanischen Bibliotheken*,
dans *Biblische Zeitschrift*, Freiburg, 1903, I, p. 151-
159, 246-255, 351-371.

Etudes générales.

Tous les articles des dictionnaires ou encyclopédies sont aujour-
d'hui insuffisants, même comme lecture d'introduction. Se servir à ce
point de vue de :

Fabricius, *Bibliotheca græca*, édit. Harless, Hambourg, 1802,
tome VIII, p. 637-700.

K. Krumbacher, *Geschichte der Byzantinischen Litteratur* (527-1453),
2 Aufl., München, 1897, p. 210-216.

Hans Lietzmann, *Catenen. Mitteilungen über ihre Gesch. u. handschr.
Ueberlieferung*, Freiburg, 1897,

---

1. Cette énumération n'est pas complète : le dépouillement des chaînes est un
problème renouvelé depuis une quinzaine d'années. Aussi, de parti-pris, nous avons
laissé de côté les livres anciens, travaux ou éditions ; on en trouvera la liste dans
plusieurs des ouvrages que nous citons (Fabricius, Krumbacher, Lietzmann).

1

H. Kihn, *Patrologie*, Paderborn, 1908, 2ᵉ vol., § 162 et 163, p. 441-
450 : étude à laquelle M. Faulhaber a collaboré.

M. Faulhaber, *Katenen und Katenenforschung*, dans *Byz. Zeitschr.*,
septembre 1909, p. 383-395.

Travaux spéciaux.

A.-E. Brooke, *The Fragments of Heracleon*, dans Robinson, *Texts
and Studies*, I, 4. Cambridge, 1891. Introduction :
the MSS of Origen's Commentaries on S. John,
p. 1-31.

E. Klostermann, *Die Ueberlieferung der Jeremiahomilien des Origenes*,
dans O. Gebhardt et A. Harnack, *Texte u.
Untersuchungen*, XVI, 3, 1897, c. IV, Die indirekte
Ueberlieferung der Griechen ; cf. V, Anhang.

H. Achelis, *Hippolytstudien*, dans Gebhardt-Harnack, *T. u. Unters.*,
XVI, 4, 1897, 2ᵉ partie.

M. Faulhaber, *Die Propheten-Catenen nach römischen Handschriften*,
Freiburg, 1899.

J. Sickenberger, *Die Lukaskatene des Niketas von Herakleia*, dans
Gebhardt-Harnack, *T. u. Unters*, XXI, 4, 1902.

M. Faulhaber, *Hohelied-, Proverbien- und Prediger- Katenen*, Wien,
1902.

C.-H. Turner, *Greek Patristic Commentaries on the Pauline Epistles*,
dans Hastings, *a Dictionary of the Bible*, Extra-
Volume, Edinburgh, 1904, col. 484-531.

O. Lang. *Die Katene zum ersten Korintherbrief*, Iéna, 1908.

O. Lang, *Die Catene des Vaticanus Gr. 762 zum ersten Korintherbrief*, dans H. Lietzmann. *Catenenstudien*, I, Leipzig, 1909.

Sur la chaîne de l'Octateuque.

P. Wendland, *Neuentdeckte Fragmente Philos*, Berlin, 1891.

L. Cohn, *Zur indirekten Ueberlieferung Philos und der älteren Kirchen-
väter*, dans *Jahrb. für prot. Theol.*, 1892, p. 475.

E. Klostermann, *Griechische Excerpte aus Homilien des Origenes*,
dans Gebhardt-Harnack, *T. u. Unters*, XII, 3,
1894.

E. Bratke, *Handschriftliches zu Procopius von Gaza*, dans *Zeitschr.
für wiss. Theol.*, Leipzig, 39ᵉ année, 1896.

L. Eisenhofer, *Prokopius von Gaza*, Freiburg, 1897.

E. Lindl, *Die Oktateuchkatene des Prokop von Gaza und die Septuagintaforschung*, München, 1902.

M. Faulhaber, *Literarische Rundschau f. das Kathol. Deutschland*, Freiburg, 1er avril 1903, compte-rendu du livre de E. Lindl.

A. Buturas, *Symbolæ ad hermeneuticas catenas græcas e codice monacensi gr. IX.* dans *Theolog. Quartalschrift*, 1909, nᵘˢ 2 et 3.

Th. Ouspensky, *L'Octateuque de la Bibliothèque du Sérail à Constantinople*, dans *Bulletin de l'Institut archéologique russe de Constantinople*, XII, Sofia, 1907, ch. II, p. 37-96.

Editions récentes.

Hippolyt's *Kleinere exegetische und homiletische Schriften*, herausgegeben von H. Achelis, dans *Griech. Christl. Schriftsteller der erst. drei Iahrh.*, Leipzig, 1897.

Titus von Bostra, herausg. von J. Sickenberger, dans Gebhardt-Harnack, *T. u. Unters*, XXI, 1, 1901.

Hesychii Hierosolymitani *interpretatio Isaïæ Prophetæ*, edid. Faulhaber, Friburgi, 1900.

II

Manuscrits [1]. édition et traductions de la chaîne sur l'Octateuque.

Les catalogues divisent en trois classes les manuscrits de chaînes grecques qui appartiennent au cycle de l'Octateuque. Cette distribution est justifiée dans le catalogue de Karo et Lietzmann par les listes de commentaires qui gravitent, en chacune de ces classes, autour de quelques versets de l'Écriture. Notre première tâche sera de donner à cette démonstration une base plus étendue.

Des deux manuscrits de la première classe, celui qu'il importait de consulter est le Basileensis 1 (A. N. III 13), x\u1d49 s. ; grâce à la bienveillance de MM. les administrateurs des bibliothèques de la Sorbonne et de Bâle, nous avons obtenu de l'étudier à Paris ; il ne contient que la chaîne de la Genèse et des premiers chapitres de l'Exode.

Le manuscrit Mosquensis 385 (28 W), x\u1d49 s., est le plus important de la deuxième classe, mais il ne nous a pas été accessible [2] ; des deux autres, le Vaticanus Reginæ 7, xv\u1d49 s., ne présente que les commentaires aux trois premiers chapitres de la Genèse ; nous avons collationné, au cours d'un voyage à Rome, le Barberinus 569 (vi 8), xvi\u1d49 s., qui contient toute la chaîne sur la Genèse.

Les manuscrits de la troisième classe sont très nombreux. Achelis, dans son édition des fragments d'Hippolyte, les opposait en bloc à ceux de Moscou et de Bâle que nous venons d'indiquer. Un peu d'ordre succéda à cette confusion, grâce aux éditions de la lettre d'Aristée qui se trouve en tête de beaucoup de ces manuscrits [3]. Les groupes se des-

1. Nous n'avons rien à ajouter sur la description des manuscrits à ce qui en est dit dans le catalogue de Karo et Lietzmann. Nous corrigeons seulement la date du Parisinus gr. 128, sur l'indication de M\u02b3 Jacob, professeur à l'Ecole des Hautes Etudes. — Sur le Basileensis 1, cf. Lindl, *Die Oktateuchcatene des Prokop von Gaza*. — Dans le Barberinus 569, il faut noter une erreur de pagination : après les fol. 129 reviennent les chiffres 125, 126, 127, 128, 129...

2. Nous n'avons pas obtenu de le faire venir à Paris ; à propos de ce manuscrit, Achelis (*Hippolytstudien*, p 105) écrit aussi : « Meine Bemühungen, die Handschrift durch Vermittelung des auswärtigen Amtes nach Göttingen zu bekommen, wären vergeblich. »

3. Wendland, *Aristeae ad Philocratem Epistola*, Leipzig 1900. — Swete, *An Introduction to the old Testament in Greek, with an Appendix containing the letter of Aristeas* edited by Thackeray, Cambridge, 1900.

sinent davantage encore à la suite d'un examen de M. Faulhaber qui communique ses conclusions à H. Lietzmann [1]. Une première famille *a)* serait représentée surtout par les manuscrits : Florentinus Laur. acqu. 44, Parisinus 129, Vaticanus 1668, Vaticanus 1684, Turicensis C 11, Hierosolymitanus s. Sepulcri 3, Romanus Vallic. 4. Au second groupe *b [1])* appartiendraient les Palatinus 203, Taurinensis B XIII 15, Monacensis 82, Venetus Marc. 534, Vaticanus 748. Un troisième *b [2])* comprendrait les Parisini 128, 130, 132, les Vaticani 1520, 746, 747, le Londinensis Burnerianus 34, le Vindobonensis 7. Les quatre manuscrits suivants représenteraient chacun une tradition distincte : le Monacensis 9, le Venetus 15, le Vaticanus 1657, le Barberinus IV 56. Enfin, un bon nombre d'autres, faute d'un examen approfondi, échappent jusqu'ici à toute détermination.

Ce classement est inachevé ; bien plus, les raisons qui le commandent n'ont pas encore été clairement exposées. Ce sera aussi notre tâche, dans la mesure où nous pourrons utiliser ces documents, de définir et de justifier les rapports qu'ils ont entre eux.

Nous avons eu à notre disposition les témoins suivants de cette troisième classe.

1. *Manuscrits.*

Les Parisini gr. 129 xiiie s., gr. 5 xiiie-xive s., gr. 128 xiiie s., gr. 130 et 132 xve s., gr. 161 xiiie s., gr. 131 xvie s., Coislin 5 xiiie s., Coislin 6 xiiie s., Coislin 7 xiie s., Coislin 193 xie s., supplément gr. 407 xvie s.

Les gr. 128, 129, 130-132, seuls, contiennent la chaîne de l'Octateuque dans toute son étendue ; ils ont servi à l'édition des fragments d'Hippolyte et de la lettre d'Aristée, et à la suite de ces travaux, il paraît bien que le 128 représente une tradition autre que celle du 129, il est établi que les 130-132 ont été copiés sur le 128 [2].

Le gr. 161 ne contient que la chaîne de la Genèse, le gr. 131 celle de l'Exode.

Les Coislin 5, 6, 7 fourniront bien peu de chose à cette étude, les deux premiers débutant avec le Lévitique, le troisième avec Josué.

Le Coislin 193 contient des extraits de la chaîne, et ceux-ci sont présentés sous le nom de Diodore, Γενέσεις διάφοροι Διοδώρου [3]. Il n'offre pas l'utilité qu'un manuscrit de cette sorte peut faire espérer, ni pour authentifier les extraits, car une comparaison avec la chaîne m'a permis de constater que, dans son recueil, le scribe avait

1. Karo et Lietzmann, *Catalogus*, p. 10-11.
2. Swete, *Introduction to the old Testament in Greek*, p. 597.
3. Fol 187 v°, cf. Catalogue Karo et Lietzmann, p. 17. Le scribe a mêlé aux commentaires de Diodore surtout ceux de Gennadius.

introduit bien des éléments étrangers à Diodore, ni pour l'établissement du texte, car il abrège assez souvent les commentaires et en modifie toujours la phrase du début de façon à les faire commencer par ἰστέον ὅτι.

Le gr. 5 et le supplément gr. 407 représentent eux aussi un travail de décomposition ; l'un et l'autre ne contiennent que des extraits de la chaîne, le premier, de Théodoret, le second, de Théodore ; ils nous seront complètement inutiles.

Des travaux récents nous font connaître la teneur de deux manuscrits étrangers, témoins importants de la chaîne, et qui appartiennent tous deux à la troisième classe. M. Buturas[1] expose l'analyse du Monacensis gr. IX, xiᵉ s., en comparaison de l'édition de Nicéphore dont nous allons parler immédiatement ; tout ce qui dans le manuscrit n'est pas en harmonie avec l'édition y est indiqué, du moins en ce qui regarde les lemmes ou notices sur l'origine des commentaires. — M. Ouspensky[1] a découvert dans la bibliothèque du Vieux sérail de Top-Capou, à Constantinople, un exemplaire de la chaîne de l'Octateuque que les catalogues ne signalaient pas ; ce manuscrit est du xiᵉ s., en assez mauvais état, mais complet ; écrit sur parchemin, il a 569 folios : Genèse fol. 23, Exode f. 155, Lévitique f. 265, Nombres f. 316. Deutéronome f. 391, Josué f. 472, Juges f. 512. M. O. a publié l'analyse de longues parties : fol. 23-71, 155-176, 265-275, 316-322, 391-394, 476-478 ; dans la même mesure, nous pourrons l'utiliser.

2. Édition.

L'unique est celle de NICÉPHORE qui a donné son nom à la chaîne :

« ΣΕΙΡΑ ΕΝΟΣ ΚΑΙ ΠΕΝΤΗΚΟΝΤΑ ΥΠΟΜΝΗΜΑΤΙΣΤΩΝ ΕΙΣ ΤΗΝ ΟΚΤΑΤΕΥΧΟΝ
« ΚΑΙ ΤΑ ΤΩΝ ΒΑΣΙΛΕΙΩΝ ΗΔΗ ΠΡΩΤΟΝ ΤΥΠΟΙΣ ΕΚΔΟΘΕΙΣΑ ΑΞΙΩΣΕΙ ΜΕΝ
« ΤΟΥ ΕΥΣΕΒΕΣΤΑΤΟΥ ΚΑΙ ΓΑΛΗΝΟΤΑΤΟΥ ΗΓΕΜΟΝΟΣ ΠΑΣΗΣ ΟΥΓΚΡΟΒΛΑΧΙΑΣ
« ΚΥΡΙΟΥ ΚΥΡΙΟΥ ΓΡΗΓΟΡΙΟΥ ΑΛΕΞΑΝΔΡΟΥ ΓΚΙΚΑ ΕΠΙΜΕΛΕΙᾼ ΔΕ ΝΙΚΗΦΟ-
« ΡΟΥ ΙΕΡΟΜΟΝΑΧΟΥ ΤΟΥ ΘΕΟΤΟΚΟΥ... ἐν Λειψίᾳ τῆς Σαξονίας, ἐν τῇ
« τυπογραφίᾳ τοῦ Βρεϊτκόπῳ. Ἔτει αψοβ γ. », 2 vol. fol.

Cette édition est établie sur deux manuscrits. Nicéphore prend résolument pour guide l'un d'eux, écrit au xiᵉ s., qui contenait la chaîne sur l'Octateuque et celle sur les Rois, et qui n'a pas été retrouvé depuis. Il inscrit en note les variantes de l'autre manuscrit et les leçons que lui-même propose. Tout ce qu'il y ajoute ou modifie, il l'indique à l'aide de signes conventionnels : quand il a établi lui-même une attribution de fragments, une astérisque en tête du lemme ; deux

1. Cf. Bibliographie.

astérisques s'il a introduit dans l'édition un commentaire qu'il jugeait intéressant d'ajouter à ceux de ses manuscrits. Ainsi guidés, nous pouvons nous servir de cette édition comme nous ferions d'un manuscrit. Nous la désignerons par le signe généralement employé *C L*, ou l'abréviation *Nic*. Nous parlerons quelquefois de la chaîne de Nicéphore pour désigner celle qui est représentée par les manuscrits de la troisième classe.

3. *Traductions.*

Elles sont au nombre de deux :

La première qui présente une chaîne sur le Pentateuque, parut en 1547 et est l'œuvre de F. Zephyrus[1] ; elle s'accorde tout à fait, au dire de M. Lietzmann[2], avec le manuscrit de Nicéphore, sauf qu'elle est enrichie de commentaires tirés du « Rabbi Moses » et qu'elle s'appauvrit petit à petit dans ses dernières parties. La traduction elle-même de chaque fragment résume systématiquement le texte grec et ne rend pas toutes les idées exprimées dans ce dernier.

Il en est une autre, qui n'a pas encore été signalée et que Mgr Mercati a bien voulu nous mettre en mains. En voici le titre complet :

R. P. Aloysii Novarini, *Veronensis clerici regularensis, variorum opusculorum tomus alter — in quo sacræ ac prophanæ eruditionis opibus augendis multa producuntur... et signate Catena in Genesim ex græcis patribus contexta latina veste donata...* Veronæ, Typis Rubeanis M.DC.XLVII. P. 191, dans l'avis au lecteur qui précède l'édition de la chaîne, il y a quelques lignes à recueillir : « ex graecorum patrum auctoritatibus formata haec catena est ; ex graeco latina eam veste donavit altissimus vir et conterraneus meus Adamus Fumanus[3], sed secundas haud dubie curas opus exigebat..., adhibuimus illas. »

Elle aussi doit prendre place parmi les témoins de la troisième classe comme l'indiquent les listes suivantes parallèles à celles publiées dans le catalogue de Karo et Lietzmann, p. 6 :

---

1. De son vrai nom Zeffi (Francesco), chanoine de la collégiale d'Empoli, puis de S' Laurent à Florence (1491-1546). Il édita aussi l'*Apologeticum*, de Tertullien.

Sa chaîne aurait eu trois éditions, la première à Florence en 1546 du vivant de l'auteur ; les deux autres avec addition d'une chaîne de Caraffa sur les cantiques du Nouveau et de l'Ancien Testament, l'une à Padoue en 1564, la dernière à Cologne en 1572. cf. *Epistole di S. Girolamo, volgarrizzate nel sec. XVI da Giov. Zeffi, edite nuovamente per cura del Agostino Morini*. Firenze 1862. p. XI.

2. *Catenen*, p. 18.

3. Fumanus, chanoine de Vérone, secrétaire du concile de Trente, meurt en 1587. Il exposa en vers les règles de la logique et publia à Lyon en 1540 une traduction italienne des œuvres morales de Saint Basile. Cf. Tiraboschi, *Storia della letteratura italiana*. 1833, t. IV, p. 261.

Gen. I, p, 191-195.

Theod.	Quidnam scripturae author praeposuerit creationi universi.
	Consuerere divinae litterae eorum ingeniis qui instituerunt praecepta metiri... haec autem in deserto conscripsit.
Basilii	*In idem.* Qui dicit opificem, non continuo etiam opificium dicit.., exaedificatum vero opus, post ipsum opificem.
Jean Chrysost.	*In idem.* Quam ob causam primum cœlum creavit, deinde terram... ipsa Dei voluntas est opifex eademque ars.
Sever. Gabal.	*In idem.* Duplex est Moysi propositum... proprios instituere, rationis atque ordinis.
Acacii Caesareae	*In idem.* Quam ob rem leges descripturus Moses opificium proposuit,.. sed vere, ut est, universi author et opifex.
Diodori	*In idem.* Quicumque Moysi temporibus apud Barbaros exstitere... fecit Deus cœlum et terram.
Gennadii	*In idem.* Sunt nonnulli qui dicunt, Deum volentem creare universa... neque placere neque satisfacere debent.
aliter in idem	Et lex a vere initium cepit : et novum testamentum, hoc est, ipsa Domini passio. Fortasse etiam ipsa mundi creatio.
Theod.	Qui his legibus instruebantur neque solidi neque firmi quidquam habebant.., scriptura passim tali doctrina referta est.
Severiani	*In idem.* Cur ita Moses cœli quidem, ac terrae meminit... ex iis quæ videntur, demonstret.
Acacii	*In idem.* Illud : in principio.,, accipiendum est ut si dixisset... omnia quaecumque in ipsis sunt comprehendit.
Theod.	*In idem.* Superfluas ego quidem puto esse ejusmodi quaestiones... eo quod aliquo modo ferat id quod fertur esse potest.
Severiani	*In idem.* Post angelos cœlum et quae sub cœlo sunt... quando faciebam sidera laudabant me omnes angeli mei.

BASILII   *In idem.* Fuit quædam ipso mundi ortu antiquior constitutio... propagationis atque substantiae principium exponit.

GENNADII   *In idem.* Sunt qui dicant ante cœlum et terram factos fuisse angelos, Platonis... nemo unquam cogitare ausit.

     Et post pauca. At illa quidem nullo modo attendenda... ante caetera quae facta sunt illos factos fuisse.

THEOD.   *In idem.* Caeterum aiunt nonnulli oportere dicere Angelos... quomodo Deus universi laudabatur.

in idem ejusdem Sed qui haec dicunt ignorant se hac ratione... palam divinus interdicit Apostolus.

in idem DIODORI Post invisibiles et intelligentes naturas Cœlum Deus illico una cum terra molitus est, non sane id quod cernitur (secundo enim die hoc factum est) sed supremum illud quod cœlum cœli vocat David.

Gen. III v. 6 et sqq., p. 216 et sqq.

THEODORI   *In illud :* et aperti sunt oculi amborum.

     Quidnam illud sibi vult ?... agitari solet conscientia.

GENNADII   Quaeri solet unde serpens... didicerunt autem ex eo quod ad sibilis propagationem incitati sunt, ut haberent, qui sibi decedentibus natura succederent.

ACACII   Oculi amborum, inquit, caeterum ut comprobetur... paululum ex hoc melle.

DIODORI   Et aperti, inquit, sunt oculi amborum : ex hoc quidam Haeritici... aperientur oculi ventri, etc...

THEODORI   Satis stulte quidam dixerunt... copulationem procul abigeret.

BASILII   Oportebat hominem quid esset nuditas ignorare.., ad cutem corporis traheretur.

ISIDORI *epist. quinquagesima prima.* Fici non simpliciter... ne amplius peccati causam fructum ullum proferret.

GENNADII   Ego arbitror illis Dominum... degustationem a serpente compulsus est.

THEODORI   Quum adhuc folia consuentes... aequalemque habet accusationem.

Hɪᴘᴘᴏʟʏᴛɪ episcopi Rhomæ. Folia ficus construxit... intellexerunt Domini adventum.

Nous limitons ce préambule à l'énumération des documents. Ce sera, nous l'espérons, le résultat de l'étude qui suit, que nous soyons renseignés sur la portée de leur témoignage, et sur l'ordre dans lequel nous devons nous en servir.

CHAPITRE PREMIER

Le commentaire de saint Thomas d'Aquin sur les quatre
évangiles, dont la matière est un conglomérat d'extraits re-
cueillis chez les docteurs et chez les Pères, reçut le premier le
titre de *chaîne* d'or[1]. Cette appellation ne resta pas fixée à un
objet aussi bien défini. Longtemps, *chaînes* et *florilèges* furent
des termes synonymes, l'un et l'autre d'un sens très général,
mots gracieux qui désignaient dans le domaine de la littérature
ecclésiastique, des œuvres de compilation souvent énormes,
dogmatiques ou exégétiques ou ascétiques. L'usage actuel est de
se conformer à la tradition ancienne et de réserver le premier
terme aux recueils de fragments exégétiques, constitués autour
d'un ou plusieurs livres de la Bible[1].

Le genre littéraire auquel ces œuvres appartiennent est beaucoup plus ancien que cette trouvaille métaphorique, et ses ori-
gines échappent aux limites de la littérature chrétienne. Dans
l'histoire de la littérature grecque, les procédés qui le caracté-
risent sont systématiquement employés dès la période alexandrine. Ils se manifestent d'ailleurs comme un symptôme de

1. Ce sens particulier n'est pas attribué aux mots *catena* ou σειρά même dans les
lexiques de langue de basse époque, cf. Heinrici, dans Hauck, *Realencyklopädie f. prot.
Th. u. K.* 3ᵉ ed. 3ᵉ vol. art. *Catenen*, p. 756. Il n'est pas sûr que saint Thomas lui-même
s'en soit servi pour désigner son commentaire, il n'y fait aucune allusion dans ses
préfaces dédicatrices. Le titre de l'édition de Paris 1660 est ainsi libellé : « Expositio
continua super IV evangelistas ex latinis et graecis auctoribus ac praesertim ex
patrum sententiis et glossis miro artificio quasi uno tenore contextuque conflata,
catena aurea justissimo titulo nuncupata. » Les éditions plus anciennes sont intitu-
lées : glossulæ continuæ, continua explanatio, opus aureum, cathena Thomæ de
Aquino. Cependant, en 1331. le cardinal Nicolas de Preauville consigne ceci dans
son Testament : « Conventui Ordinis Prædicatorum Rothomagensium legamus
Summam, quæ dicitur Catena aurea, pro communi studio. » cf. D. Thomæ Aquinatis
opera ed. Fretté, vol. 16. Catena Aurea, p. II.

décadence. Les bibliothèques sont très riches et les œuvres classiques n'y manquent pas ; on lit beaucoup ; le culte du passé devient l'unique règle de certains esprits qui n'ont plus l'espoir d'ajouter quelque chose à ce qu'ont dit les anciens. Les travaux se multiplient qui sont intitulés ποικίλα, σύμμικτα...[1] ; l'érudition spéciale d'un Polyen lui permet d'éditer des στρατηγήματα ; la curiosité plus légère et plus étendue d'autres lecteurs nous a valu des recueils au lien assez lâche pour être intitulés : propos de table. Diodore de Sicile écrivait ainsi de gros livres d'histoire avec des « ouvrages de seconde main ».

Il y eut un progrès dans l'évolution du genre quand les auteurs prirent l'habitude d'avouer leurs emprunts et d'indiquer leurs sources. Nous en avons un bel exemple dans les scolies aux règles de rhétorique d'Hermogène : les commentaires de Syrianus, de Sopater et de Marcellinus y sont sériés à la suite des propositions du maître, exactement comme dans les chaînes les extraits des différents Pères sont présentés en explication d'un même passage de l'Écriture.

Tout comme les romans du Moyen-âge, ces œuvres se prêtent à des variations multiples au cours desquelles elles grossissent ou s'abrègent au gré des narrateurs ou des lecteurs qui se succèdent. Établir entre elles un lien de filiation est toujours un problème difficile à résoudre. La ποικίλη ἱστορία d'Elien, dans la forme qui nous est parvenue, a déjà subi des réductions ; et c'est encore une question obscure de savoir s'il utilise Athénée ou si Athénée le copie, ou si l'un et l'autre n'ont pas une source commune. — Nous nous heurtons aux mêmes difficultés quand nous entreprenons des recherches critiques dans les chaînes.

Ces cadres littéraires ne pouvaient s'offrir aux théologiens qu'après les grandes luttes dogmatiques des ive et ve siècles. Il

---

1. Clément d'Alexandrie donnant la théorie de ses Stromates énumère une série d'autres titres aussi recherchés que le sien : éd. Staehlin, t. II, p. 423, l. 1-3 : ἢ καὶ λειμῶνάς τινες, καὶ ἑλικῶνας, καὶ κηρία, καὶ πέπλους, συναγωγὰς φιλομαθεῖς ποικίλως ἐξανθισάμενοι συνεγράψαντο...

existe dès lors une littérature chrétienne, et beaucoup d'idées
s'y trouvent exposées dont on n'a peut-être pas suffisamment tiré
parti. Les esprits entièrement conquis à la doctrine chrétienne
aiment à discourir par les voies traditionnelles. La tradition
elle-même a dans les siècles écoulés des représentants offi-
ciels. Toutes ces circonstances favorisaient l'éclosion des florilèges.

Parmi ces productions, les chaînes occupent une très large
place ; dans l'ordre chronologique, elles tiennent le premier
rang [1].

La *Catena aurea* de saint Thomas n'est pas, quoi qu'on en ait
dit, la première chaîne en langue latine [2]. Nous parlerons plus
loin d'une chaîne sur l'Octateuque composée en cette langue
par Jean le diacre ; celui-ci en utilise une autre de Victor de
Capoue et ceci nous fait remonter aux débuts du vi[e] siècle. Le
même évêque avait traduit du grec en latin une autre chaîne
sur les évangiles [3].

A ce moment, le genre prospérait dans la littérature chrétienne grecque. Déjà de Théodoret, on a pu dire qu'après saint
Jean Chrysostome et Théodore de Mopsueste, il n'offrait plus
une idée originale dans ses commentaires : il faisait de l'exégèse comme Diodore de Sicile avait fait de l'histoire. Quelques
années s'écoulent et on ne songe plus à présenter en une composition nouvelle les pensées des anciens. Philotheos peut avoir
écrit sa chaîne sur les petits prophètes peu après l'année 470.
C'est donc à la fin du ve siècle que l'on fixe la date d'apparition
des premières chaînes [4].

---

1. Les premiers florilèges que nous possédions ne remontent guère au delà du
viiie s. cf. Th. Schermann, *Die Geschichte der dogmatischen Florilegien vom V bis VIII
Iahrh.*, dans Gebhardt-Harnack, *Texte und Unters.* N. F. t. XIIIe, 1 Hinrich.,
Leipzig, 1904, p. 3 ; *Doctrina Patrum. De Verbi Incarnatione.* Ein Griechisches Flori-
legium aus der Wende des siebenten und achten Iahrhunderts... herausgegeben
von Prof. Dr. Fr. Diekamp. Münster 1907, Vorwort, p. I. : « Ein sicheres Urteil
über den genetischen Zusammenhang der Florilegien und Katenen ist ausserdem
nicht eher zu erreichen als die bedeutendsten Sammlungen dieser Art im Druck
vorliegen. »

2. Vigouroux, *Dictionnaire de la Bible.* Article *Chaînes.* Batiffol.

3. Migne, P. L. t. LXVIIIe col. 359.

4. Faulhaber, *Propheten-Catenen,* p. 38-39.

Ce serait une erreur et une injustice d'y voir exclusivement le travail de cerveaux médiocres, qui ont renoncé à produire une œuvre originale. Retourner aux livres de ses prédécesseurs, en reconnaître la richesse et la diversité, y recueillir les éléments de sa pensée, s'imposer à soi-même et à ses lecteurs un choix très averti n'est pour un travailleur, dans aucun ordre de l'activité intellectuelle, la marque de la dégénérescence et de la paresse. La chaîne de l'Octateuque, dans son plein développement, se composera de deux éléments distincts : l'un qui consiste en commentaires patristiques, l'autre en des renseignements d'ordre plus technique, leçons diverses du texte scripturaire, indications chronologiques, explications étymologiques de noms propres hébreux. Il est probable qu'ils n'ont pas été réunis à l'origine : dans certains manuscrits de la chaîne de la Genèse, l'élément exégétique est présenté dans le corps des pages et l'élément critique dans les marges. — Le fameux Codex Ambrosianus [1], C. 313 (vi-viie s.), principal témoin de la version syro-hexaplaire, présente, en outre de ce texte, un bon nombre de notes marginales où se lisent surtout les leçons des autres versions hexaplaires ; s'il mérite à ce titre le nom de chaîne, il témoignera surtout de l'existence de l'élément critique à part de l'élément exégétique. Cependant ces notes marginales présentent aussi quelques citations patristiques qui sont comme les amorces d'un enrichissement d'un autre ordre. En tous cas, le fait que ces deux genres de recueils se soient un jour réunis nous aide à reconnaître le trait commun à l'une et l'autre conception : ce fut le souci, on pourrait dire scientifique, de mettre sous les yeux tous les éléments qui pouvaient alors être réunis pour la discussion du texte et son interprétation [2].

---

1. Cf. *Codex Syro-hexaplaris Ambrosianus* photolithographice editus curante et annotante Ant. Mar. Ceriani, Mediolani 1874.

2. Au ve s. également se constituent de la même manière de grosses collections dans le domaine des sciences grammaticales. Cf. Pauly, *Real-Encyclopädie der classischen Altertumswissenschaft.* Neue Bearbeitung von G. Wissowa. VI[1]. Stuttgart, Metzler 1907, article de Reitzenstein sur *Etymologica*, col. 807-817. Ces Etymologica sont le résultat des efforts successifs de deux écoles très différentes, dont la première est inspirée par des principes philosophiques (école sophistique dont le travail est systématisé par l'école stoïcienne), l'autre, beaucoup plus méthodique, fait de l'Etymologie une véritable science (école alexandrine de Philoxène). Ils réunissent, sans aucun esprit

Les chaînes apparurent à l'époque des querelles suscitées par les monophysites. Pourtant, dès les premiers exemples, et elles ne changeront guère de caractère, elles ne s'offrent point sous une forme éristique. Le but d'un Philotheos, qui compose sa chaîne de commentaires d'Hésychius et de Théodoret, semble avoir été de réunir les interprétations allégoriques des alexandrins aux explications historiques et grammaticales de l'école d'Antioche. Cette intention apparaît plus clairement encore dans une chaîne inédite sur les Proverbes, qu'il faut sans doute attribuer à Procope et qui est formée surtout de fragments de Diodore et d'Origène[1]. Cette hospitalité ne cessera de s'élargir ; même après que les décisions du concile in Trullo (692) auront limité le choix de ces moissonneurs d'exégèse, les chaînes resteront des œuvres d'une orthodoxie pacifique où Théodore voisine avec Apollinaire, Épiphane avec Jean Chrysostome, Origène avec ses plus implacables ennemis, où Josèphe l'historien et Philon l'hébreu rendent hommage à la sagesse chrétienne.

Ce libéralisme était une condition de succès et de perfection ; il fut aussi le principe de la décadence du genre, quand il fit place à des œuvres aussi serviles, par exemple, que le commentaire de Procope sur l'Octateuque. A ce point, il ne s'agissait plus sans doute que de grossir le manuscrit et on aboutissait à des compilations aussi énormes que la chaîne dite de Nicéphore, où de l'aveu même de l'auteur[2], il était impossible au lecteur de se reconnaître parmi les contradictions et les inutilités. Durant des siècles, les exégètes byzantins persistèrent dans ce travail factice ; les derniers de ces laborieux ouvriers, comme Aréthas de Césarée (x° siècle) et Nicétas d'Héraclée, ne sont pas

critique et sans nul souci de les concilier, les conclusions de ces deux écoles. Ce n'est point le seul trait qui permette de les apparenter avec les chaînes. Comme elles, ils nous sont parvenus dans des recensions différentes qui ne diffèrent que par la richesse plus ou moins grande de leur contenu, et c'est aussi autour d'eux qu'il faut grouper quantité d'autres petits recueils qui n'en sont que des abrégés.

1. Eisenhofer, *Prokopius von Gaza*, p. 9, cf. Bratke, *Handschriftliches zu Procopius von Gaza* dans *Zeitschrift für wiss. Theol.* Leipzig, 39° ann., 1896, p. 309-312.
2. Cf. texte de Procope cité plus loin, p. 64.

les moins célèbres, et on en cite encore au milieu du xiv° siècle [1]. Peu à peu, presque tous les livres de l'Ancien et du Nouveau Testament s'enveloppèrent dans un vêtement épais et informe.

Nous ne pouvons négliger cet amas de matériaux, si peu attrayant qu'il soit, sans renoncer en même temps à une mine de données précieuses pour l'histoire du texte scripturaire et de la littérature patristique.

Le livre biblique soutient l'ordonnance des autres éléments d'une chaîne, tous rapportés à l'état fragmentaire et des sources les plus diverses ; les versets se succèdent et retiennent autour d'eux les scolies qui les expliquent. Aussi n'arriva-t-il que très tard dans l'évolution du genre, vers le xiv° siècle, que des scribes furent assez négligents pour s'abstenir de recopier le texte biblique ou pour ne le recopier qu'en partie. Nous avons donc, dans la plupart des manuscrits des chaînes, un exemplaire intégral du texte sacré ; c'est celui qu'a adopté le copiste ou même l'auteur de la chaîne.

La valeur critique de ces manuscrits s'augmente encore de la présence dans les marges ou parmi les scolies de nombreuses variantes empruntées aux versions bibliques autres que celle qui a été adoptée dans la chaîne. Il s'agit des versions hexaplaires, de la recension de Lucien, des versions désignées sous les lemmes ὁ ἑβραῖος, ὁ σύρος, τὸ σαμαρειτικόν [2]. Les premiers savants qui entreprirent la reconstitution des Hexaples d'Origène utilisèrent les seuls manuscrits des chaînes [3]. — Enfin, dans l'étoffe même des fragments exégétiques, il y a de nombreuses citations scripturaires qui témoignent des exemplaires de la Bible utilisés par les Pères.

Le prix de tous ces éléments critiques éclate de lui-même ; un travail comme celui de Lindl, *die Oktateuchcatene des Prokop von Gaza und die Septuagintaforschung* (München, 1902),

1. Cf. Kihn *Patrologie*, II, § 163. *Exegeten und Katenenschreiber*, p. 445-449.
2. Cf. Field. *Origenis hexaplorum quae supersunt, sive veterum interpretum græcorum in totum vetus Testamentum fragmenta*. Oxonii, 1875. Tom. 1". Introd., p. 75 et seq.
3. Petrus Morinus, 1587, cf. Field, *op. cit.*, p. 1 et seq.

prouve qu'on en a reconnu la richesse et que les premiers pas
sont faits dans la voie d'une utilisation systématique des
chaînes à ce point de vue.

Exploiter les chaînes pour combler les lacunes de l'histoire
littéraire des premiers siècles chrétiens est d'un intérêt plus
sérieux encore. Dès qu'ils furent assez répandus, ces larges
recueils permirent d'atteindre d'une façon rapide les travaux
exégétiques des anciens, et leur succès contribua, avec beaucoup d'autres influences, à la disparition progressive des
ouvrages complets où leurs extraits avaient été découpés. Mais
en même temps, ils sauvegardaient au moins ce qu'ils contenaient et maintenant les chaînes peuvent être pour nous le
moyen de reconstituer une partie des ouvrages disparus.

A vrai dire, il n'est pas permis d'en parler comme d'un
domaine inexploré et dont il faut estimer la valeur à distance.
Des recherches ont été menées, qui ont produit des résultats
sur lesquels on peut porter un jugement, et beaucoup de
savants ont leur opinion faite au sujet des chaînes, pour attirer
les travailleurs sur ce terrain ou pour les en écarter.

Dès le XVIIe et le XVIIIe siècles, les chaînes grecques sont
exploitées et selon les procédés les plus divers, sous la forme
d'une édition, ou sous celle d'une traduction latine ; de l'une
on publie tout le contenu, d'une au ire on retire exclusivement
les commentaires d'un exégète. Ces travaux paraissent à Anvers,
Londres, Leipzig, Florence [1]. Les érudits français ne restent pas
étrangers à ces entreprises. Richard Simon signale la valeur
de ces manuscrits dans son *Histoire critique des principaux
commentateurs du Nouveau Testament* [2] ; les jésuites Pelte,
Fronton du Duc, Sirmond, Poussines, le dominicain Combefis,
le bénédictin Montfaucon les utilisent à un moment ou l'autre
de leur carrière scientifique. [3] La plupart de ces travailleurs

---

1. Cf. Lietzmann, *Catalogus*, sous les rubriques *Libri impressi; Catenen*, p. 17-27.
2. Richard Simon, *Histoire critique des principaux commentateurs du N. T.*, 1693,
c. XXX, p. 422.
3. Cf. les Histoires littéraires des ordres indiqués, aux noms cités : Sommervogel,
Bibliothèque de la Compagnie de Jésus, 1890 ; Quétif et Echard, *Scriptores Ordinis*

étaient remarquablement consciencieux, mais leurs publications n'avaient pas été préparées par une recherche méthodique des manuscrits. Plusieurs des éditions de cette époque n'ont d'appui réel que sur un seul exemplaire d'une chaîne et ne sont pas supérieures à ce qu'aurait été une bonne copie avant la découverte de l'imprimerie.

La mise au jour des textes fut poursuivie durant le xixᵉ siècle, sans que la méthode qu'on y appliquait ne se perfectionnât. Maï[1] et Pitra[2] s'introduisirent très crânement dans le fourré, en revinrent les bras chargés, mais d'une récolte dont on hésite toujours à se servir, si minces en sont les garanties. Ils s'étaient préoccupés de recueillir les extraits de commentateurs particuliers. Cramer, en 1844, édite en entier à Oxford des chaînes sur le Nouveau Testament, tirées surtout de manuscrits parisiens[3] : et le résultat de ce travail considérable méritait moins de confiance encore que les éditions des siècles antérieurs. On resta longtemps sous l'impression de ces efforts malheureux.

D'ailleurs, une connaissance superficielle de ces sources littéraires permettait d'entrevoir toute la série d'accidents — confusion de noms propres, enchevêtrement et dislocation de fragments — qui avaient dû affecter le cours de leur tradition. Des confusions nombreuses entre les noms de Diodore, de Théodore, de Théodoret, par exemple, étaient rendues évidentes par les publications déjà faites. Bien des textes s'y retrouvaient que l'on avait obtenus par une voie plus directe, et la tentation ne venait à personne de contrôler un texte intégral par ses débris. Aucun catalogue complet, aucune classification raisonnée ne préparait le contrôle des manuscrits l'un par l'autre. Surtout les fruits qu'on en espérait seraient-ils

Prædicatorum, 1719-21 ; Vanel, *Bénédictins de Sᵗ Maur à Sᵗ Germain des Prés* (1630-1791), 1896.

1. *Scriptor. Veter. Nova Collectio*, Rom. 1825-1838. — *Nova Patr. Bibliotheca*, Rom. 1839-44.

2. *Analecta Sacra Spicilegio Solesmensi parata*, 8 vol. 1876-91, in-8°.

3. *Catenæ Græcorum Patrum in Novum Testamentum* edid. J. A. Cramer, Oxonii, 1844.

proportionnés à la part considérable de temps et de travail mécanique qu'exigeraient ces dépouillements ? Bien des manuscrits n'offrent aucun point de repère qui aide le lecteur à les parcourir; aucun de ceux que j'ai vus, parmi ceux qui contiennent la grosse chaîne sur l'Octateuque, n'offre une division du texte biblique en versets ou chapitres. — Aussi le dédain était-il général pour cette littérature, et ce sentiment a trouvé son expression la plus hautaine dans cette déclaration de Leipoldt [1] qu'il regretterait comme du temps perdu d'accorder seulement une heure à une recherche dans ces manuscrits.

Les difficultés sont réelles et peuvent être expliquées par le succès qu'obtint cette exégèse byzantine. Les chaînes furent copiées et recopiées très souvent. Tandis que le contenu ne s'enrichissait guère, on cherchait au cours des siècles à leur donner un attrait de renouveau en bouleversant leur ordonnance extérieure. On n'évite jamais toute confusion quand, dans un régiment, on fait passer les hommes d'une formation à une autre. En l'espèce, le désordre laissait à chaque fois quelque trace ; des fragments se perdaient ou se mêlaient à d'autres. Des scribes se préoccupèrent d'enjoliver la chaîne en employant des encres de diverses couleurs, en inscrivant les noms d'auteurs en vedette des commentaires, toutes opérations qui compliquaient la copie et produisaient des accidents. C'est ainsi que bien des manuscrits ont une physionomie particulière, qui n'ont en propre que leurs altérations. Les critiques les mieux renseignés n'ont pas nié ces difficultés et leur premier effort a été de les définir et de les classer [2].

Et en raison des résultats déjà acquis, ils ont protesté contre des jugements dédaigneux, auxquels se mêlait bien un peu de paresse. Selon l'évaluation de Faulhaber [3], la moitié des textes exégétiques qui ont été publiés nous ont été transmis par la voie indirecte des chaînes. Qu'aurait-on connu, pour ne citer

---

1. *Didymus der Blinde*, 1905, p. 17.
2. Lietzmann, *Catenen*, p. 9-17.
3. *Die Propheten-Catenen*, Vorwort, p. 7.

que des commentateurs du iv⁰ siècle, des œuvres de Théodore
d'Héraclée. de Diodore de Tarse. de Polychronius, de Titus de
Bostra. d'Acace de Césarée, si des chercheurs hardis n'avaient
couru l'aventure de dépouiller ces manuscrits[1]? N'y avait-on
pas recueilli tout ce que l'on possédait des fragments exégétiques d'Apollinaire de Laodicée? La collection de Théodore
de Mopsueste n'avait-elle pas été enrichie de la même manière,
et Swete n'y avait-il pas retrouvé en bonne partie le texte
original d'un commentaire de cet auteur sur les épîtres de
saint Paul[2]. Et ces publications ne devaient laisser indifférents
ni les exégètes — au témoignage de savants comme Jülicher,
Weiss, Bousset, Lietzmann[3] — ni les historiens de l'exégèse ;
si nous devons nous plaindre de ne point posséder encore une
histoire de cette science, la raison n'en est-elle pas dans la
pauvreté relative de nos documents et dans l'état d'inexploi-
tation où nous en avons laissé les matériaux ?

Sur la fin du xix⁰ siècle, des critiques exercés durent, au
cours de leurs travaux, pousser quelques reconnaissances sur ce
terrain méprisé : ils affirmèrent que les difficultés étaient loin
d'être insurmontables et promirent à ces recherches encore
plus de résultats qu'elles n'en avaient eu dans le passé. Wendland, Preuschen, Ehrard, Lietzmann s'entendaient sur cette
proposition : avant d'éditer les Pères anténicéens, selon le
projet de l'Académie de Berlin, il est nécessaire d'inventorier
et d'utiliser le contenu des chaînes. Car, ce n'était pas seulement des Pères du iv⁰ s. que l'on y trouverait des fragments
inédits, mais aussi des écrivains antérieurs: « On ne peut, dit
Preuschen[4]. éditer Origène, Hippolyte, Denys d'Alexandrie,
Eusèbe de Césarée, sans utiliser cette littérature où s'est
conservée une bonne partie de l'héritage de ces écrivains ! » Ces
promesses ne devaient point être démenties par les travaux qui

1. Pour tous ces auteurs, cf. Batiffol, *Anc. Littératures chrétiennes. I. Littérature
grecque*, 4⁰ édit. 1908.

2. *Theod. episc. Mopsuest. quæ supersunt in epist. Pauli commentariorum*. Cambridge,
1880-82, 2 vol. 8⁰.

3. Lietzmann, *Catenen*, p. 11.

4. Harnack, *Gesch. der altchristl. Lit. bis Eusebius*, 1893, p. 834-842.

ont suivi. et il suffit pour s'en convaincre, de parcourir la liste, rédigée par Faulhaber, des commentaires ou fragments de commentaires inédits que l'on pourrait extraire de la chaîne des Prophètes [1]. —

On y trouve les noms d'Origène, de Dorothée, d'Apollinaire de Laodicée, de Didyme, d'Eusèbe d'Emèse, d'Hésychius de Jérusalem, de Polychronius, de Théodore d'Héraclée, de Chrysostome, de Cyrille d'Alexandrie...

Un concert de voix aussi autorisées ne pouvait rester sans écho. Depuis 1897, année où Lietzmann faisait paraître sa brochure intitulée « Catenen », une très belle série de travaux sur cette littérature a paru en Allemagne. La première idée qui fut lancée fut d'éditer les chaînes en bloc : chacune de ces œuvres mériterait, disait-on, une édition intégrale ; il en fallait tirer tout ce qu'elles peuvent donner : par elles, on contrôlerait des textes intégralement transmis ; on y recueillerait le texte grec d'ouvrages dont nous ne possédons que des versions [2] ; surtout il fallait publier l'inconnu et l'inédit qui s'y trouve : et dans cette besogne on se heurterait à des problèmes d'authenticité ; pour reconnaître l'origine de beaucoup de ces fragments on n'aurait point d'autre témoignage attributif que celui des chaînes elles-mêmes et non plus les secours ordinaires de la critique interne, puisque de plusieurs exégètes ce seraient les premières pages qui seraient ainsi mises au jour. Le vieux sentiment de défiance persistait et ne paraissait devoir être tout à fait dissipé que si on épuisait toutes les garanties offertes par les manuscrits. La solution unique était la publication intégrale de la chaîne. C'est sous cette forme que la concevaient les savants dont je citais les noms plus haut et qui signalaient aux premiers efforts la chaîne de l'Octateuque. L'œuvre était énorme, et ils priaient l'Académie de Berlin d'en entreprendre l'organisation.

1. *Proph.-Cat.*, p. 219.
2. En ces cas, l'utilisation des chaînes est très facilitée et avait déjà permis la publication d'excellents travaux comme ceux de Wendland (*Neuentdeckte Fragm. Philos.*, 1891) et de Klostermann (*Griechische Excerpte aus Homilien des Origenes*, Texte u. Unters. Gebhardt-Harnack, XII, 3, 1894), pour ne citer que les plus récents.

Plus de dix ans se sont écoulés et la collection des *Catenenstudien* vient enfin d'être inaugurée : elle nous révèle que, sous la savante direction de H. Lietzmann, le projet si largement conçu est enfin en voie de réalisation. L'Académie de Berlin y a consacré une grosse somme d'argent et le programme comporte la publication d'analyses de manuscrits, des reproductions photographiques des principaux manuscrits étrangers à l'Allemagne, enfin des éditions de chaînes. Signalons toutefois que l'objet du premier fascicule de la collection n'est pas encore la chaîne sur l'Octateuque, mais l'analyse partielle du Vaticanus 762, celle de la chaîne sur la première épître aux Corinthiens.

Au cours de cette longue période d'attente une solution heureuse avait paru indiquée par les travaux particuliers de Faulhaber et de Sickenberger. Ces savants s'imposent une tâche limitée, la publication des fragments d'un auteur en particulier. Mais ils ont reconnu qu'il leur serait impossible de donner à cette édition les garanties nécessaires s'ils ne se préoccupaient de l'histoire du recueil où ils en trouvent les éléments. Le premier[1] donne l'édition du commentaire d'Hésychius de Jérusalem sur le prophète Isaïe, mais l'année précédente, il avait publié une monographie sur les chaînes des Prophètes d'après les manuscrits romains. — Du second[2], nous trouvons à une année d'intervalle, dans les *Texte und Untersuchungen* de Gebhart-Harnack, une édition des fragments de Titus de Bostra et une étude sur la chaîne d'où en grande partie ils avaient été extraits, la chaîne sur Luc de Nicétas d'Héraclée.

Ainsi dans le cercle restreint de travaux individuels, ou dans le vaste programme de l'Académie de Berlin, la formule de la méthode est la même : c'est dans les travaux antérieurs à l'édition que se trouve la clef des difficultés.

---

1. *Die Propheten-Catenen nach römischen Handschriften*, Freiburg, 1899. — *Hesychii Hieros. interpretatio Isaïæ prophetæ.* Friburgi, 1900.

2. *Titus von Bostra*, dans *Texte und Unters.*, N. F. VI, 1, Leipzig, 1901. — *Die Lukaskatene des Nicetas von Herakleia*, dans *Texte u. Unters.* N. F. VII, 4. Leipzig, 1902.

Il faut d'abord obtenir une nomenclature suffisamment complète des manuscrits, et les répartir d'après les différents livres de la Bible. Cette exigence est bien près d'être satisfaite depuis la publication du catalogue de Caro et Lietzmann, et de celui de Faulhaber. Les premiers ont visité personnellement les bibliothèques d'Europe, sauf celles de l'Espagne. Faulhaber combla postérieurement cette lacune. — Le nombre de ces manuscrits est considérable, de plusieurs centaines ; il s'en trouve dans presque toutes les bibliothèques, et cette dispersion restera l'obstacle le plus sérieux au dépouillement intégral de cette littérature. — Ils sont répartis en séries correspondantes à l'Octateuque (plus de cinquante), les Rois, les Psaumes, les Proverbes, l'Ecclésiaste, le Cantique, Job, les douze petits prophètes, chacun des quatre grands prophètes, chacun des évangélistes, les actes des apôtres, les épîtres de St Paul.

A propos de chacune de ces séries de manuscrits, deux problèmes se poseront successivement :

1° Combien y a-t-il, dans ces manuscrits, pour commenter un livre ou un groupe de livres de la Bible, de chaînes absolument séparables ? Les catalogues répartissent les manuscrits de l'Octateuque en trois groupes, ceux des Psaumes en vingt-sept groupes : c'est une première analyse de quelques pages qui a fait adopter cette classification. Ces groupes n'ont-ils entre eux aucun rapport de parenté ? La réponse à cette question exige souvent un examen approfondi : Lietzmann, dans son étude publiée en 1897, divise en deux groupes les manuscrits parisiens qui appartiennent au cycle des livres des Rois, et paraît ainsi discerner deux chaînes ; le catalogue publié en 1902 par ce savant, énumère en un seul groupe tous les manuscrits de cette série. Cette réduction à une seule chaîne, du moins la conception d'une seule chaîne, origine commune des cycles énumérés, est le résultat probable d'investigations plus approfondies.

2° Au cours de ces premières opérations, le critique sera conduit le plus souvent à se représenter différents moments dans l'histoire d'une chaîne et des développements dans des directions divergentes l'une de l'autre. Ce qui justifiait la première exposition de Lietzmann relativement aux chaînes des Rois, c'était que chacun des groupes possédait un certain nombre de fragments qui ne se retrouvaient pas dans l'autre. Plus tard, il fallut reconnaître l'existence d'un noyau commun ; il reste que les divergences doivent être expliquées, et elles le sont par la méthode de travail que les Byzantins ont appliquée à tous les genres littéraires auxquels ils ont touché.

Une œuvre n'est jamais complètement achevée, elle n'appartient exclusivement à personne ; elle s'enrichit par agglutination fragmentaire ; le lecteur devient aisément un collaborateur. Ainsi se développent les florilèges moraux, les chroniques c'est-à-dire des compositions moins susceptibles de subir ces accroissements que les chaînes, où le lien d'unité matérielle était trouvé dans le texte de la Bible. Il sera donc très naturel de constater ici ce même phénomène. Le florilège exégétique est un arbre, simple par ses racines, divers par ses rameaux.

Les deux problèmes que nous venons d'indiquer seront résolus par deux classifications successives, l'une qui séparera les manuscrits des chaînes originellement étrangères les unes aux autres, la seconde qui distribuera entre différentes familles et dans un ordre chronologique les manuscrits qui ont entre eux quelque bien commun. Et dès lors, la question de l'utilisation des chaînes devient un problème critique des plus ordinaires. L'histoire de la chaîne n'est pas autre que l'histoire de la tradition manuscrite ainsi découverte : les différents groupes correspondent à autant d'étapes ou autant de ramifications ; leur comparaison permet de prendre parti presque chaque fois que la question d'authenticité ou d'intégrité se pose à propos des fragments.

Le dernier mot de ces considérations générales sera donc pour indiquer les seuls indices qui peuvent mettre sur la voie d'une classification rationnelle.

Serait-il possible, comme l'idée en vient au premier coup

d'œil, de tirer parti des caractères extérieurs des manuscrits ?
L'aspect varie selon la manière dont les commentaires sont
groupés autour du texte sacré. Ces dispositions sont au
nombre de quatre principales :

1° La chaîne est à ses débuts ; on n'a mis que peu d'auteurs à
contribution pour la constituer, deux le plus souvent. Chaque
page du manuscrit est divisée en colonnes entre lesquelles
sont distribués les commentaires des deux ou trois exégètes
utilisés. Ainsi, se trouve disposée dans le Chisianus R. VIII 54
et le Vaticanus 1153, la chaîne sur les petits prophètes, formée
de commentaires de Théodoret et d'Hésychius. C'est ce que
nous appellerons la disposition *en colonne double ou triple...*
(Columnencatene) [1].

2° La chaîne est beaucoup plus riche et composée d'éléments
très divers. On réserve au texte biblique une petite place, soit
exactement au centre de chaque page [2], dans la pensée de
l'entourer des quatre côtés par les commentaires, soit plus
souvent dans le milieu intérieur, au centre du manuscrit
ouvert. Il en est ainsi dans le Coislin Gr. 7. Nous appellerons
cette manière la disposition *en couronne* (Rahmencatene).

3° A un état aussi riche de la chaîne correspond une disposition moins décorative. On ne se soucie plus de séparer dans
l'espace de la page, texte et commentaires. On cite une partie
plus ou moins longue du texte biblique ; suivent les extraits
qui commentent ce passage de l'Écriture, et on continue ainsi
de suite. Parfois même on néglige de reproduire en entier le
livre commenté ; les extraits se suivent commençant chacun
par la phrase qu'ils expliquent. C'est la formation qui rappelle
le mieux le nom de chaîne, une enfilade d'extraits. Pour lui
donner une désignation spéciale, nous l'appellerons la chaîne
en colonne simple (Breitcatene). Les phrases citées de l'Écriture,

1. Voyez le schema de cette disposition, Karo et Lietzmann, Catalog., p. 331.
2. En voir la reproduction photographique dans Lindl, *Die Oktateuchcatene des
Prokop von Gaza und die Septuaginiaforschung.* Quelquefois le texte est entouré d'un
double cadre. Cf. Ch. Graux, *Notices sommaires des mss. grecs de la bibliothèque
royale de Copenhague,* Paris, 1879, pl. I.

sont souvent écrites à l'encre rouge, ou signalées par des guillemets. Presque tous les manuscrits de Paris que nous avons utilisés se présentent sous cet aspect. Le ms 128 présente en outre ce caractère qu'il est surchargé de multiples additions dans les marges.

4° Un manuscrit ne contient primitivement que le texte de la Bible ; par la suite, le premier scribe ou un scribe postérieur entreprend d'en garnir les marges de commentaires ; il le fait, les empruntant le plus souvent à une chaîne et dans la mesure où l'espace marginal le lui permet. C'est en général le type des chaînes appauvries : appelons-les chaînes *marginales*[1].

Il y a dans ces caractères extérieurs certains indices qui peuvent devenir utiles à un moment ou l'autre de la classification ; deux manuscrits importants de la Bibliothèque nationale présentent la chaîne sur l'Octateuque, le Gr. 128 et le Gr. 129 ; le nombre des fragments-est le même dans l'un et l'autre ; dans l'un et l'autre, les scribes ont disposé la chaîne en colonne simple. Mais le 128 offre cette particularité de présenter en marge un bon nombre de ses fragments. Cette comparaison n'impose-t-elle pas l'idée d'un moment où la chaîne n'offrait pas des scolies aussi abondantes ?

Cependant, ces différences d'aspect sont d'une importance très secondaire : elles ne peuvent aider au discernement ni des chaînes indépendantes ni des familles de manuscrits. Ce fut une erreur de Lindl, dans l'ouvrage que nous signalions tout à l'heure [2], d'accorder la valeur d'une tradition particulière au manuscrit Monacensis 9 parce que, seul de tous les

---

1. Notre classification est calquée presque littéralement sur celle de Faulhaber (*Propheten-Catene*, p. 2, not. 2). Les termes techniques en sont à peine fixés. Lietzmann, dans son catalogue, classe encore parmi les chaînes marginales, des manuscrits que Faulhaber désigne comme types des chaînes en colonnes.

On a pu remarquer que cette classification correspond à des phases théoriques de l'histoire de la chaîne. Le professeur de Strasbourg la double d'une autre, conçue plutôt d'après un plan chronologique : les compilations simples (*einfachen Catenen*) ou éclectiques, sous l'aspect ordinaire des chaînes en colonne double ; les compilations volumineuses (*Massencatene*) ou générales sous l'aspect de chaînes en couronne ou en colonne simple ; les extraits de chaînes, correspondant le plus souvent aux chaînes marginales. Cette seconde classification paraît avoir une utilité moindre que la première.

2. Loc. cit. p. 8.

manuscrits utilisés, il offrait la particularité d'encadrer le passage de l'Écriture par les fragments patristiques qui le commentaient. Michel Faulhaber lui fit remarquer que ce pouvait être un caractère très momentané dans l'histoire d'une chaîne [1]. Un même groupe de fragments apparaît au xi⁰ s. dans la disposition enveloppante, et au xvi⁰, sérié en colonne. Dans un même manuscrit de Paris, le Gr. 128, où la chaîne est presque toujours disposée en colonne simple, elle se présente en couronne aux folios 84, 92, 94, etc. La chaîne du Coislin Gr. 7, qui prend généralement la forme en couronne, devient marginale aux folios 28, 33, etc.

Il serait aussi dangereux. dans l'analyse d'une chaîne et dans la classification des manuscrits qui la représentent; de se borner à recueillir la succession des lemmes ou des notices attributives des fragments. Nous en avons eu la preuve au cours de recherches dans les manuscrits parisiens.

Migne (P. G. XXXIII, p. 1615-1628) reproduit d'après la chaîne de Corderius [2] de nombreux commentaires de Diodore sur les Psaumes. De fait, nous les retrouvons, pour la plupart, dans la chaîne du Parisinus Gr. 139, manuscrit du xi⁰ siècle, très soigné, le seul [3] de la Bibliothèque nationale qui offre en abondance des commentaires de Diodore sur les Psaumes ; nous les retrouvons, en général, avec le même début et la même conclusion, mais attribués à d'autres auteurs. En voici quelques exemples.

Dans Migne, nous avons 12 fragments explicatifs au psaume LXXXVIII⁰ attribués à Diodore ; dans le Parisinus gr. 139, les deux premiers sont attribués à Diodore, le 3⁰ à Eusèbe. le 4⁰ et le 5⁰ à Athanase, le 6⁰ à Apollinaire, le 7⁰ à Théodoret, les 3 suivants à Eusèbe, le 11⁰ à Didyme, le 12⁰ à Eusèbe [4].

---

1. *Literarische Rundschau fur das kathol. Deutschland*, 1⁰ʳ avril 1903.

2. *Expositio Patrum Graecorum in psalmos*, a Balthasare Corderio ex vetustissimis... codicibus concinnata... Antverpiæ, 1643-46, 3 vol.. sur la base de cinq mss. de Vienne et de deux de Munich.

3. Le Par Gr. 148 est copié sur le 139.

4. Des références plus détaillées sont inutiles, le scribe du manuscrit indiquant très nettement le numéro des psaumes et versets.

Psaume LXXXIX° : des deux fragments de Migne, l'un est sous le nom de Diodore, l'autre en partie sans nom d'auteur, en partie sous le nom d'Eusèbe.

A côté de cela, un bon nombre d'autres fragments sont attribués à Diodore.

A partir du psaume XC°, le nom de cet exégète disparaît dans le manuscrit, mais les fragments qui lui appartiennent d'après les indications de Corderius s'y retrouvent, et sont attribués :

Ceux du psaume XC°, respectivement à Athanase, Eusèbe, Théodoret, Cyrille d'Alexandrie, Hésychius, Théodoret ;

Ceux du psaume XCI°, au nombre de trois, à Cyrille d'Alexandrie ;

Celui du psaume XCII° à Hésychius ;

Ceux du psaume XCIII° à Didyme, Cyrille d'Alexandrie, Hésychius : et ainsi du reste.

Un examen rapide des lemmes mènerait à séparer complètement le manuscrit de Paris et la chaîne de Corderius ; en réalité nous avons affaire à une même œuvre dont l'un des exemplaires est corrompu [1].

Ainsi, la disposition des fragments dans un manuscrit est un fait accidentel ; la suite des noms cités peut avoir été bouleversée, ou même, par le fait d'accidents fortuits ou de corrections arbitraires, n'être plus qu'une suite d'étiquettes trompeuses. Il reste que, pour se rendre compte de la composition d'une chaîne comme du caractère spécifique d'un manuscrit, il faut s'appliquer à l'examen des commentaires eux-mêmes.

Toute la théorie du travail préparatoire pour une édition de fragments tirés des chaînes tient donc en quelques mots : 1° distinguer les différentes chaînes qui ont été construites autour d'un livre de la Bible ;

---

1. M. le prof. Lietzmann a bien voulu me confirmer ce qu'il suggère dans son catalogue (p. 20) et rejette la responsabilité de ces divergences sur l'éditeur Corderius ; à partir du psaume LXVI°, son principal manuscrit, le Monac. 13 n'a plus guère de lemmes ; Corderius y a suppléé selon sa fantaisie.

2º Dans l'étude d'une chaîne déterminée, reconnaître les différentes phases de son histoire et classer ses manuscrits dans un ordre chronologique.

3º Pour reconnaître la diversité des chaînes et des manuscrits, s'attacher à l'analyse de leur contenu.

Nous essaierons d'éclairer cette méthode en l'appliquant à l'étude de la chaîne de l'Octateuque.

CHAPITRE II

La chaîne sur l'Octateuque nous a été transmise dans des manuscrits qui ont été répartis, nous l'avons déjà dit, en trois classes : celle dite de Bâle, qui a pour témoin principal le Basileensis 1 ; celle de Moscou (Mosquensis 385) ; et enfin le type représenté par la presque totalité des manuscrits, et qui est connu par l'édition qui en a été donnée à Leipzig en 1772 par Nicéphore. Cette répartition est l'œuvre d'Achelis, qui la proposa à la suite des recherches qu'il fit en vue d'éditer les fragments exégétiques d'Hippolyte [1].

Dès lors, Lietzmann, dans une brochure intitulée *Catenen* [2], réclame une description plus complète de ces différentes classes : en quoi se ressemblent-elles ou s'opposent-elles l'une à l'autre ? n'y a-t-il pour les séparer que des variantes de texte, ou bien aussi des différences qui résultent de la richesse ou de la nature du contenu ? ont-elles entre elles des rapports de filiation ou d'origine commune ? Peu après avoir montré l'intérêt de ces questions, lui-même dresse dans son catalogue [3] la liste des fragments qui, en chacune de ces classes, servent de commentaires aux versets I. 1 et III. 6 de la Genèse. Ce n'était qu'une réponse partielle : elle paraissait bien au moins justifier les divisions établies par Achelis, et Lietzmann comme Achelis distribue en trois séries les manuscrits connus.

Lindl tente de pousser plus loin la comparaison [4]; nous avons signalé, au point de départ de son travail, une erreur

1. *Hippolytstudien*, p. 108.
2. *Catenen*, p. 6-8.
3. *Cat. græc. catalogus*, p. 3, 5, 9.
4. *Op. cit.*, p. 5-14.

d'appréciation : il y a une lacune dans le choix qu'il a fait des manuscrits : aucun représentant de la classe dite de Moscou n'y a trouvé place ; enfin, il établit la comparaison sur une base beaucoup trop restreinte, n'utilisant que les commentaires qui, dans ses manuscrits, gravitent autour des versets Genèse II. 8-9 : nous verrons, au cours de ce travail, qu'il faut se défendre contre les modifications qu'ont subies certains manuscrits et grâce auxquelles des commentaires ont pu être déplacés non seulement d'un verset à un autre, mais aussi d'un chapitre à un autre chapitre.

Nous avons essayé, pour notre part, de reprendre cette comparaison, de justifier davantage la distinction entre les trois classes et de préciser les relations qu'elles ont entre elles.

Le manuscrit Par. Gr. 128 a été choisi parmi les manuscrits parisiens pour opposer le type de Nicéphore à celui de Bâle, parce que la disposition de ses commentaires permettra de pousser plus au loin les conclusions. On verra d'ailleurs par la suite dans quelle mesure ces conclusions peuvent s'étendre aux autres témoins de la même classe.

Pour suppléer au manuscrit de Moscou, nous avons étudié le Barberinus 569 (VI. 8). D'après l'analyse partielle qu'en donne Lietzmann [1], son contenu peut être identifié à celui du premier. La rédaction en est d'ailleurs très soignée, il est en bon état et complet. — Le troisième et dernier manuscrit connu de cette classe est aussi à Rome ; malheureusement il contient à peine les commentaires des trois premiers chapitres de la Genèse : pour cette partie il reproduit très exactement les lemmes du Barberinus.

Nous désignerons au cours de cet exposé les classes dites de Nicéphore, de Moscou et de Bâle par les lettres X, Y, Z.

Nous voulons établir notre classement après une analyse détaillée des éléments contenus dans la tradition manuscrite.

---

1. Catalogue, p. 5 et 6.

Le premier de ces éléments à examiner ne serait-il pas le texte scripturaire, et de variantes ou leçons différentes du texte biblique, ne pourrions-nous pas conclure à l'indépendance des chaînes qui l'accompagnent ?

Le rapprochement du Basil. 1. et du Par. 128 révèle que les deux manuscrits nous offrent des textes scripturaires assez différents l'un de l'autre. Celui du Basil. 1 a été relevé par Brooke et Mac-Lean [1], où il est désigné dans l'apparat critique par la lettre c2 ; celui du Paris. 128 se rapproche beaucoup par ses lectures dans les chapitres où nous l'avons collationné, de deux manuscrits de chaînes, le Vaticanus gr. 747 et le Laur. Acq. 44, que l'apparat de Brooke et Mac-Lean désigne par les lettres *e* et *j*. Lindl [2] avait reconnu aussi de nombreuses divergences entre le même manuscrit de Bâle et le Monacensis 9.

Il n'y a pas à insister beaucoup sur ces divergences : elles ne constituent pas une preuve en faveur de la différence des chaînes. Nicéphore, quand il a édité la chaîne de l'Octateuque, a utilisé un autre texte biblique que celui qu'il trouvait dans ses manuscrits [3]. Une substitution semblable a dû se produire souvent au cours des copies successives : le scribe se tient dans une certaine indépendance vis-à-vis de son modèle ; d'une chaîne en couronne, il fait une chaîne en colonne ; il n'a pas plus de respect pour les divisions du texte biblique qu'il y trouve ; pas un des quatre témoins principaux que nous ayons vus de cette chaîne, bien qu'ils disposent tous leurs commentaires en colonnes à la suite de quelques lignes du texte sacré, n'offre les mêmes divisions de ce texte : le Par. 128 progresse par larges tranches, Nicéphore avance verset par verset. Aussi était-il plus commode à ce scribe d'avoir sous les yeux une Bible et d'en utiliser le texte aux dépens de celui de sa chaîne. Celle-ci a donc une histoire indépendante de la tradition du texte scripturaire qui l'accompagne dans les manuscrits.

1. *The Old Testament in Greek*, vol. I. The Octateuch, part. I. Genesis, Cambridge, 1906.
2. *Op. cit.*, p. 65.
3. Vol. I. τοῖς ἐντευξομένοις, p. ζ'.

Parmi toutes les scolies qui ont été réunies dans ces manuscrits pour illustrer le texte de l'Octateuque, il en est qui se trouvent en marge des folios du Basileensis 1, et qui méritent d'être examinées à part des autres. Elles appellent l'attention, non pas tant parce qu'elles sont écrites en marge, mais plutôt parce que, dans leur ensemble, elles donnent des renseignements d'un autre ordre que celles qui remplissent le corps des pages : il y a bien parmi elles quelques phrases empruntées aux commentaires des Pères, et ceci est tout à fait conforme au contenu principal de la chaîne ; mais elles contiennent surtout, en de petites phrases courtes, des indications d'un caractère philologique ou historique [1].

La documentation philologique se compose :

1) des leçons des **différentes** versions hexaplaires : elles ont été recueillies par Brooke et Mac-Lean dans leur édition des Septante ;

2) de traductions étymologiques de noms propres hébreux : voici par exemple celles que nous recueillons le long du chapitre XIII de la Genèse : Ἰορδάνου, καταβαίνοντος — Σόδομα, τύφλωσις ἢ στείρωσις ἢ ἑστῶσα σιωπή [2] — Ζόγορα, μέτρον ἢ στάσις — Μαμβρῆ, ἀπὸ ὁράσεως· — Χεβρών, ζυγή [3] ἢ ἑταιρία.

Les renséignements d'ordre historique tendent à compléter le récit des premiers chapitres de la Genèse. Ce sont :

1) Deux remarques chronologiques importantes : au verset Gen. VII, 10, ὁμοῦ ἀπὸ Ἀδὰμ ἕως τοῦ κατακλυσμοῦ ἔτη βσμβ', et au verset Gen. XII, 4, ἀπὸ τοῦ κατακλυσμοῦ ἕως τοῦ ἑβδομηκοστοῦ πέμπτου ἔτους Ἀβραὰμ ἔτη αρξ'.

2) Les noms des femmes de personnages antérieurs au déluge, de Noé et de ses fils : les noms suivants sont cités aux chapitres IVᵉ et Vᵉ:

---

1. Ces scolies marginales du Basileensis 1 ont été collationnées jusqu'au chap. XXIV, v. 22, par Paul de Lagarde, *Genesis græce*, Leipzig, 1868 ; le reste a été copié par E. Lindl, *op. cit.*, p. 24 et suiv.

2. In man. : ἑστῶσας Ἰωπή.

3. In. man. : ξογή.,

γυνὴ Κάιν, Ἀσαοὺλ ἡ ἀδελφὴ αὐτοῦ
γυνὴ Σήθ, Ἀζουρὰ ἡ ἀδελφὴ αὐτοῦ
γυνὴ Ἐνώς, Νωὰ ἡ ἀδελφὴ αὐτοῦ
γυνὴ Καινάν, Μαωλίθ ἡ ἀδελφὴ αὐτοῦ
γυνὴ Μαλελεήλ, Δινὰ θυγάτηρ Βαραχιὴλ πατραδέλφου αὐτοῦ
γυνὴ Ἰάρεδ, Βαραχὰ θυγάτηρ Ἀσουὴλ
γυνὴ Ἐνώχ, Ἐανὶ θυγάτηρ Δανιὴλ πατραδέλφου αὐτοῦ
γυνὴ Μαθουσάλα, Ἐδνὰ θυγάτηρ Ἐζριὴλ πατραδέλφου αὐτοῦ
γυνὴ Λαμέχ, Βεθενὼς θυγάτηρ Βαραχιὴλ πατραδέλφου αὐτοῦ
γυνὴ Νῶε, Ἐμζαρὰ θυγάτηρ Βαραχιὴλ πατραδέλφου αὐτοῦ.

3) En marge du chapitre IXe de la Genèse qui décrit les généalogies des fils de Noé, on lit ces indications empruntées à un *diamerismos*, c'est-à-dire à un document qui répartissait le monde connu entre les différentes races humaines, issues de cette famille.

Γάμερ, ἀφ' οὗ Γαλάται   Μοσόχ, ἀφ' οὗ Καππαδόκαι
Μαγώγ, ἀφ' οὗ Σκύθαι   Θηράς, ἀφ' οὗ Θρᾷκες
Μαδαίμ, ἀφ' οὗ Μῆδοι   Χούς, ἀφ' οὗ Αἰθίοπες
Ἰωυάν, ἀφ' οὗ Ἰωνία   Μεστραίμ, ἀφ' οὗ Αἰγύπτιοι
Ἐλισά, ἀφ' οὗ Αἰολεῖς   Φούθ, ἀφ' οὗ Λίβυες
Θοβέλ, ἀφ' οὗ Ἴβηρες   etc…, etc…

Il serait facile d'indiquer, sinon quelle est la source précise de chacun de ces renseignements, du moins de quel genre de composition ils tirent leur origine[1]. Le fait qu'ils se trouvent

1. Sur les versions hexaplaires, cf. Field, *op. cit.*, et Swete, *An Introduction to the Old Testament in Greek*, 1900. S'il est vrai que les Hexaples d'Origène ne furent jamais recopiées, il y eut en circulation, à la suite de ce travail, de nombreux « recueils de leçons choisies ». — Aussi nombreux furent les lexiques de noms propres hébreux : saint Jérôme se plaint de leur multiplicité et de leur diversité (*Liber interpretationis hebraïcorum nominum*, édit. de Lagarde, p. 1). Aucun de ceux qui ont été édités par de Lagarde, *Onomastica Sacra*, 2ᵉ édit., 1887, ne contient intégralement et exactement les traductions qui se lisent dans les scolies marginales du Basileensis 1. Cf. note de Lindl, *op. cit.*, p. 38, et les notes de La Rue aux passages d'Origène où elles se trouvent. Migne, *P. G.*, XII, col. 119 et suiv. — Des deux chiffres d'années indiqués, le premier (2242 ans) est celui des Septante, adopté par un grand nombre de chroniqueurs, Hippolyte (édit. Bauer, p. 40, nᵒ 35 de la Chronique), Sulpice-Sévère (*Chron.* I, 3, 5), Josèphe (*Antiquités Judaïques*, éd. Niese, I, 82. cf. Præf. p. XXXV), Epiphane (*adv. hæreses*, l. I, 1, 4. Migne, *P. G.*, t. XLI, col. 180), ces deux derniers avec une légère variante (2262). Le second chiffre, 1160,

ici groupés mérite surtout d'être retenu et d'être classé à côté
de plusieurs cas analogues, sinon identiques. Le *Livre des
Jubilés* ou *Petite Genèse*, d'où est venue dans le manuscrit
de Bâle, par voie directe ou indirecte, la série des noms de
femmes [1], contient aussi une chronologie et un *diamerismos* [2],
différents de ceux que nous venons de citer, mais qui révèlent
les mêmes préoccupations. Le *Diamerismos* du Basileensis 1 résume fidèlement celui de Josèphe (*Ant. Jud.* I, vii 1 et 2) : l'historien juif a, lui aussi, une chronologie [3], et s'il n'a pas
emprunté à la petite Genèse, qu'il connaissait sans doute, la
liste des femmes des patriarches, il ne laissait pas quelquefois,
au cours de son récit, de définir des relations de parenté entre
personnages, sur lesquelles la Bible reste muette [4]. La chronique d'Hippolyte possède aussi beaucoup d'éléments qui
souffrent comparaison avec les scolies de la chaîne [5]. En un
mot, les divers renseignements qu'elles contiennent, surtout
ceux qui sont d'ordre historique, s'appellent évidemment l'un
l'autre, et forment un groupement intéressant.

Aussi bien, nous ne connaissons aucun document qui puisse
avoir servi de source unique au scribe du Basileensis. A puiser

est beaucoup plus caractéristique et ne se rapproche bien que de celui que propose
Epiphane pour la 90° année d'Abraham (la 3431° du monde, cod. op., col. 193),
cf. Gelzer, *Sextus Julius Africanus und die byzantinische Chronographie.* Leipzig,
Teubner, 1880-85, II° Theil, p. 251 et suiv.

Sur le διαμερισμός, cf. von Gutschmid, *Klein. Schriften* V., et Bauer, *Die Chronik
des Hippolytos im Matritensis græcus 121.* Leipzig, 1905. Gebhardt-Harnack. Texte u.
Untersuchungen, XXIX, 1. — Le plus ancien document qui contienne le nom des
femmes des patriarches est le livre apocryphe, la petite Genèse ou livre des Jubilés.
Cf. Dillmann, *Liber Jubilaeorum qui idem a Græcis ἡ λεπτὴ γένεσις inscribitur...* 1859,
texte éthiopien ; R. H. Charles, *the Book of. J. or the little Genesis.* London, 1902 :
Dillmann u. Rönsch, *Das Buch der Jubiläen oder die Kleine Genesis,* 1874, étude très
approfondie ; Fr. Martin, *Le Livre des Jubilés* dans *Revue biblique,* 1911, en cours de
publication.

1. Au chap. IV de l'apocryphe. Il y a bien quelques divergences assez graves
entre le manuscrit et l'apocryphe : ainsi dans ce dernier, le nom de la femme de
Caïn est 'Αυὰν, cf. Dillmann et Rönsch, *op. cit.,* p. 368.

2. Cf. Dillmann et Rönsch, c. viii et ix du texte ; cf. appendice sur la chronologie de la petite Genèse.

3. *Ant. Jud.,* I, vi, 5, ed. Niese, I, 148-153 ; cf. trad. franç. Weil, p. 34, note sur
cette chronologie.

4. Ainsi de Sarra, la femme d'Abraham, Josèphe fait aussi sa nièce, I, vii, 1,
ed. Niese, I, 154 ; cf. Genèse, XI, 29.

5. Cf. Bauer, *op. cit.,* p. 16 et suiv., préambule de la chronique. Comparaison du
diamérismos d'Hippolyte et de celui de Josèphe, p. 150 et 151.

dans toutes les œuvres d'Epiphane de Chypre, on établirait
aisément une série d'éléments critiques et historiques compa-
rables à ceux du manuscrit : sur aucun point de détail, il n'y
aurait identité [1].

Puisque ces scolies sont en marge du manuscrit, qu'elles
sont écrites de la même main, et qu'il y a entre elles une vraie
cohérence, on peut croire qu'elles ont été introduites en bloc
dans la chaîne ; l'hypothèse d'un manuscrit de la Bible, semblable à l'Ambrosianus C. 313, dont nous parlions plus
haut, s'offre d'elle-même à la pensée : ce n'est pas une chaîne
proprement dite, c'est un exemplaire de la Bible qui possède
en marge quelques indications d'ordre critique et historique,
diverses d'origine. Un scribe qui copie la chaîne de la Genèse
adopte ce modèle pour son texte scripturaire ; il ne néglige pas
la documentation qui accompagne celui-ci et la reproduit en
marge de la chaîne [2].

Ces scolies du manuscrit de Bâle se retrouvent dans le Vaticanus 569 [3], mêlées aux commentaires patristiques ; sans doute,
se lisent-elles aussi en marge des folios dans le Mosquensis 385
puisque Lietzmann (*Catalogus*, p. 7) signale qu'il y a des notes
marginales dans ce dernier manuscrit. C'est là un lien entre
les deux classes Y et Z : nous l'indiquons sans pouvoir préciser
dans laquelle des deux ce bloc a été d'abord introduit.

Elles n'existent pas, à notre connaissance, dans les manuscrits qui représentent la classe X [4]. Quelle importance faut-il
accorder à cette dissemblance ? Si les manuscrits parisiens et
l'édition de Leipzig n'ont pas précisément les leçons hexaplaires

1. Nous avons déjà donné des références pour la chronologie d'Epiphane ; cf. son
diamérismos dans *Anrorutus*, c. 112. Mign., *P. G.*, t. XLIII, col. 220-221 ; *contra
hæreses*, l. I, t. I, n° 5. Mign., t. XLI, c. 184, II, 11, 82. Mign., t. XLII, c. 160.
cf. Bauer, *op. cit.*, p. 163. Epiphane emprunte directement les noms de femmes au
livre des Jubilés : cf. Dillmann et Rönsch, *op. cit.*, p. 252. Les leçons des variantes
hexaplaires et les traductions étymologiques sont dispersées dans ses ouvrages.

2. M. Serruys me signale une parenté intime entre les notes historiques du Basi-
leeusis et la chronique encore inédite de Pierre d'Alexandrie.

3. Noms des femmes, fol. 117ᵛ, 121 ; indications chronologiques, fol. 121 ; explications étymologiques des noms hébreux, fol. 151, 166ᵛ, 167, 243.

4. Si le diamérismos se trouve dans l'édition de Leipzig (I, 109), c'est que Nicéphore l'a emprunté lui-même à Procope.

contenues dans les manuscrits de Bâle et de Moscou, ils en possèdent cependant, et aussi le Vaticanus Gr. 747, et le Laurentianus, Acq. 44 [1]. Souvent elles sont les mêmes dans tous ces manuscrits de la 3ᵉ classe, et souvent aussi elles diffèrent : il ne peut en être autrement ; ces leçons si elles n'étaient écrites en rouge, étaient perdues, dans le fouillis des autres commentaires, surtout dans le type de la chaîne en couronne qui a dû précéder la chaîne en colonne simple, et au cours d'une copie, elles étaient facilement oubliées. — En plus des accidents, il a pu y avoir des additions ou des omissions volontaires des scribes. Les uns enrichissaient la chaîne qu'ils copiaient en y introduisant les leçons hexaplaires que pouvait contenir l'exemplaire de la bible qu'ils utilisaient ; les autres négligeaient de les recopier puisqu'elles se trouvaient déjà indiquées et discutées dans les commentaires d'Origène, de Diodore ou de Théodoret.

Les explications étymologiques des noms propres, qui ne sont pas non plus complètement absentes des manuscrits de la 3° classe, couraient les mêmes risques, et les scribes leur faisaient le même sort : ils jugeaient inutiles de reproduire ces brèves scolies qui se trouvaient largement développées dans les citations patristiques de Cyrille, de Jean Chrysostome, d'Epiphane, même de Théodore. On ne peut pas, sur des ressemblances ou des différences en ce genre d'éléments, répartir les différentes classes de manuscrits, ni même les manuscrits d'une même classe.

Enfin, le caractère même de ces scolies, surtout de celles qui contiennent des indications historiques, et la manière dont elles sont présentées en marge, en font un élément adventice et surajouté aux éléments essentiels de la chaîne.

Les résultats sont plus intéressants si nous entreprenons l'examen des fragments patristiques eux-mêmes. Nous l'avons poursuivi de deux manières, soit en comparant les commentaires qui sont groupés autour d'une fraction donnée du texte

---

1. Cf. apparat critique de Brooke et Mac Lean, édit. des Septante. Ces leçons sont parfois les mêmes que dans le Basileensis 1, mais l'identité est loin d'être constante.

scripturaire, soit en comparant les fragments qui au cours de
la chaîne sont attribués à un même auteur.

I. *Fragments groupés autour d'une même partie de l'Ecriture.*

En plus des fragments que je reproduis, j'ai dans les manuscrits parcouru des yeux leurs alentours, pour vérifier si les
citations de l'un d'eux, qui paraissaient dans l'autre n'avoir pas
de correspondant, ne s'étaient pas égarées.

1. GEN. IV, 15-17.

  Basil. 1, fol. 61 v° et suiv.

   v. 15 (1ʳᵉ phrase).

Sine nomine Οὕτω δεῖ ἀναγνῶναι... μωριῶν ἔνοχός ἐστιν. *a*

   v. 15 (2ᵉ phrase).

Κυρίλλου Πᾶς ὁ ἀποκτείνας... ἀριθμὸς τέλειός ἐστιν. *b*
Βασιλείου Ἐκδικούμενα δὲ... εἰς κόλασιν ἐπαγόμενα. *c*
καὶ μετ' ὀλίγα. Ἐπικατάρατος ἡ γῆ... διακρύπτεσθαι τὴν τιμωρίαν. *d*

   v. 15 (fin)-v. 17 (1ʳᵉ phrase).

Sine nomine Τὸ σημεῖον οὐκ εἶπεν... δειλίαν ποιῆσαι φόνον, *e*
Διδύμου Οὐκ εἶπεν ἔγνω Κάιν... τῆς διαδοχῆς οἰκεία. *f*
Διοδώρου Συγχωρεῖ... τοῖς αὐτοῖς. *g*
Κυρίλλου Πῶς τῶν ἀπὸ Σὴθ... γάρ φησι Κυρίου ἐπὶ δικαίους. *h*
   Σάλος ἑρμηνεύεται ναΐδ... ὅπερ ἐστὶ κακία. *i*

  Par. Gr. 128, fol. 70 et suiv. (cf. Nic., col. 113-115).

  En marge.   *En page.*
           vers. 9. 17.

α fragment de Basile.   ζ fragment de Basile.
β Κυρίλλου. Ἑπτὰ τίθησι... η fragment anonyme.
  ἀριθμὸς τέλειός ἐστιν. = *b* θ variante hexaplaire (se
γ fragment d'Origène.   trouve dans Z en marge).
δ fragment de Théodoret. ι et κ 2 fragments anonymes.
ε Ἄλλως = *e*.   λ fragment de Basile.
          μ Βασιλείου = *c* et *d*.
          ν fragment de Théodoret.
          ξ Κυρίλλου = *h*.

De ce tableau, on peut au moins conclure que quatre fragments de Z (*a*, *f*, *g*, *i*) ne se trouvent pas dans X.

Des cinq fragments communs, trois dans X sont en page, deux sont en marge.

Barberinus 569 (qui supplée le Mosquensis 385), fol. 84-86.

v. 15 (1ʳᵉ phrase).

Sine nomine	α.
Κυρίλλου	Πᾶς ὁ ἀποκτείνας... τῆς θείας ὀργῆς plus étendu que *b*
Ὠριγένους	Οὐ διεῖλεν ὀρθῶς... ζωῆς καὶ μετανοίας = γ.
Ἀκακίου Καιρασείας.	Οὐκ ἀφῆκεν ἀναιρεθῆναι... ἐμπεριπατήσαντα ἐν αὐτῷ.
Βασιλείου	*c.* et *d.*
Γενναδίου	Ἑπτὰ τοίνυν λέγει... τοῖς ὁρῶσι προκείμενος = κ.
Γρηγορίου	Κἂν μὲν ἐκδικούμενος... τὸν νόμον καὶ τὸ κατάκριμα.
Διοδώρου	Ποῖα τὰ ἑπτὰ ἐκδικούμενα... ἐν πάσῃ τῇ γῇ = δ.

v. 15, 2ᵉ phr.-v. 17.

Sine nomine	e.
Κυρίλλου	i.
Θεοδωρήτου	Ποῖον σημεῖον ἔθετο... καὶ δῆλον εἰργάζετο = ν.
τοῦ αὐτοῦ	Τίνα ὁ Κάϊν ἔσχε γυναῖκα ; ... συναφθῶσι παῖδες. = Nic. I col. 115.
Διδύμου	= *f*,
Θεοδώρου	= *g*.

Il y a des fragments communs aux trois classes (*b, c, d*).

Les quatre fragments de Z qui ne se trouvaient pas dans X se retrouvent dans Y.

Le seul fragment de Z (*h*) qui ne se trouve pas dans Y existe dans X.

Y contient deux fragments, ceux d'Acace et de Grégoire, qui n'appartiennent qu'à lui.

X possède aussi en propre un certain nombre de fragments.

2. GEN. XXV.

Basil. 1, fol. 126 et suiv.

v. *19*-v. *22* ἵνα τί μοι τοῦτο.

Κυρίλλου	Ἀλλ' ἦν ἀσύμφωνος... ὥσπερ ἔχθραν ὑποση-μαίνοντα.	a
τοῦ αὐτοῦ	Ὅρα τοίνυν τὴν Ῥεβέκκαν... δεύτερος δὲ καὶ μετ' ἐκεῖνον.	b

v. *22*.

Εὐσεβίου Ἐμέσης	Ποῦ ἐπορεύθη πυθέσθαι,... εἰ μὴ πρὸς Μελχι-σεδέκ.	c
Ἄλλος	Ἀπελθοῦσα καθ' ἑαυτήν... τὰ σκιρτήματα τῶν βρεφῶν.	d

v. *23 et 24*.

Κυρίλλου	Ὁ δὴ καὶ τετέλεσται... τῷ ἐκ ταπεινοφροσύ-νης ἐλάσσονι.	e

v. *25*.

Κυρίλλου	Καὶ ὁ μὲν Ἡσαῦ πυρράκης... τοῦ νοητοῦ καὶ ἔσωθεν κάλλους.	f

v. *26* (1ʳᵉ partie).

Κυρίλλου	Ἰσήλικες μὲν γὰρ ἀλλήλοις... ἀτημελῶς προ-τετιμηκότος.	g
Διοδώρου	Διὰ τοῦτο τῆς πτέρνης... καὶ κληρονόμος γίνε-ται.	h
Εὐσεβίου Ἐμέσης	Ὅπερ προεφήτευσεν αὐτή... πτερνισμοῦ Ἡσαῦ τίθησιν.	i
Ἄλλος	Ἐκ ταύτης δὲ τοῦ θεοῦ... ἔργον ἦν τὸ γεγονός.	j

v, *26-28* (1ʳᵉ partie).

Κυρίλλου	Θηρευτὴς οὖν ἄρα... ὁ ἁπλοῦς ἐν Κυρίῳ.	k

v. *28* (fin).

	Ἡ Ῥεβέκκα διὰ τὴν συνήθειαν... ἀπὸ προαιρέ-σεως ἦν κάλλος.	l

v. *29-30*.

	Ἀντὶ τοῦ ἑψέματος Ἀδὰμ... παρῆκται τὸ Ἐδώμ.	m
Φίλωνος ἐπισκόπου	Καὶ τὸ ῥητὸν τῆς διηγήσεως... ζῆλον ἐγκρα-τείας λαβόντων.	n

Par. Gr. 128, fol. 119 et suiv. (cf. Nic., I, 311-315).

En marge.	*En page.*
	v. 11-29.
α. β. γ. 3 fragments anonymes.	ι. un fragment qu'une se-
δ. fragment de Diodore.	conde main attribue à
ε. fragment anonyme.	Sévère d'Antioche et qui
ϛ. fragment de Cyrille.	se retrouve dans Z, f° 125.
ζ. fragment de Cyrille.	κ. fragment anonyme.
η. variante de Symmaque (se	λ. Κυρίλλου = *a.*
trouve dans Z en marge).	μ. τοῦ αὐτοῦ = *b.*
θ. Φίλωνος ἐπισκόπου = *n.*	ν. Εὐσεβίου = *c.*
	ξ. Ἄλλος = *d.*
	ο. fragment de Théodoret.
	π. fragment anonyme.
	ρ. fragment de Gennadius.
	σ. fragment anonyme = *e.*
	τ. Κυρίλλου = *f.*
	υ. τοῦ αὐτοῦ = *g.*
	φ. Διοδώρου = *h.*
	χ. Εὐσεβίου = *i.*
	ψ. Κυρίλλου = *l.*
	ω. τοῦ αὐτοῦ = *m.*

Un fragment de Z, (*j*), ne se trouve pas dans X.

Un bon nombre de fragments de X, de la page et de la marge, ne se trouve pas dans Z.

Des fragments communs, l'un dans X se trouve en marge, les autres en page.

Tous les fragments ont le même début et la même conclusion.

Barberinus 569, fol. 167 v° et seq.

v. *18* (dern. phr.)-*22* (dern. phr. excl.).

Sine nom. καὶ τοῦτο θείας χάριτος... νόμῳ φύσεως συνιστάμενον.

Κυρίλλου   *a.*

τοῦ αὐτοῦ   *b.*

v. *22 et 23* (1ʳᵉ phr.).

Θεοδωρήτου   Τινές φασι πρὸς τὸν Μελχ... γνωρίσαι τὰ συμβησό-
             μενα = o.

Διοδώρου   d.   τινὲς δέ φασι πρὸς τὸν Μελχ. ἀπεληλυθέναι
             στοχασμῷ μᾶλλον ἢ ἀληθείᾳ χρώμενοι (cf. Nic. I,
             311).

Γενναδίου   Τινὲς αὐτὴν παρὰ τὸν Μελχ... εἰκὸς αὐτὸν ἔτι περιεῖναι
             = ρ.

Σευήρου   Τὰ δύο παιδία τύπον ἐπεῖχε... δευτέρα κατὰ τὸν χρόνον.

v. *23-24*.

Κυρίλλου   e.   mais autre finale διὰ τοῦτο ἐμίσησα αὐτήν.
τοῦ αὐτοῦ   Ὅτι δὲ ἀμείνων... τῆς πτέρνης ἐπειληφέναι καταδεικνύς.

v. *25-26* (1ʳᵉ phr.).

Κυρίλλου   f.
τοῦ αὐτοῦ   g.

v. *26 et 27* (1ʳᵉ phr.).

Διοδώρου   h.
Εὐσεβίου   i.
sine nom.   j.
Κυρίλλου   Πτερνιστὴς ὁ Ἰακὼβ νικᾶν... τοῦ θανάτου τὸ κέντρον = τ.
Ἰσιδώρου   Τῆς πτέρνης Ἡσαὺ... ἐποίησε βρώσεως. (Nicéph. I,
             314, Ἰσιδώρου **).

v. *27-30*.

Κυρίλλου   k.
sine nom.   Τουτέστι μηδὲν ἔχων ἐπίπλαστον ἢ ἐπείσακτον κακόν.
Σευήρου   Ὡς Σύμμαχος ἡρμήνευσεν ἄμωρος... ὡς Παῦλός φησιν.
τοῦ αὐτοῦ   Ἠξίωτο γὰρ ἀγάπης... ἅγιοι καὶ· ἐν Ἰσραήλ. = υ.
τοῦ αὐτοῦ   l.
Φίλωνος   n.

La plupart des fragments sont communs aux trois classes.

j, absent de X, se retrouve dans Y.

e et m manquent dans Y et existent dans X.

X et Y ont chacun en propre un bon nombre de fragments.

3. GEN. XLIX.

Basil. 1, fol. 198-201.

v. 1-2.

Ἀπολλιναρίου Τὸ γὰρ ἴδιον αὐτοῖς... ἀλλὰ τοῦ ὑπηκόου.   a

Πάντες οἱ υἱοὶ Ἰακώβ... ὁ Παῦλος πρὸς Γαλάτας.   b.

Κυρίλλου Σκοπὸς μὲν τῷ λόγῳ... ποιεῖται τῶν ἐσομένων.   c.

Ἱππολύτου Ὁ πρῶτος λαὸς ὁ ἐκ περιτομῆς... διὰ τῶν βλασφη-
μιῶν.   d.

Ἐπὶ γὰρ τῷ πρωτοτόκῳ... τῶν Αἰγυπτίων ἡ χώρα.   e.

Ἄλλος δέ φησιν... ἐδόθη τῷ Ἰωσήφ.   f.

Εὐσεβίου Ὅτι δὲ Ῥουβὴν ἔχει.,. αὐτὸν εἰς Αἴγυπτον.   g.

v. 3 et 4 (1ʳᵉ partie).

Κυρίλλου Δῆλον ὅτι τὸν πατέρα... τῇ αὐτοῦ παλλακῇ.   h.

Τουτέστιν ἀμεταποίητος... ἀπερίτμητοι τῇ καρδίᾳ.   i.

Κυρίλλου Τὸ ἐκζέον ὕδωρ... διὰ πίστεως τῆς ἐν Χριστῷ.   j.

Εὐσεβίου Τουτέστι μὴ ἀναβῆς... διὰ τοῦτο ζήτω Ῥουβήν.   k.

Ψυχρὸς μὲν καὶ ἀγενέργητος... διδάσκει ἐν τῷ
Ἀμώς.   l.

v. 4.

Κυρίλλου Κέκλοφε μὲν οὖν τὸν τοῦ... ἐφράγη ἐνώπιον Ἰακώβ.   m.

τοῦ αὐτοῦ Οὐκοῦν εἰσπεπόρνευκε... κάθαρσιν οὐκ εἰσδεδεγμέ-
νος.   n.

v. 5.

Ἱππολύτου Ἐπειδήπερ ἐκ τοῦ Συμεών... ἀνεῖλον τὸν Κύριον.   o.

Κυρίλλου Συνετέλεσαν τοίνυν φησίν... τῆς κοινοβουλίας τὴν
σκέψιν.   p.

Ἀπολλιναρίου Κοινῇ ὀνομασθέντων... τῆς χάριτος ἀναπληροῖ.   q.

Par. Gr. 128, fol. 172 et suiv. (cf. Nic., col. 507-513).

<table>
<tr><td colspan="2">marge.</td><td colspan="2">page.</td></tr>
<tr><td></td><td></td><td colspan="2">v. 1-v. 4 (1ʳᵉ partie).</td></tr>
<tr><td>α. Ἀπολλιναρίου</td><td>= a</td><td>κ.</td><td>fragment de Théodoret.</td></tr>
<tr><td>β. fragment anonyme</td><td>= b</td><td>λ.</td><td>fragment de Diodore.</td></tr>
</table>

marge.			*page.*	
γ. γ′. γ″. 3 fragments anony- mes.			μ. fragment de Gennadius.	
			ν. fragment de Cyrille.	
δ, Κυρίλλου	= e		ξ. fragment de Théodore.	
ε. Ἱππολύτου	= d			
ϛ. Ἄλλος	= f			
η. Κυρίλλου	= i			
θ. Εὐσεβίου	= k			
ι. Κυρίλλου	= j			

v. 4 (fin)-*v. 6.*

ρ. fragment de Cyrille.

ο. Ἱππολύτου	= o	σ. Κυρίλλου	= m
π. Ἀπολλιναρίου	= q	τ. τοῦ αὐτοῦ	= n
		υ. Κυρίλλου	= p

φ. fragment d'Hippolyte.

χ. ψ. ω. fragments anonymes.

4 fragments de Z (*c, g, h, l*) manquent dans X.

Une douzaine de fragments de X (marge et page) manquent dans Z.

Les fragments communs sont dans X répartis dans la page et dans la marge ; ils ont tous les mêmes *incipit* et *desinit*.

Barberinus 569 (fol. 252-256).

v. 1-2.

Sine nom.	b.
Ἀπολλιναρίου	a.
Κυρίλλου	c.
Θεοδώρου	Οὔτε ἀραὶ φαίνονται... τῶν ἐντευξομένων ὠφέλειαν (cf. Nic. I, 545 Θεοδωρήτου) = x.

v. 3-4.

Διοδώρου	Ὁ Σύρος ἔχει Ῥουβήν... τοῦ Ῥουβὶμ κατάραν = λ.
Γενναδίου	Τουτέστι πρῶτος ἐξ ἐμοῦ... εἰς τὸν κατὰ τοῦ Ἰωσὴφ θάνατον = μ.
sin. nom.	Ἐπειδὴ γὰρ ἴδιόν ἐστι... ἐκ τοῦ μηδεμίαν γενέσθαι = ξ.

Θεοδωρήτου	Τῷ Ῥουβὶμ αὐθάδειαν... μὴ πληθυνθείης εἰς πολυγονίαν = γ.
Ἱππολύτου	d.
sin. nom.	i.
Σευήρου	Ὕδωρ ὧδε καλεῖ τὴν διάχυσιν καὶ τὴν ὑγρότητα τοῦ ἐμπαθοῦς βίου.
Κυρίλλου	j.
τοῦ αὐτοῦ	Ἀναβεβήκασι τοίνυν ἐπὶ κοίτην... αὐτοῖς ἐνιέντες σπέρματα = ρ.
τοῦ αὐτοῦ	m.
τοῦ αὐτοῦ	n.

v. 5 et 6.

Ἀπολλιναρίου	q.
Κυρίλλου	p.
τοῦ αὐτοῦ	ὅμοιον γὰρ ὡσεὶ λέγοι... τῶν ἠσεβηκότων σκέμματα.
Ἱππολύτου	Ἐπὶ τῇ συστάσει λέγει... ἐπὶ συναγωγῇ τῶν προειρημένων = φ.
sin. nom.	Ἀντὶ τοῦ μὴ γένοιτό μοι... τὸ ἐπιθυμητικὸν κινεῖσθαι = χ.
Θεοδωρήτου	Νεμεσσᾶ τῷ Συμεὼν καὶ τῷ Λευῒ.,. τῶν ἄλλων διεσπάρη φυλῶν = ψ.

Un bon nombre de fragments communs aux trois classes.

c, absent de X se trouve dans Y.

e, f, absents de Y se trouvent dans Z.

q, h, l, paraissent bien n'appartenir qu'à Z.

X et Y, comme il a déjà été constaté, ont chacun un lot de fragments qui lui est propre.

4. EXOD. III.

Basil. 1, fol. 223 et suiv.

v. II, 28-III, 1.

Κυρίλλου	Κατεβιάζοντο μὲν οἱ Αἰγύπτιοι... ἐπεσκέπτετο ὁ θεός.	a.
τοῦ αὐτοῦ	ὅτε τοίνυν ἔσῃ... τῆς ἐλευθερίας ἡ χάρις.	b.

v. 2.

"Ωφθη μὲν Μωσεῖ οὐχ ὁ Κύριος... δι' ἀγγέλων
παραδεδόσθαι.   c.

Ὀφθεὶς ἐν πυρὶ φλογὸς... μεγάλης βουλῆς
ἄγγελος.   d.

Παρατηρητέον δὲ ὅτι οὐ πῦρ... ὥσπερ πῦρ
καταναλίσκον.   e.

Σεβήρου   καὶ ἐκάλεσεν αὐτὸν Κύριος... τῇ ἑνώσει θεωρου-
                        μένοι.   f.

v, 3.

Εὐσεβίου   Ἐὰν ἐξετάσῃς διὰ τί ἐν βάτῳ... ποιῆσαι δυνή-
                        σονται.   g.

Κυρίλλου   Πυρὶ τὴν θείαν παρεικάζει... περιαστράπτων
                        προσβολαῖς.   h.

v. 4.

Γρηγορίου Νύσσης   Δι' οὗ διδασκόμεθα... τῷ ἀνθρωπίνῳ βίῳ διὰ
                        γεννήσεως.   i.

Ἰωάννου   Ὦ βάτε ἣν εἶδεν Μωσῆς... καὶ μὴ φθειρομένη. j.

                        Ὥσπερ γὰρ ἐκεῖνος ἐκαίετο... διὰ τοῦ θανάτου
                        διηνεκῶς.   k.

Κυρίλλου   Οὐ γὰρ ἦν ἀμήχανον... αὐτῷ παντελῶς οὐδέν. l.

Σεβήρου   Εἰς ἔνδειξιν τοῦ παραδόξου τόπου... τῆς τεκού-
                        σης διέλυσεν.   m.

v. 5.

Κυρίλλου   Συνιεὶς οὖν ὅτι οὐκ... λοιπὸν ἐπιτηδείως ἔχων. n.

τοῦ αὐτοῦ   Νεκρότητος δὲ καὶ φθορᾶς... ἀποτρίβεσθαι ῥύπον. o.

Σεβήρου   Δεῖ γὰρ ὡς ἀληθῶς... ἀναβῆναι πειρώμενον. p.

Εὐσεβίου Ἐμέσης   Τί οὖν ἐμολύνετο ὑπόδημα... γνωσθῇ ὁ παρών. q.

Par. Gr. 128, fol. 192 et suiv.

Marge.   Page.

v. II, 23-III, 2.

Κυρίλλου   = a.

τοῦ αὐτοῦ   = b.

fragment de Cyrille.

2 fragments de Sévère.   fragment d'Eusèbe.

<table>
<tr><td colspan="2">Marge.</td><td colspan="2">Page.</td></tr>
<tr><td>Γρηγορίου Νύσσης</td><td>= i.</td><td colspan="2">v. 3 et 4.</td></tr>
<tr><td>fragment d'Eusèbe.</td><td></td><td>fragment anonyme</td><td>= c.</td></tr>
<tr><td>fragment de Grégoire de Nysse.</td><td></td><td>fragment de Théodoret.</td><td></td></tr>
<tr><td>Κυρίλλου</td><td>= p.</td><td>Κυρίλλου</td><td>= h.</td></tr>
<tr><td>(ce fragment se retrouve</td><td></td><td>Ἰωάννου</td><td>= j.</td></tr>
<tr><td>encore au folio suivant sous</td><td></td><td>τοῦ αὐτοῦ</td><td>= k.</td></tr>
<tr><td>le nom de Sévère).</td><td></td><td>fragment de Cyrille.</td><td></td></tr>
<tr><td></td><td></td><td>fragment d'Eusèbe.</td><td></td></tr>
<tr><td></td><td></td><td>fragment de Sévère.</td><td></td></tr>
<tr><td></td><td></td><td>Κυρίλλου</td><td>= l.</td></tr>
<tr><td></td><td></td><td>Σεβήρου</td><td>= m.</td></tr>
<tr><td></td><td></td><td>3 autres fragments de Sévère.</td><td></td></tr>
<tr><td></td><td></td><td>Ἄλλος</td><td>= e.</td></tr>
<tr><td></td><td></td><td>fragment d'Eusèbe.</td><td></td></tr>
<tr><td></td><td></td><td>Σεβήρου</td><td>= f.</td></tr>
<tr><td></td><td></td><td colspan="2">v. 5 et 6.</td></tr>
<tr><td></td><td></td><td>fragment de Théodoret.</td><td></td></tr>
<tr><td>Σεβήρου</td><td>= p.</td><td>fragment de Diodore.</td><td></td></tr>
<tr><td>fragment d'Eusèbe.</td><td></td><td>fragment anonyme</td><td>= n.</td></tr>
<tr><td>fragment d'Hésychius.</td><td></td><td>τοῦ αὐτοῦ</td><td>= o.</td></tr>
<tr><td></td><td></td><td>Εὐσεβίου</td><td>= q.</td></tr>
</table>

Même conclusion que précédemment en ce qui regarde X et Z.

Y ne contient pas l'Exode.

II. Fragments attribués à un même auteur.

1° à Diodore.

Le manuscrit de Bâle est le plus pauvre en fragments de ce Père.

— au fol. 55, verset III. 22, le commentaire attribué à Diodore dans les manuscrits parisiens et l'édition de Nicéphore s'y trouve, mais sous une forme abrégée, du moins dans les quatre ou cinq premières lignes, et sans nom d'auteur.

— au fol. 62 v°, v. IV. 15-16, un fragment attribué à Diodore qu'on ne retrouve pas dans la famille de Nicéphore, mais bien dans le Barberinus sous le nom de Théodore.

— fol. 84, v. XI. 3, une phrase sous le nom d'Eusèbe d'Emèse qui, dans les manuscrits parisiens, est attribuée à Diodore.

— fol. 127, v. XXV. 26, commentaire sous le nom de Diodore, comme dans Nicéphore.

— fol. 128 v°, v. XXV. 33-34.

C'est tout ce que j'ai pu reconnaître, en m'aidant non seulement des lemmes du manuscrit, mais encore des fragments signalés dans la famille de Nicéphore. Ces résultats paraissent assez étranges à première vue : on ne consulte pas un auteur pour en recueillir aussi peu de choses, à supposer même que ce peu fût tout entier authentique. Cette particularité s'explique si on rapproche le manuscrit de Bâle du Barberinus et de la chaîne de Nicéphore.

Ceux-ci possèdent un grand nombre de fragments de Diodore et la plupart leur sont communs. Il est inutile d'en donner la liste ; l'édition qui suit fournit facilement la preuve.

Parmi ces fragments signalons ceux des versets III. 2-XXV. 26-XXV. 33-34, communs aux trois familles ; le premier se présente dans les mêmes termes dans Y et Z. Le commentaire du XI. 3 appartient aux trois manuscrits (Nic. I. 175 ; Bâle, fol. 84 ; Barberinus f. 117 v°). mais dans les deux derniers il apparaît sous le nom d'Eusèbe. Enfin le fragment du v. IV. 15-16 se retrouve dans le Barberinus. fol. 81, sous le nom de Théodore.

Outre les fragments qu'elles ont en commun, chacune des familles X et Y possède une série de commentaires qui lui est propre, c'est-à-dire dont le lemme, les termes et les idées n'ont été retrouvés que chez elle. Nous nous contenterons de les signaler, nous réservant d'en discuter plus loin l'authenticité.

Tels sont, dans le Barberinus, les commentaires des versets I. 8 ; XVI. 2 ; XIX. 31 ; XXI. 6.

Tels, dans la famille de Nicéphore, ceux des versets V. 4 ; VI. 3-4 ; VI. 6 ; VIII. 20 ; IX. 27 ; XI. 32 ; XIV. 13 ; XV, 2 ; XVII. 14-20, etc… D'autres qui appartiennent également à celle-ci ne se retrouvent dans l'autre famille que sous une forme très appauvrie.

Sur une plus large échelle, ces faits expriment la même idée que celle que nous suggéraient les tableaux précédents.

2. A Théodoret.

Dans Bas. 1.		Paris, Gr. 128.
fol. 3ᵛ· Gen. v. I, 1.	Μετρεῖν εἴωθε τοῖς παιδευομέ-νοις… ἐρήμῳ συνέγραψε.	fol. 28 en page.
fol. 4.	Τί δήποτε τῆς τῶν ἀγγέλων… τῆς διδασκαλίας ἀνάπλεως.	fol. 28 —
fol. 4ᵛ.	Εἰ προϋπάρχουσιν οὐρανοῦ… ὁ θεῖος ἀπόστολος.	fol. 29 —
fol. 6. v. I, 2.	Εἰ ἦν ἡ γῆ, πῶς ἐγένετο ;… καὶ ἄλση καὶ λήϊα	fol. 32 —
fol. 6.	Οὐκ ἐδίδαξεν ἡμᾶς… πάντα τὰ ἐν αὐτοῖς	fol. 32 —
fol. 7. v. I, 3 4.	Εἰ τὸ φῶς ὁ θεὸς… συνίστα-ται βίος	fol. 33 —
fol. 7ᵛ.	Ποῖον πνεῦμα ἐπεφέρετο… ὕδωρ διαλύεσθαι πέφυκε.	fol. 34 —
fol. 8.	Τίνι λέγει ὁ θεὸς… μὴ ὄντα συνίστανται.	fol. 35 —
fol. 10ᵛ. v. I, 9.	Τί δήποτε μίαν εἰπών… διη-ρημένας συναγωγάς.	fol. 39 —
fol. 51ᵛ. v. III, 12.	'Αλλ' οὐκ ἐπὶ τοῦτο… ἔπεσ-θαι δὲ ἐκείνην. ἔθος τοῖς ἀπατωμένοις… οὐ γίνεται ἐπίγνωσις.	fol. 66 —

Καλῶς τὸ πᾶν τῷ ὄφει...
διόρθωσιν δόξωνται.

fol. 53.   v. III, 15. Πτέρναν δὲ ὡς εἰκὸς... εἰς
ἀρετὴν τελούντων·

fol. 57.   v. III. 23. Ἔνιοι δὲ ἄπιστον πῶς... ἀπο-
λαῦσαι τροφῆς.

} ne se trouvent ni dans les manuscrits de Paris, ni dans l'édition de Nicéphore.

A partir de là, il n'y a plus un seul fragment de Théodoret jusqu'à la fin de la chaîne de la Genèse.

Ce seul tableau suffira pour suivre et vérifier les conclusions inspirées par la comparaison que nous avons faite.

Tous les fragments qui commentent le chap. Ier dans Z se trouvent dans les manuscrits de X ; mais les trois premiers qui se rapportent au v. I. 1, ne se lisent pas dans le Barberinus 569, qui représente Y.

D'autre part, au v. 1. 2 nous trouvons dans ce dernier manuscrit deux fragments.

Fol. 4. Οὐ δεῖ οἴεσθαι κατὰ τοὺς Μανιχαίους... οὕτω ἐπὶ τοῦτο ἐληλύθει.

Fol. 6. Ἐναντία μὲν ἀλλήλοις... συνισταμένη χρῆσις ἀναγκαία. qu'on ne lit pas plus dans Nicéphore que dans le manuscrit de Bâle.

A la fin du tableau, trois fragments du manuscrit de Bâle sont indiqués sans aucune référence au Gr. 128. C'est qu'on n'y a pas découvert leur correspondant. On peut les reconnaître dans le Barberinus, le premier sous le nom de Théodoret au fol. 67 v° ; le second au fol. 69 v°, la 1re partie sous le nom de Théodoret, la 2e partie dans un fragment détaché et sans lemme, le 3e au fol. 77 sous le nom de Théodore.

Ainsi les éléments de Z se partagent entre X et Y. Ces deux derniers ont toujours quelque richesse personnelle qui les distingue l'un de l'autre.

3. A Sévère[1], évêque d'Antioche.

Dans Basil. 1.   Par. Gr. 128.

fol. 27. Gen. I, 26.

Ὥστε οὖν κατὰ τὸ ἀρχικὸν... τοῦ θεοῦ γεγενῆσθαι τὸν ἄνθρωπον.

Οὕτω μοι νοεῖ... τὴν ἰδίαν ἀρχήν.

Εἰ δὲ καὶ τἄλλα... τοῦ ὄντος μοῦ τε καὶ λόγου.

(fol. 45-52)

»

»

fol. 33. II, 7.

Πρόδηλον ὡς ἐκπλάσσω... τῇ φιλη- δονίᾳ δελεασθείς.

fol. 39. II, 9.

Ὁ δὲ χώραν δοῦναι,.. οὐδὲ θεὸς τοῦ- τον εἰργάσατο.

fol. 59ᵛ. IV, 2.

Ἐπειδὴ δὲ ἅπαξ θνητὸς ἐγένετο.., τῆς ἀθανασίας τὴν χάριν.

fol. 69. VI, 6.

Τουτέστι μετεμελήθη Θεός... καὶ πρόνοιαν ἀποστήσειεν.

ne se trouvent pas : cf. = (fol. 54-57)   (fol. 57-65)   (fol. 68-69)   (fol. 75-76)

fol. 125. XXV, 11.

Τουτέστι τῶν φυλῶν φύλαρχοι... βου- λόμενοι ἑαυτούς

se trouve fol. 119 avec le nom de Sévère écrit par une seconde main.

fol. 223. Ex. III, 2.

Καὶ ἐκάλεσεν αὐτὸν Κύριος ἐκ τοῦ βάτου... τῇ ἑνώσει θεωρουμένη. se trouve fol. 194

fol. 224. III, 4.

Εἰς ἔνδειξιν τοῦ παραδόξου... τῆς τεκούσης διέλυσεν. se trouve fol. 193

---

1. Sévère, qui fut l'un des plus actifs propagateurs du monophysisme, était contemporain de Procope de Gaza. Le fait n'interdit pas par lui-même d'attribuer la chaîne à ce dernier qui, dans ses œuvres les plus authentiques, exploitait à la fois Cyrille d'Alexandrie et Théodoret de Cyr, et qui, dans son commentaire sur Isaïe, a introduit presque une centaine de scolies de Sévère. Cf. Faulhaber, *Die Propheten-Catenen*, p. 75-80.

fol. 224ᵛ. III, 5.

Δεῖ γὰρ ὡς ἀληθῶς... ἀναβῆναι πει-
ρώμενον.   se trouve fol. 194 en marge.

fol. 225. III, 9.

Αὐτὸς καὶ ἐν ἐσχάτοις καιροῖς...
ἅπερ ἦμεν ἡμεῖς.   se trouve fol. 195

fol. 226. III, 15.

Ταῦτα τῆς ἁγίας τριάδος ἐστὶ... τῆς
πορνείας παραταξάμενος.   se trouve fol. 196

Τί οὖν τὸν οὕτως ἐπίσημον... ὅτι ἐξ
οὐκ ὄντων ἐγένετο.   se trouve fol. 197.

fol. 239. VII, 9.

Ῥάβδον γὰρ ἐκελεύετο φέρειν... ὁ
θεσπέσιος Μωσῆς.   se trouve fol. 209

fol. 245. VIII, 5.

Διὰ τῶν σμικροτάτων τούτων... ἰσχύος
δείκνυει.   se trouve fol. 213 sous le
                                            nom d'Eusèbe d'Emèse en marge.

fol. 259ᵛ. XII. 16.

Κλητὴν ἁγίαν καλεῖ... γεωργία καὶ
τὰ ὅμοια.   se trouve fol. 226 en marge.

fol. 263ᵛ, XII, 43.

Γινώσκομεν γὰρ ὡς ἡ ἐν σαρκὶ...
τοὺς περιτεμνομένους θεοῦ.   se trouve fol. 231 en marge.

La 1ʳᵉ classe présente au cours du chap. I de la Genèse des
commentaires de Sévère, aux versets 1, 2, 6, 14 (cf. Nicéph.,
col. 6, 12, 22, 39); ils ne peuvent être identifiés avec ceux du
manuscrit de Bâle.

Le Barberinus offre un premier commentaire de Sévère au
verset I. 26 (fol. 30) :

Σευήρου ἐκ τῆς πρὸς Σοεμὸν.

Ἐκ πρώτης ὁρμῆς πλάσας ὁ θεός... πρὸς τὸ κρεῖττον κατὰ τὸ
δυνατόν.

Il n'est pas non plus possible de le reconnaître parmi ceux
du manuscrit de Bâle. Mais ceux-ci, absents de Nicéphore et du
Par., Gr. 128, se trouvent sous d'autres lemmes dans le
Barberinus.

Le 1ᵉʳ, fol. 29, après un fragment intitulé ἐκ τοῦ κατὰ τοῦ γραμματικοῦ λόγου Β´ κεφαλ´ α´ sous le lemme τοῦ αὐτοῦ.

Le 2ᵉ, fol. 27 v. après un fragment de Grégoire de Nysse sous le lemme τοῦ αὐτοῦ.

Le 3ᵉ à la suite du second sous le lemme μετ᾽ ὀλίγα.

Le 4ᵉ, le 5ᵉ et le 6ᵉ sous le nom de Sévère au fol. 46, 48 v. et 79 v.

Le 7ᵉ sans lemme, fol. 96.

Ainsi en est-il de même que pour Théodoret : les fragments de Sévère qu'on peut lire dans Z se retrouvent d'une façon ou d'une autre ou dans Y ou dans X : rien n'est spécial à ce manuscrit.

Il n'en est pas de même des autres classes. Nous ne voulons pas surcharger nos démonstrations, et nous avons déjà signalé des fragments du chap. Iᵉʳ qui se trouvent dans Nicéphore et non dans le Barberinus.

Or, au chap. IIIᵉ, il n'y a dans Nicéphore aucun commentaire de Sévère. Dans le Barberinus il y en a douze, chacun avec l'indication très précise du discours d'où il est tiré, si bien que dans l'espèce il semble que le scribe se soit trouvé plus près que pour d'autres pères de la source originelle.

La première conclusion qui s'impose après cette comparaison est qu'il y a un noyau de commentaires, commun aux trois classes de manuscrits, et qu'il n'est pas possible de couper toute relation entr'elles. J'imagine bien que M. Faulhaber ne veut pas y contredire quand il résume ainsi sa pensée sur les rapports de X et de Z : « Ce ne sont pas seulement deux recensions différentes, mais bien deux types différents de chaînes sur l'Octateuque, et qui ne devraient plus recevoir le même titre de chaîne sur l'Octateuque[1]. » Il y sans doute entre X d'une part, Y et Z d'autre part, une différence primordiale : c'est que les chaînes de Y et de Z sont limitées à la Genèse et à l'Exode. Mais cette indigence propre

---

1. *Literarische Rundschau für das Katholische Deutschland.* 1ᵉʳ Avril 1903, p. 111.

à Y et Z ne suffit pas à prouver leur indépendance par rapport à X. Les trois classes ont pour les livres communs trop de fragments communs ayant le même début et la même fin, pour que nous ne retenions pas le fait dans la classification. Si même la proportion entre les éléments communs et les éléments différents peut être étendue des parties analysées aux autres parties, on doit dire que la majeure partie de la chaîne appartient à la fois aux trois familles. — Ce noyau commun, nous le désignerons désormais par α.

Cependant chacune de ces familles possède en propre une part de ses fragments exégétiques ; dans X et Y surtout, cette part est très importante ; leur introduction dans la chaîne doit être considérée comme un véritable développement de ses éléments essentiels, un moment notable de son histoire. Il faut donc reconnaître que X et Y, après avoir été l'une et l'autre une copie intégrale de α, se sont enrichies chacune de leur côté. Nous avons ainsi trois étapes de la chaîne, celle de α, celle de X, celle de Y. Appelons x et y les parts d'éléments spécifiques de ces deux dernières.

Nous avons signalé plusieurs fois que les éléments de Z se retrouvent soit dans X, soit dans Y ; c'était la conclusion de presque tous les sondages et comparaisons que nous avons opérés. Il n'est pas possible d'expliquer cette parenté par un simple rapport de Z avec α, la source commune de X et Y. Z participe de x et de y, c'est-à-dire des éléments spécifiques de X et de Y ; cette classe est donc rattachée aux deux autres par des relations immédiates et postérieures à leur diversification. L'auteur de Z a puisé dans les deux autres classes sans les épuiser : il a fait un choix dans les deux autres recueils pour composer son propre recueil. — Ainsi s'éclaire sa pauvreté étrange en commentaires de Diodore ; il paraissait bien qu'il n'avait pas dû consulter directement les œuvres de l'évêque de Tarse pour en recueillir les cinq ou six lignes qu'il a insérées dans sa chaîne ; ce fait méritait une explication, et il est heureux que la classification le fournisse, d'autant plus que le cas de Diodore n'est pas isolé : il en est de même, d'après l'analyse de Lietzmann, des éléments qui reviennent à Athanase, Cyrille. Epiphane, Eusèbe.

Il est inutile de faire remonter jusqu'à α l'origine de la chaîne de Bâle, s'il est admis qu'elle dérive de X et de Y. La part d'éléments communs aux trois classes a été empruntée par Z à l'une ou l'autre des deux voisines.

Mais il faut ajouter que X et Y ne sont pas les seules sources de Z ; un fait, au moins, que nous avons signalé au tableau Gen. XLIX, 1-5, s'oppose à cette conclusion absolue ; la chaîne de Bâle contient, elle aussi, des éléments qui lui sont propres, bien qu'ils existent dans une proportion très restreinte ; quand ils auront été tous dégagés, il sera possible de déterminer la nature de cette troisième ou de ces autres sources dont nous devons dès maintenant reconnaître l'existence.

Nous avons dit plus haut que certains caractères extérieurs de la chaîne fournissaient des indices qu'il n'est pas permis de négliger dans la classification. Or les éléments du noyau commun sont répartis dans le Parisinus gr. 128 entre le corps et la marge des pages. Ce n'est point là un procédé de composition naturelle, et il faudrait, semble-t-il, conclure que la partie des éléments communs située dans la page a été réunie d'abord, celle située dans les marges ajoutée ensuite[1].

Tous les fragments de ce manuscrit sont, il est vrai, écrits de la même main ; mais il s'ensuit seulement qu'il a été copié sur un modèle où les éléments étaient disposés de la même manière, tout comme les Parisini gr. 130 et 132 qui sont copiés sur lui-même présentent encore en marge un bon nombre de fragments.

Pour pouvoir étayer sur cette disposition une conclusion

---

1. Cf. la manière dont Buturas (loc. cit. p. 251) interprète un fait semblable. « Multo gravius est quod idem Lindl (p. 36) dicit, in codice Basileensi multa in margine esse eorum quæ codex Monac. IX in catena conscripta habeat ; quod nos ad hanc conjecturam ducit : qui manuscriptum legeret aut possideret adnotationes proprias in margine addebat : cum deinde alius quidam litterarius idem manuscriptum exscriberet eas in catena comprehendebat et sic deinceps alius. »

quelconque, il faudrait aussi écarter l'hypothèse qu'auparavant tous ces éléments aient été confondus dans une chaîne en couronne ; en fait, il y a du type de Nicéphore ou de X, des manuscrits qui disposent leurs fragments en couronne, comme le Monacensis 9, dont Lindl s'est servi, et il est généralement admis que les chaînes en couronne précèdent chronologiquement les chaînes en colonne simple. Mais tout le monde reconnaît aussi que cet ordre ordinairement accepté n'est qu'une vue schématique ; il n'est pas interdit de se représenter une chaîne plus pauvre que celle du type X, où les fragments sont déjà disposés en colonne simple, à la suite des versets qu'ils commentent ; des additions viennent ensuite surcharger les marges et donner à la chaîne un aspect disgracieux : c'est sur un modèle de ce genre qu'un scribe copie le Parisinus gr. 128 ; mais ce vilain aspect lui-même a pu donner l'idée d'une disposition en couronne, qui à son tour est remplacée dans une copie postérieure par une disposition en colonne simple.

Il me semble, en tous cas, qu'il y a là un fait à retenir, et que la conclusion qu'il suggère éclairerait peut-être plus tard la comparaison avec les œuvres de Procope.

Dès lors nous aurions cinq étapes de la chaîne, dont voici l'énumération :

α^p = les éléments communs aux 3 classes et qui dans le Paris. gr. 128 se trouvent dans le corps de la page ;

α^m, les éléments communs, qui dans le Par. gr. 128 se trouvent dans les marges, sont ajoutés aux premiers pour former α ;

l'étape de X ;

l'étape de Y ;

une forme dérivée de X et Y = Z.

Il m'a paru, à la suite de ces résultats, qu'inévitablement une autre question se posait. Les nombreux manuscrits qui sont réunis dans la classe de Nicéphore n'ont jamais, à ma connaissance, été comparés entre eux et classés qu'à la suite d'enquêtes très sommaires [1]. La vie qui semble s'être manifestée aux débuts de l'histoire de la chaîne, s'est-elle éteinte dès que le type de Nicéphore a été construit ? J'avais à ma disposition trois témoins importants de cette famille : la chaîne de Nicéphore elle-même, la Par. Gr. 128 (A) et la Par. Gr. 129 (D). Je n'ai pas cru pouvoir me dispenser de tenter l'analyse de leur contenu. Dans la limite de mes comparaisons, le résultat est demeuré négatif [2] ; mais cette enquête elle-même mérite d'être exposée.

La seule difficulté de la recherche, — et elle n'est que matérielle, — provient de ce que les fragments ne se trouvent pas dans le même ordre dans les trois chaînes.

Les déplacements sont surtout considérables dans l'édition de Nicéphore. Ainsi, au chapitre XLIX qui se trouve expliqué par environ 140 citations patristiques, les fragments pénultième et antépénultième de Nicéphore se présentent dans A en tête du chapitre. Ou encore un extrait d'un auteur se trouve cité en bloc d'un côté, et est décomposé en plusieurs fragments d'un autre côté. Au chapitre XXXII une citation de Diodore, présentée en cinq parties dans Nicéphore, fait bloc dans A et dans D ; une citation de Gennadius est de même répartie en quatre endroits dans Nicéphore. Pour faciliter les recherchecs, je prends autant que possible, comme point central, celui où dans les trois chaînes le texte sacré se trouve être brisé.

1" GEN, IV 9-V = D. f. 62ᵛ. — A. 70. — Nic. c. 110 (une trentaine de fragments).

D présente en plus des autres témoins une scolie marginale

---

1. Cf. Bibliographie.

2. Comme tel il ne sera pas inutile. Quand, au sujet des rapports de CL et du Commentaire de Procope, Cohn voulut dépasser les suggestions de Wendland, au préalable il s'assura de l'identité de CL et des manuscrits parisiens. Mais il n'a pas cru devoir la justifier (*Iahrb. f. protest. Theol.*, 1892).

De même, Eisenhofer regrette à un certain moment de ne pas connaître les rapports de CL et des chaînes manuscrites (loc. cit., p. 14).

de quelques mots, écrite par une main postérieure et attribuée à saint Jean Chrysostome [1].

A possède en propre un fragment beaucoup plus important d'une dizaine de lignes très serrées qui se trouve en bas du fol. 71 et doit expliquer le v. iv-19 où il est dit que Lamec prit deux femmes. Il a pour lemme les lettres M[α] ; en voici les premières lignes ; les dernières sont à peu près effacées par le temps : φασί τινες τῶν τὰ θεῖα παιδευομένων ὅτι ἐν τοῖς καιροῖς τοῦ Λαμέχ, ἀταξίας καὶ ἀναρχίας οὔσης, ὁ δυνατὸς τὸν ἀσθενοῦντα κατεδυνάστευεν. ὁ οὗτος οὖν ὁ Λαμὲχ ἀπαντήσας ἄνδρα μετὰ τῆς γυναικὸς ἀπέκτεινεν αὐτὸν καὶ ἔλαβε τὴν γυναῖκα αὐτοῦ... J'ai identifié cette scolie avec la XIXe ἐρώτησις de Maxime le Confesseur [2] : τί δηλοῖ ἡ κατὰ τὸν Λαμὲχ ἱστορία.

2° GEN. XVII = D. 114... A. 123... Nic. 329... (environ 50 fragments).

Deux fragments absents dans Nic. qui se trouvent dans les 2 manuscrits.

Ἰσιδώρου. οὕτω καλεῖσθαι ἁπλῶς... ἀφαιρεθῆναι δίκαιος ἦν.
Κυρίλλου. δεδιωγμένος γὰρ τρόπον... κληρονομίαν μου καὶ τὰ ἑξῆς.

3° GEN. XXV = D. 110... A. 118... Nic. 306... (36 fragments).

A et D ont en plus de Nic. le fragment suivant :

Sans lemme. ὁ δὲ Ἀβραὰμ ἔδωκε δώματα... προσετέθη πρὸς τὸν λαὸν αὐτοῦ.

Ils ont en moins le fragment

Εὐσεβίου. ὅπερ προεφήτευσεν αὐτῇ... τοῦ Ἡσαὺ τίθησιν.

---

1. ἐπειδὴ γάρ φησι οὐκ εἰς δέον ἐχρήσω, τῇ ἰσχύι τοῦ σώματος, οὐδὲ τῇ τῶν μελῶν εὐεξία, διὰ τοῦτο διηνεκῶς σοι τὸν σάλον καὶ τὸν τρόμον ἐπιτίθημι. Cf. S. Joannis Chrys., *in cap. IV. Gen. homel.* XIX dans Mign., *P. G.*, t. 53ᵉ, col. 162.

2. Cf. S. Maximi Confessoris, *Quæstiones et Dubia* dans Migne, *P. G.* t. 90ᵉ. col. 800.

4° GEN. XXXII = D. 131... A. 142... Nic, 391... (environ 35 fragments).

A et D ont en plus que Nic. 3 fragments.

Le premier consiste en ces quelques mots : Ἀντὶ τοῦ μηδὲν ἐν αὐτῷ συνεπαγόμενος ἕτερον, il vient à la suite des fragments qui expliquent le verset 8-10 et se rapporte sans doute aux lignes où il est dit que Jacob a passé le Jourdain avec son bâton.

Le deuxième. Εἶδεν ὡς ἐχώρει ἄνθρωπον ἰδεῖν · τοῦτο δὲ ἦν τῆς τοῦ ὁρωμένου εὐεργεσίας ὡς ἐπὶ Γεδεών. C'est la répétition de là dernière phrase d'un fragment de Cyrille qui commente le v. 30 et qui se retrouve dans les 2 témoins de la chaîne.

Le troisième est un fragment sans nom d'auteur, en explication des v. 28-30.

Ὄνομα μὲν ὡς ἀνθρώπου... τοῦ τόπου ἐκείνου εἶδος θέου.

D et Nic. ont deux variantes hexaplaires qui sont absentes de A.

au v. 30. εἶδος θέου] α′ πρόσωπον ἰσχυροῦ, σ′ φανουήλ.

5° GEN. XXXIII-XXXIV = D. 134 v... A. 143... Nic. 402... (une vingtaine de fragments).

A possède en plus que D et Nic. :

— en explication du v. XXXIII 1. ἀναβλέψας δὲ Ἰακὼβ ἴδεν... la phrase suivante :

καὶ ἦρεν Ἰακὼβ ὀφθαλμὸν αὐτοῦ, ἐπάρας δὲ Ἰακὼβ τοὺς ὀφθαλμοὺς αὐτοῦ εἶδε φανέντα Ἡσαῦ ἐρχόμενον.

— en explication du v. 4 du même chapitre Ἡσαῦ... αὐτὸν ἐφίλησεν...
le fragment τὸ κατεφίλησε αὐτὸν ὅπερ ἐστὶ ἑβραιστί... κατὰ δόλον γὰρ κατεφίλησε Ἰακώβ.

— au v. XXXIV-25, en variante du mot ἀσφαλῶς : le mot πεποιθότως écrit en marge en encre rouge [1].

---

1. Il est à noter que d'après Brooke et Mac-Lean, leur ms. j : Vatic. gr. 477, chaîne sur l'Octat., possède seul cette variante.

A possède en moins que D et Nic. les variantes hexaplaires suivantes :

au v. XXXIII, 19 πατρὸς Συχέμ] α′ Συχέμ. ὅπερ ἑρμηνεύεται ὦμος ἢ ὤμων ἢ ὠμίας ἢ ὠμή. σ′ Σοχχόθ.

au v. XXXIV. 2. Ἐμμὼρ ὁ χωρραῖος] α′ εὐαῖός φησιν· Ἐμμαὼρ δὲ ἑρμηνεύεται ὄρνεον ἐκ τρώγλης.

A et D ont en plus que Nic. en explication du v. XXXIII-17 la phrase :

πάροικον γὰρ ἐν κόσμῳ τῶν ἁγίων τὸ γένος. Cette phrase est la répétition du début d'un fragment de Cyrille commun aux trois témoins.

6° GEN. XLIX (150 fragments).

Dans D (fol. 165), 3 fragments qui se suivent, en commentaire du v. 8

Αἰνέσουσιν ὡς θεὸν τὸν ἐκ σοῦ… ὁ ἀδελφὸς τοῦ Κυρίου καὶ οἱ λοιποί.
αἱ χεῖρες σοῦ ἐπὶ νώτου… καὶ καταπτοῆσαι δυνάμενος.
Ἱππολύτου. Ἐχθροὺς λέγων, καθώς φησιν.. υἱοὺς ἐγέννησα καὶ τὰ ἑξῆς.

qui ne se trouvent pas dans A ; il est à noter que fol. 177 où ils devraient se trouver, il n'y a aucun fragment en marge, tandis qu'il y en a dans toutes les pages qui précèdent. Peut-être ces fragments devaient-ils être copiés en marge et ont-ils été oubliés.

De ces 3 fragments, le second manque dans Nic. ; les 2 autres se lisent c. 517 et 518.

Dans A (fol. 181), en explication du v. 15, καὶ ἰδὼν τὴν ἀνάπαυσιν ὅτι καλή., ὑπέθηκε τὸν ὦμον αὐτοῦ εἰς τὸ πονεῖν.

Se lisent ces 2 lignes qu'on ne rencontre ni dans D, ni dans Nic.

Τοῦτο λαμβάνωμεν εἰς τύπον τῶν ἀποστόλων ὅτι καταλιπόντες τὴν ἐξ ὤμου πολιτείαν καὶ ἐπιθυμήσαντες τὸ καλὸν ἠκολούθησαν τῇ τοῦ Κυρίου διδασκαλίᾳ.

7° EX. III = D. 182ᵛ... A. 193... Nic. 574... (une cinquantaine de fragments).

A présente en plus que D et Nic.

— 2 variantes hexapl. au v. 5 : μὴ ἐγγίσῃς ὧδε] α΄ ἀναπτόμενος σ΄ φλογίσμενος.

— 3 fragments :

2 explications des v. 2-5.

    Κυρίλλου. Ἡ βάτος ἀκανθῶδες... φῶς χωρὶς ἁμαρτίας

    Εὐσήβιος. Ἐν τῷ τοιούτῳ ὤφθη φυτῷ.. εἰς θεὸν μὴ δύνανται.

le 3ᵐᵉ, en explic. du v. 19.

    Θεοδωρήτου. Οὐκ ἀπὸ τῆς προγνώσεως... τηνικαῦτα τὴν τιμωρίαν ἐπάγει.

— De plus, en explication du v. 4 : un fragment d'Eusèbe, οὐ μολύνει τὸ ὑπόδημα τὴν ἁγίαν γῆν.. βάτος οὐ διαφυλάττει se trouve dans A et Nic. et non D. Mais il faut noter que ce fragment dans Nic. en précède un autre qui a le même *incipit*.

A reprendre en gros toutes ces comparaisons, il apparaîtra que ces différences sont de bien mince importance. Sur 350 fragments, le plus pauvre de nos trois témoins ne se trouvera que d'une dizaine moins riche que les autres. Si de plus l'on veut bien tenir compte de la classification que nous établirons plus loin entre les manuscrits, d'après les variantes du texte, la plupart de ces différences s'expliqueront par des négligences de copistes.

A et Nic. s'opposent à D pour représenter une tradition différente de la chaîne.

Ce sont des omissions involontaires qui ont fait disparaître les fragments qui manquent seulement dans A ou dans Nic.

Nous pourrions recourir à la même explication pour les fragments que D possède seul en propre, mais le cas ne se rencontre pour ainsi dire pas (cf. 1° et 6°).

Nous avons déjà noté et essayé d'expliquer les divergences des manuscrits en ce qui regarde les variantes hexaplaires.

Il reste à reconnaître le médiocre enrichissement par lequel A se signale. Nous avons dit dans la description de ce manuscrit qu'un certain nombre de fragments qui s'y trouvent en marge sont écrits tout entiers en encre rouge. On pourrait croire que le scribe a signalé par là ses additions : en fait, des fragments qui se trouvent en supplément, les uns sont écrits en encre noire, les autres en encre rouge. Sept ou huit fragments forment le total de ces additions, dans les limites de notre comparaison.

Il n'y a donc rien à changer à l'opinion généralement reçue : le contenu de l'édition de Leipzig est substantiellement le même que celui des chaînes manuscrites de Paris. Les modifications accidentelles, qui se sont produites dans les manuscrits de la troisième classe, sont négligeables ; elles sont d'ailleurs tardives, comme le prouvera aussi la classification de ces manuscrits d'après les variantes du texte. — Nous restons ainsi à la conception théorique de cinq étapes de la chaîne, celle de α,ʳ, celle de α, celle de X, celle de Y, celle de Z.

Il serait très intéressant de fixer à l'un ou l'autre point de ce développement, une date et un nom propre, par là de situer toute la chaîne dans l'histoire littéraire. Depuis quelques années, le nom de Procope voltige autour de l'œuvre ; il est indispensable qu'après bien d'autres, nous disions quelques mots sur ce problème.

Procope est à la fois un rhéteur chrétien et un laborieux exégète qui de 510 à 528 donna un très grand éclat à l'école de Gaza en Syrie. Nous avons de lui un commentaire de l'Octateuque dont l'authenticité est certaine : cette œuvre est publiée dans une mauvaise traduction latine de Clauser (Zürich 1555), et dans une partie seulement de son texte grec, jusqu'au ch. 18ᵉ de la Genèse (cf. Migne P. G. t. 87ᵉ) ; pour l'atteindre dans sa meilleure forme, il faut recourir au Codex Monacensis gr. 358 (xrᵉ s.). Au début de ce commentaire, Procope rappelle en ces termes qu'il est l'auteur d'un autre travail.

Ἤδη μὲν καὶ πρότερον θεοῦ τὸ δύνασθαι χορηγήσαντος, τὰς
καταβεβλημένας ἐκ τῶν Πατέρων καὶ τῶν ἄλλων εἰς τὴν Ὀκτάτευχον
ἐξηγήσεις συνελεξάμεθα, ἐξ ὑπομνημάτων καὶ διαφόρων λόγων ταύτας
ἐρανισάμενοι. Ἀλλ' ἐπεὶ τὰς ῥήσεις αὐτὰς τῶν ἐκθεμένων αὐτολεξεὶ
ἐξεθέμεθα, εἴτε σύμφωνοι πρὸς ἀλλήλας ἐτύγχανον, εἴτε καὶ μή, καὶ
πρὸς πλῆθος ἄπειρον ἡμῖν ἐντεῦθεν τὸ σύγγραμμα παρετείνετο,
συνεῖδον νῦν πρὸς μέτρον εὐσταλὲς συνελεῖν τὴν γραφήν. Ἐπειγόμενος
εἰ μέν τι σύμφωνον ἅπασιν εἴρηται, τοῦτο προσάπαξ εἰπεῖν· εἰ δέ τι
διάφορον καὶ τοῦτο συντόμως ἐκθέσθαι πρὸς τὸ διὰ πάντων ἓν γενέσθαι
σῶμα τῆς γραφῆς, ὡς ἑνὸς καὶ μόνου τὰς ἁπάντων ἡμῖν ἐκθεμένου
φωνάς. Προσθήσομεν δέ τι καὶ ἔξωθεν εἰς τρανωτέραν ἔσθ' ὅτε
παράστασιν. Οὐκοῦν συνεργὸν ἡμῖν τὸν θεὸν γενέσθαι καλέσαντες,
ἐντεῦθεν ἀρξώμεθα.

Procope est donc l'auteur d'une chaîne sur l'Octateuque, et
son commentaire n'en est qu'un résumé, une refonte où tous
les éléments cohérents de la chaîne ont été introduits dans une
composition d'ensemble.

— Le premier travail portait l'indication de toutes ses
sources. Dans le commentaire, les lemmes ont disparu et
l'œuvre doit donner l'impression d'avoir été produite par un
seul auteur.

— On a pu reconnaître de plus près encore la méthode de
travail de l'auteur ; dans la rédaction de son commentaire,
le plus souvent, il laisse très reconnaissables même dans leur
lettre les éléments qu'il utilise [1]).

— Le commentaire n'est pas plus riche en éléments étrangers que la chaîne : Procope a plutôt résumé et appauvri dans
sa seconde œuvre ceux qu'il possédait déjà dans la première.

— Dans le commentaire, il y a des développements person-
nels à Procope ; dans la chaîne, il n'y en a pas.

Il était indispensable de comparer ce que nous savons de la
chaîne de Procope avec la chaîne de Nicéphore. Déjà Maï au
cours de son édition du commentaire renvoyait assez souvent
à CL. Des progrès se réalisèrent à la fin du siècle dernier au

1. Wendland, *Neuentd. Fragm. Philos*, p. 44, 106, 109.

cours des travaux entrepris en vue d'éditer les œuvres complètes de Philon. Avant même qu'on eût noté la parenté du Par. Gr. 128 avec la chaîne de Leipzig, Mangey extrayait de ce manuscrit un bon nombre de fragments de Philon. Ces fragments, Wendland les retrouve dans le commentaire de Procope, ainsi que d'autres de Théodoret, d'Origène, de Didyme, de Cyrille d'Alexandrie, extraits eux aussi des chaînes manuscrites sur l'Octateuque. Il semblait qu'il n'y avait plus qu'à identifier le manuscrit A, et les autres manuscrits parisiens correspondants avec la chaîne de Leipzig, pour identifier par le fait tous ces témoins d'une même œuvre avec la chaîne de Procope.

Cohn [1], au cours d'un voyage à Paris, revoit après Harris (*Fragments of Philo*, p. 5), les manuscrits de Paris, les compare à CL, et tire cette conclusion positive : la chaîne, éditée par Nicéphore, est l'œuvre de Procope.

Déjà dans cet état de la question, Eisenhofer avait élevé des doutes contre la thèse de Wendland, notant qu'on a établi la possibilité de cette identification, mais qu'on n'en n'a pas prouvé la réalité ; et à l'appui de sa contradiction, il relève plusieurs divergences entre CL et le commentaire.

Des données nouvelles s'imposèrent avec une classification plus méthodique des chaînes. Le manuscrit de Bâle présente un état de la chaîne distinct de celui de Nicéphore : Lindl exploite ce nouvel aspect, et après avoir relevé les commentaires groupés autour de Gen. II, 8-9 et les avoir comparés avec les passages correspondants du Commentaire, formule la thèse que le Commentaire est un résumé de Z, que Z nous présente bien les ἐκλογαί c'est-à-dire la chaîne de Procope. Et, puisqu'il y a une très grande parenté entre Z et CL, il reprend la thèse de Cohn sous sa forme absolue.

Faulhaber [2] intervient enfin pour rectifier le raisonnement de Lindl, lui accorde l'identification des Ἐκλογαί avec Z, mais

---

1. Cohn, *Zur indirekten Ueberlieferung Philos*, dans *Iahrb. für prot. Th.* 1892, p. 475-480.
2. *Literar. Rundschau, op. cit.*

indique l'impossibilité de conclure plus loin à l'identification avec CL.

Je n'ai pas le moyen de clore une controverse qui a eu des alternatives si diverses. Trop d'éléments de comparaison manquent encore. Nous ne connaissons pas toutes les phases historiques de la chaîne sur l'Octateuque, le manuscrit de Moscou n'ayant pas été suffisamment analysé ; d'autre part, Wendland qui a étudié de très près le Monac. gr. 358 nous avertit que dans l'édition de Migne du commentaire, établie sur trois manuscrits romains, il y a beaucoup de lacunes [1]. Voici, comment, à mon avis, on peut formuler la position actuelle du problème [2].

1° Les ἐκλογαί de Procope ne peuvent être identifiées avec la chaîne de Nicéphore ou de X : elles ne contenaient rien de personnel à Procope ; or, il se trouve dans X de nombreux fragments du Commentaire qui ne peuvent être réduits à des sources étrangères au rhéteur de Gaza. « Le type de Nicéphore, dit M. Faulhaber, ne provient pas de Procope, mais d'un compilateur postérieur à Procope ; dans le type de Nicéphore, le Commentaire aussi bien que les Eclogae ont été utilisées. » Il y aurait peut-être à ajouter que cette affirmation aura besoin d'être vérifiée plus tard quand nous aurons déterminé d'une façon précise tout ce qu'il y a de matière étrangère dans le Commentaire de Procope.

2° Moins riches que X, elles l'étaient plus que Z.

Cette seconde proposition ne peut être admise que si Z ne

<hr>

1. Loc. cit., p. 30-31.

2. M. Buturas (*Theolog. Quartalschrift*, 1909, p. 257) est tenté d'écarter décidément le problème, du moins dans les termes où il a été posé par Wendland. Il rappelle l'affirmation de Procope, qu'il a donné le Commentaire parce que les ἐκλογαί étaient trop abondantes... « Cum CL non solum non longior sit quam Commentarii Procopii sed etiam loci quidam qui in CL breviter exponuntur, in Commentariis amplius explicentur, excepto eo quod multa in Commentariis sunt quæ in CL omnino desunt, alia quæ in CL sunt, in Commentariis desiderantur, ut solam congruentiam inter se in hac re esse putes, quod cum Procopii, tum CL communis fons scripta patrum fuissent. »

La preuve devrait en être établie par des analyses comparées, qui auraient été bien longues je l'avoue. Mais M. Buturas ne me paraît pas tenir un compte suffisant des différents aspects de la chaîne de l'Octateuque.

contient pas de commentaires propres à Procope, puisque les
les Ἐκλογαί n'en possèdent pas. En fait, Z pas plus qne X, ne
présente dans ses lemmes le nom de Procope ; mais Nicéphore,
au cours de son travail sur X, a restitué un bon nombre de
passages anonymes à cet exégète. Il y avait à rechercher si la
même opération devait aussi bien réussir sur Z. Je l'ai fait
pour une dizaine de chapitres à l'aide de l'édition de Leipzig,
examinant si les passages identifiés par Nicéphore avaient
leurs correspondants dans Z. Voici les résultats :

Nicéphore.	Basil. I.
Col. 171. Gen. X. | Ζητεῖται πῶς Ἰάφεθ... Σὴμ τοῦ Ἑβραίου.	ne s'y trouve pas.
Col. 172. Gen. X. | Οὐκοῦν ὁ Ἰώβ... ἀφ' ἡλίου ἀνατολῶν.	ne s'y trouve pas.
Col. 176. Gen. XI, v. 6. | Τὸ δεῦτε πρὸς τὸν υἱὸν καὶ τὸ πνεῦμα εἴρηται... οὐ γὰρ δημιουργοὶ οἱ Ἄγγελοι.	Τὸ δεῦτε πρὸς τὸν υἱὸν καὶ τὸ πνεῦμα τὸ ἅγιον εἴρηται μᾶλλον ἢ πρὸς τοὺς ἀγγέλους. οὐ γὰρ δημιουργοὶ οἱ ἄγγελοι. δημιουργοῦ δὲ τὸ κτίσαι φωνὰς ὥς που καὶ τὸ λαλητὸν θεῖναι τὸν ἄνθρωπον ἐπὶ τῆς γῆς ὡς ὁ Ἰώβ λέγει οὐ λειτουργὸν ἀγγέλων ἀλλὰ τοῦ ἁγίου πνεύματος τοῦ καὶ τοῖς ἀποστόλοις τὸ ὕστερον μερίσαντος γλώσσας ἐν εἴδει πυρός. ὡς καὶ τὸ · ποιήσωμεν ἄνθρωπον κατ' εἰκόνα ἡμετέραν.
Col. 179. XI, 29. Ἡ Σάρρα θυγάτηρ ἦν τοῦ Ἀρρὰν, ἀδελφὴ τῆς Μέλχας καὶ τοῦ Λώτ, ὥς φησιν Ἰώσηπος.	dans les mêmes termes, fol. 87.
τοῦ αὐτοῦ. Ἔοικεν ἡ Μέλχα... καὶ τοῦ Ἀρράν.	ne s'y trouve pas.

Col. 192. XIII, 13.
Ἐπεὶ καὶ ἐν ἄλλοις,,. ἐν Σοδώ-
μοις ἄνθρωποι.

ne s'y trouve pas.

Col. 198. XIV, 18.
Ἰώσηπος Σαλὴμ τὴν νῦν Ἱερουσαλὴμ λέγει.

fol. 93, sous le nom d'Eusèbe
d'Emèse, en conclusion d'un
commentaire. Ὁ . Ἰώσηπος
δὲ τὴν νῦν Ἱερουσαλὴμ λέγει.

Col. 209. XV, 14.
Καὶ ταπεινώσουσιν αὐτοὺς... καὶ
τὰ τριάκοντα.

ne s'y trouve pas.

Col. 219. XVI, 6.
Οὐ πᾶσα ψυχὴ δέχεται... δυναμέ-
νων προκρίνουσα.

fol. 98ᵛ dans les mêmes termes
sous le nom de Didyme.

Col. 225. XVII, 13.
Ἐπὶ τῆς σαρκὸς... τῷ σώματι
περιφέρειν.

fol. 100, anonyme, dans les
mêmes termes.

Col. 228. XVII, 16.
Πρώτην ταύτην εὑρίσκομεν εὐλο-
γημένην ὑπὸ θεοῦ γυναῖκα καὶ
χρησώμεθα τῷ ῥητῷ εἰς προ-
τροπὴν γυναικῶν. ἀναγκαίως
δὲ ἡγοῦμαι ἵνα ἔτι μᾶλλον
ἅγιος γένηται ὁ Ἰσαὰκ πρὸς τῷ
εὐλογεῖσθαι τὸν Ἀβραὰμ, εὐλογεῖσθαι καὶ τὴν Σάρραν. ἵνα
γνήσιος γένηται εὐλογημένος
ἐκ δύω εὐλογημένων.

fol. 100, anonyme. Πρὸς τῷ
εὐλογεῖσθαι τὸν Ἀβραὰμ εὐλό-
γησε καὶ τὴν Σάρραν ἵνα γνήσιος γένηται εὐλογημένος ἐκ
δύο εὐλογημένων. Puis le fragment continue jusqu'à τίνες
ἦσαν ἐθνικοί.

Col. 230. XVII, 23.
Εἰ ἀνέβη ὁ θεὸς... τῆς περιτομῆς
διατίθεται.

ne s'y trouve pas.

Col. 237. XVIII, 16.

Πόσον ἀγαθὸν τὸ συμπροπέμπειν ξένους. ἐν μὲν γὰρ τῇ ὁδῷ ἐθαρρήθη, Ἀβραὰμ τηλικαῦτα θαυμάσια.

fol. 104. Anonyme. Ὁρᾷς πόσον ἀγαθὸν τὸ συμπροπέμπτειν τὸν Ἀβραὰμ θαρρήθη τηνικαῦτα θαυμάσια παρὰ τοῦ θεοῦ (sic).

Col. 248. XIX, 16.

Οὐδὲν ὤνησε... εἰς τὰ ὀπίσω.

fol. 107. Anonyme, mêmes termes.

Col. 252. XIX, 25.

Ὁ κύριος οὐ μόνον... ἐκ Γομόρρας.

fol. 108ᵛ, sous le nom d'Origène.

Col. 256. XIX, 33.

Καὶ Εὔα ἐκ τοῦ... ἑτέρου λίαν κακοῦ.

ne s'y trouve pas.

On saisit bien quel est le problème. Il s'agit de savoir si les fragments, qui peuvent être comparés à des passages de Procope proviennent du commentaire même du rhéteur ou de ses sources patristiques[1]. On est aidé dans cette recherche par le livre de Eisenhofer où se trouve une liste de tous les passages du commentaire déjà restitués à leur source première.

Or, on remarquera, si l'on se reporte au texte du commentaire tel qu'il se trouve édité dans Migne, que la chaîne de Nicéphore reproduit très fidèlement le texte de Procope, mais qu'un certain nombre des passages de Z qu'on en a rapprochés supposent une autre tradition. Il en est ainsi en particulier du commentaire à XI, 6 où, au lieu de ὡς καὶ τὸ... εἰκόνα ἡμετέραν, (cf. supra, p. 67, l. 24), nous lisons dans le commentaire de Procope (col. 312), καὶ ἐμφαντικώτερον τὸ Δεῦτε σημαίνει τὰ τρία πρόσωπα τῆς ἁγίας Τριάδος ᾗπερ ἐπὶ τοῦ ποιήσωμεν ἄνθρωπον — du commentaire XVII, 16 — de celui XVIII, 16 qui est d'ailleurs intraduisible dans Z. Quatre fragments s'attribuent formellement une origine autre que celle de Procope (XI, 29,

1. Nous avons vu que Z a d'autres sources que X et Y.

XIV, 18, XVI, 6, XIX, 25). Tout le commentaire du ch. XVII est, au dire de Wendland, fortement influencé par Origène (cf. Eisenhofer, p. 23). Pour le fragment XIX 16 seul, nous n'avons pas d'explication. Mais faut-il répéter que le travail d'analyse sur l'Epitome de Procope est loin d'être achevé ?

En un mot, nous n'avons pas de raison de reconnaître en certaines scolies de Z, des phrases du commentaire de Procope : les manuscrits de cette classe sont aussi pauvres en cette matière que les *Eclogæ*.

Mais les *Eclogæ* contenaient du Diodore, dans la même proportion que l'*Epitome*, c'est-à-dire beaucoup : il suffit de parcourir les tables d'Eisenhofer pour s'en convaincre. Or, dans Z, il n'y en a pour ainsi dire point. Donc, Faulhaber a fait à Lindl une concession trop généreuse : les ἐκλογαί de Procope ne sont pas à identifier avec Z.

3. A plus forte raison, elles ne sont pas assimilables à α, ni à aucune de ses subdivisions.

4. Reste le type de Y ; il ne contient que la Genèse, et pour le comparer au Commentaire et aux ἐκλογαί il faudrait admettre que nous ne possédons qu'une partie de cette chaîne. A part cela, je n'aurais personnellement aucune objection contre son parallélisme avec l'œuvre de Procope, ni, il est vrai, aucun argument nouveau en sa faveur.

Il suit au moins de ce qui vient d'être établi que le développement de la chaîne a été beaucoup plus gradué qu'on ne l'a d'abord imaginé. Procope n'a pas été l'inventeur du genre [1]. Il n'a probablement pas recueilli lui-même tous les éléments de ses ἐκλογαί. Le travail se préparait avant lui comme il s'est continué après lui.

---

1. Kihn, loc. cit., p. 442. — Eisenhofer, loc. cit., p. 8 : une chaîne sur le Cantique des cantiques existait dès le v⁰ s.

CHAPITRE III

On peut concevoir l'utilisation de la chaîne sous la forme d'une édition. M. Lietzmann en a reçu la mission de l'Académie de Berlin et il a commencé les travaux d'approche. Les difficultés matérielles ne manqueront pas ; celles qui affectent le texte ne viendront qu'après celles que comporte le choix de la tradition la mieux autorisée : laquelle des formes diverses que développe son histoire se déterminera-t-on à adopter ? La plus riche, nous venons de le voir, ne sera pas complète. Se décidera-t-on à mêler les différents types ?

Avant que ce projet se soit réalisé, il y a place pour de nombreux travaux de détail ; l'utilisation parcellaire consistera à recueillir, de la chaîne, tout ce qu'elle contient d'un auteur en particulier. Nous avons essayé de l'entreprendre pour Diodore. Voyons les difficultés que présente ce problème restreint et les moyens que nous avons à notre disposition pour les résoudre.

Le danger principal — et il n'est pas spécial à ce genre de littérature — est de passer à côté des problèmes sans les remarquer. Il consisterait, par exemple, à accepter de confiance les lemmes d'un manuscrit parce qu'il est trés ancien et très soigné ; le Coislin 193 nous offre sous le titre général de Γενέσεις Διοδώρου, une dizaine de pages qui contiennent des commentaires de la genèse, et qui ont été copiés sur une chaîne ; le manuscrit est du XIe s. Ne nous fournit-il pas ainsi un moyen inespéré pour contrôler des manuscrits plus récents dont le texte comporte les altérations accumulées d'un grand nombre de copies successives. En fait, il contient plus encore de Gennadius que de Diodore. — Le Barberinus 569 (VI. 8) représente la chaîne sous une forme qui a été très rarement copiée puisqu'elle n'existe plus que dans trois manuscrits. Les lemmes contiennent des références aux sources originelles que nous n'avons pas ordinairement la chance de lire dans d'autres manuscrits. On lui ferait volontiers crédit pour l'établissement du texte et l'attribution de fragments. Et pourtant je crois qu'il faut, à certains points de vue, s'en défier, comme sans doute aussi du Mosquens. 385 auquel il ressemble tout à fait. Trop souvent il résume et appauvrit les commentaires. On connaît le procédé de Procope qui consistait à faire de l'exégèse en confondant et harmonisant les interprétations de différents pères ; je crains que l'auteur de cette chaîne n'ait agi parfois, sur une petite échelle, comme le faisait en grand le rhéteur de Gaza. (Cf. IX. 2, IX. 24-25.)

Le danger ne serait réel que si l'on se confiait à un seul manuscrit ou a une traduction particulière. La diversification de la chaîne, qui a traversé bien des vicissitudes, fournit aussi le moyen d'échapper aux procédés illusoires des remanieurs. C'est par un jeu de comparaison entre les différentes classes et les différentes traditions que les justes soupçons s'élèvent et que les difficultés sont résolues.

N'exagérons pas d'ailleurs ces difficultés. A qui voudra parcourir l'apparat critique de notre édition, il sera permis d'affirmer que le *texte* n'a pas été particulièrement corrompu. Si l'on excepte les retouches volontaires de certaines copies, surtout du Barberinus que nous venons de signaler, le texte n'offre point de variantes qui ne soient ordinaires dans la transmission de tous les textes.

S'il en est ainsi du Barberinus, et si l'on se rappelle que le manuscrit de Bâle ne contient pour ainsi dire point de Diodore, il sera clair que notre principale ressource pour ce travail d'établissement du texte résidera dans les témoins de la chaîne dite de Nicéphore.

Voici comment nous avons été amenés à les classer. (Pour la lecture des lettres qui désignent les manuscrits, cf. le tableau qui précède l'édition).

1° Un grand nombre de variantes traditionnelles opposent *A D* à *F Nic.* Très souvent F et Nic. forment un groupe qui se sépare de deux autres manuscrits ; les leçons de ce groupe ne sont jamais que des altérations évidentes ou des conjectures faciles, pour des passages où la leçon traditionnelle est évidemment corrompue ou malaisée à comprendre. En voici des exemples que nous multiplions jusqu'au chapitre Xᵉ de la Genèse ; par la suite nous ne relevons que les faits les plus significatifs [1].

3₇ τῆς omis F Nic.

4₅ σφενδονίτης F Nic.

6₅ τοῖς omis F N.

7₇ ὁρίσας αὐτῷ] ⟨καὶ⟩ αὐτῷ ὁρίσας F Nic.

7₉ τὴν omis F Nic.

9₁₀ ἐπὶ τῆς γῆς] ἐπιγείων F Nic.

11₁₄ τὴν omis F Nic.

13₁₅ οἱ omis F Nic.

14₂ οὐ τὸ] οὐ τὸν F Nic.

14₃ χρηστὸν omis F Nic.

16₆ ὅσων] ὅσον F Nic.

17₆ γυμνότητα] γύμνωσιν F Nic.

18₁₄ ⟨καὶ⟩ τὸ πολὺ F Nic.

18₁₄ βαρύτερον] βάρος F Nic.

18₁₇ τῆς ἀδελφομιξίας] τὴν ἀδελφομιξίαν F Nic.

18₁₉ τῆς ἐγγυτέρω] τῆς ἐγγυτέρας F Nic.

18₂₀ ⟨καὶ ὅσοι γυναῖκας ἔχουσι⟩ λέγω F Nic.

19₅ σημαῖνον] σημαίνων F Nic.

19₅ ὅτι οὐχ ὅλον] οὐχ ὅτι ὅλον F, ὅτι οὐχ ὅτι ὅλον Nic.

19₇ αὐτῶν] αὐτὸν F Nic.

21₁₃ ἕτερον] ἑκάτερον F Nic.

21₁₉ βούλεται περὶ θεοῦ] περὶ θεοῦ βούλεται F Nic.

22₆ δέξωνται] δέξονται F Nic.

23₅₋₁₁ Ὑπισχνεῖται μηκέτι... ἐκ νεότητος αὐτοῦ omis F Nic.

24₄ ἁμαρτόντος] ἁμαρτῶντος F Nic.

24₈ post τοῦ πατρὸς αὐτοῦ : ἐπειδὴ... αὐτοῦ omis F Nic.

24₁₉ πολλὰς γενεάς] πολλῆς γενεᾶς F Nic.

24₂₀ ἣν omis F Nic.

24₂₆ ἐκβαίνει δὲ] ἐκβαίνει μὲν F Nic.

24₃₃ ἡμῖν omis F Nic.

24₃₃ ⟨εἰδέναι ἐκ τούτων καὶ⟩ οὕτω F Nic.

---

1. Les références suivantes sont établies au moyen d'un nombre en caractères gras et d'un nombre en caractères minuscules; le premier indique le numéro des fragments édités, le second la ligne de ce fragment.

24₃₃ ἕξει] ἕξειν F Nic.   85₂ Ἔβερ... ἀπέθανεν omis F Nic.

28₃ μήτηρ ⟨τινὲς δὲ... οἰκέτην⟩ F Nic.   85₄ Εἰ ὁ omis F Nic.

31₆ γνωρίζεται] ἐγνωρίζετο F Nic.   85₄ ⟨αὐτὸν⟩ τὸν F Nic.

2° Les rapports de A et de D avec le groupe de F. Nic ne sont pas identiques.

D concorde très rarement avec F Nic contre A et ces cas infiniment rares peuvent s'expliquer :

soit par des erreurs simultanées dans D d'une part, dans F Nic. d'autre part,

soit par des erreurs propres à A.

1₄ τὸ omis A

1₄ Ἑλλήνων] Ἕλήνες A

4₁₀ λέγει] λέγοι A

16₂ διηνοίχθησαν] ἠνοίχθησαν A

16₄ ὅτι] καὶ A

16₉ παρέσχεν] παρεῖχεν 16, 9.

16₃₁ θνητὸν τὸ omis A

21₁₄ ἀπὸ οἰκονομίας] ἐπὶ οἰκονομίαν A

21₁₄ εἰς οἰκονομίαν omis. A

23₆ ἐπιμελῶς omis. A

24₇₋₈ post αὐτοῦ : τότε προλαβών... γύμνωσιν αὐτοῦ omis. A

36₁₃ καὶ omis. D F Nic.

52₁₂ ἄν omis. A

53₃ τοῦ omis. A

A au contraire concorde très fréquemment avec F Nic. contre D et dans ce cas la leçon commune représente bien une tradition commune.

1₁₀₋₁₁ τὸ δὲ... καὶ γῆν omis. D

1₁₁ διδάσκει] διδάσκον D

3₉ οὐχ ἡ] οὐχί D

3₁₄ ἔχοι] ἔχη A F Nic.

4₁₁ βούλεται] βούλοιτο A F Nic.

4₁₄ ἐπειδήπερ] ἐπειδὴ A F Nic.

4₁₈ κοσμικὸν] κοσμητικὸν A F Nic.

6₆ εὐαγγελιζομένοις] εὐαγγελιζόμενος A F Nic.

7₄ ⟨ἐν⟩ τῷ A F Nic.

8₄ ἀλλὰ ⟨καὶ⟩ D

8₆ αὐξάνεσθε] αὐξάνασθε D

9₁₀ ἡ ⟨μὴ⟩ καλυπτομένη D

9₂₂ καὶ δόξαν] καὶ τὰ ἑξῆς

13₆ δὲ omis. D

13₆ προσαχθεῖσαν] προσενεχθεῖσαν A F Nic.

13₇ ⟨καὶ⟩ εἰπών D

13₂₀ ἴσα] ὅσσα D

13₂₂ τοσούτων] τόσουτον A F
Nic.

16₉ τὸ omis. A F Nic.

16₁₁ ἂν omis. A F Nic.

16₂₃ σώματα] σώματι A F Nic.

16₂₃ μνημάτων D²] ἱματίων D¹
A F Nic.

18₆ ὅλως] ὅλων D

20₁₀ βιοῦσιν] ζῶσιν A F Nic.

20₁₅ ἐκείνου] ἐκείνους D

21₁₅ χεῖρες] χεὶρ A F Nic.

21₂₁ μὴ] οὐ A F Nic.

21₂₄ οὐχὶ] οὐχ ἡ A F Nic.

21₃₂ λέγεται] λέγει A F Nic.

21₃₆ γίνηται] γένηται A F Nic.

21₃₇ εἰδὼς τοῦ θεοῦ μεταμέ-
λειαν] τοῦ θεοῦ ⟨τὴν⟩
μεταμέλειαν εἰδὼς A
F Nic.

21₃₈ οἰκονομίας] οἰκονομιῶν A
F Nic.

21₄₀ βρούχου ⟨καὶ κάμπης⟩ A
F Nic.

22₇ ἰδόντες] εἰδότες A F Nic.

23₂ καθαρᾶσθαι] καθαράσασθαι
A F Nic.

24₁₃ τῇ omis. D

24₁₄ δέδωκε] δίδωσι A F Nic.

24₁₅ προαγορεύεται] προσαγο-
γεύεται D

27₅ ἐν] πρὸς A F Nic.

31₇ ὁ μὴ] ὁ omis. D

31₁₁ ⟨καὶ⟩ πῶς A F Nic.

31₁₇ ἔχοντας] ἔχοντος A F Nic.

42₅ μετεμελήθη] μετεβλήθη A
F Nic.

Il en résulte que D est indépendant de F Nic. tandis que A
n'est pas indépendant de F Nic. Toutefois, le premier tableau
suffit à prouver que ce lien ne peut se définir par une dépen-
dance immédiate de F Nic. vis-à-vis de A.

3° F et Nic. ne dépendent pas non plus l'un de l'autre. Voici
une série de variantes qui distingue leur tradition.

3₉ εἰ δὲ omis. Nic.

4₁₄ αὐτῷ] αὐτοῖς Nic.

7₂ αὐτὰ] αὐτοὺς Nic.

11₃₀ οὐ τὸ... τὸ ἐμφύσημα
omis. Nic.

3₁₂ τί οὖν ἂν] ἂν omis. F.

4₅ ⟨τῆς⟩ μιᾶς F.

4₁₄ αὐτῷ] αὐτὸ F.

4₁₄ τὸ] τῷ F.

4₁₅ ⟨τοῦ⟩ θεοῦ F.

19₄   μείνη] καταμείνη Nic.

21₈   νυνὶ] ἐπὶ Nic.

26₉   ⟨καὶ⟩ οὐκ Nic.

26₁₀ πατέρα ⟨δὲ⟩ Nic.

4₁₈₋₂₀ Εἰ δὲ πνεῦμα... ἀπόβλη-
       τον omis. F.

6₂   στεγούτω] στενε... ὑπὸ F.

18₃₁ οἱ μὲν ⟨γὰρ⟩ F.

21₃₋₄ post τῆς γῆς : ἢ κατὰ
       'Ακύλαν... ἐπὶ τῆς γῆς
       omis. F.

21₂₄ γὰρ omis. F,

21₂₈ ⟨ἡ⟩ ὀργὴ F.

21₄₂ καὶ] ἀλλὰ F.

22₆   ⟨οἱ⟩ 'Ιουδαῖοι F.

26₂   πατὴρ ⟨αὐτῶν⟩ F.

Les leçons de F indiquent un assez grand nombre de corrections voulues. Il reste donc qu'il faut, pour expliquer leurs
rapports, recourir à l'hypothèse d'un original commun à ces
deux témoins, qui lui-même a été souvent retouché et explique
les oppositions fréquentes avec A (cf. 1ᵉʳ tableau).

Le schème le plus simplifié qui se puisse dresser est donc
le suivant :

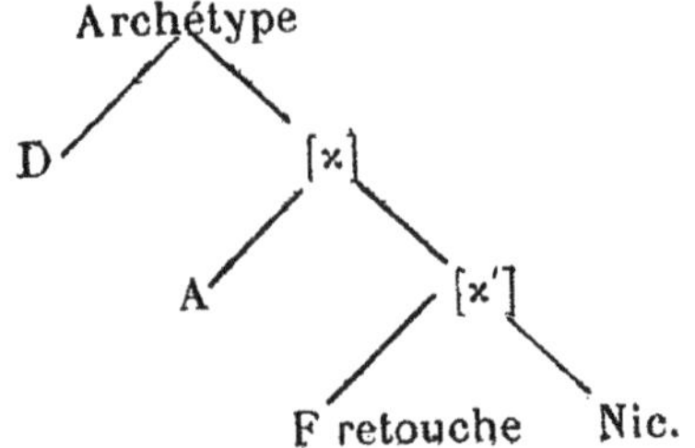

Il en résulte :

1° que nous possédons dans les manuscrits de Paris deux
traditions préférables à celle que nous connaissions jusqu'ici,
celle de Nicéphore. De ces deux manuscrits, D est plus auto-
risé que A ;

2° que A (avec ou sans F Nic.) peut, en cas d'erreur évidente de D, fournir la bonne leçon ;

3° que F Nic. ne peuvent prévaloir contre D et A · ou contre l'un de ces manuscrits, réserve faite du cas où il faudrait reconnaître dans ces derniers une même omission par homœotéleute, et de celui où, leurs leçons étant évidemment fautives, celle de F Nic. pourrait être enregistrée pour sa valeur conjecturale.

Si le manuscrit de Bâle nous est de nul secours, il n'en sera pas de même du Barberinus 329. On remarquera que le plus souvent, quand D s'oppose aux autres témoins de la chaîne de Nicéphore, B se trouve du côté de D. Mais aussi il contient beaucoup de fautes assez lourdes. Le modèle devait être bon et le scribe assez distrait. Outre cela, ce qui nous interdit tout à fait de le prendre pour guide principal, c'est son parti-pris d'alléger les phrases des commentaires.

Quand D et les autres manuscrits se trouveront en opposition et que B sera rangé parmi ces derniers, leur leçon prévaudra contre celle de D, même si elle n'était que d'une valeur égale. Une leçon de D ne pourrait prévaloir contre tous ces témoins que sous couleur d'une heureuse correction.

Les accidents qui ont altéré les commentaires dans leur *intégrité* peuvent être sériés sur trois degrés :

1° A la fin ou au début des fragments une petite phrase a été ajoutée ou retranchée.

Dans le Par. Gr. 129, le commentaire de Diodore au v. I, 1 se termine à la fin d'une ligne. Le point d'arrêt est effacé et, au début de la ligne suivante, on lit sans initiale majuscule δὲ γῆ ἦν ἀόρατος καὶ ἀκατασκεύαστος. Ces mots appartiennent au v. 2 du texte de la Genèse ; l'article ἡ devait déborder sur la marge et être écrit en encre rouge ; l'opération n'a pas été faite, par oubli.

Le fragment VIII, 21 dans le même manuscrit se termine par cette phrase τὸ δὲ αἷμά φησι τῶν ἀλόγων ζῴων ἡ ψυχὴ αὐτοῦ.

ἐστί. La phrase est sans lien logique avec ce qui précède ; de fait, les autres manuscrits l'en séparent tout à fait.

En général, le manque de cohésion, logique ou grammaticale. de ces phrases avec le commentaire précédent suffit à à éveiller l'attention.

Deux fragments de Diodore, Gen. I, 22 et Ex. XX, 5-6, ne se comprennent guère si l'on n'y ajoute une certaine question qui les introduise. Un fragment de Théodoret les précède qui commence par une interrogation de même sens ; le scribe — ou l'auteur — a jugé inutile de la reproduire au début du commentaire suivant, qui est celui de Diodore.

2° Des fragments entiers, malgré leur origine différente, ont été accolés. et cela peut disposer à croire, quand les procédés d'exégèse ne sont pas tout à fait différents et aussi que les interprétations ne sont pas très ressemblantes, qu'il y a simplement passage d'un développement à un autre développement d'idées. C'est ainsi que se présentent les γενέσεις Διοδώρου du Coislin 193 ; une comparaison avec d'autres traditions. où le même accident ne s'est pas produit, permet le plus souvent de rétablir l'ancien état de choses.

3° La solution est plus malaisée à mesure que la confusion est plus profonde. Des fragments différents ne sont plus présentés sous un seul lemme : les idées qu'ils contenaient sont mêlées en une rédaction nouvelle, œuvre de l'auteur de la chaîne. — Il arrive que cette manière de faire est avouée, en ce sens que la rédaction nouvelle est mise sous le nom des différents exégètes dont les commentaires ont été confondus : ainsi dans le Barberinus. au folio 115, un commentaire sous le lemme Θεοδωρήτου καὶ Διοδώρου καὶ Γενναδίου n'est que le résumé de longs fragments de ces auteurs qu'on peut lire en leur intégrité dans la chaîne de Nicéphore. — En général, ce procédé est employé en plus d'un endroit, il tourne en habitude et même là où on ne peut le démontrer par une comparaison avec des fragments conservés ailleurs dans leur forme originelle, il se trahit d'une façon ou d'une autre, assez pour éveiller l'attention du critique.

L'ordre respectif des fragments n'est pas toujours le même dans les manuscrits les plus étroitement apparentés. Il n'est identique dans aucun de ceux que nous avons utilisés. Le fait est à signaler pour éviter des erreurs sur le contenu réel des différents types de chaînes. Dans les manuscrits, ces déplacements ne sont jamais très considérables et s'expliquent par les formations successives que la chaîne y a reçues. Ils sont parfois considérables dans l'édition de Nicéphore dont on se sert volontiers comme terme de comparaison : un commentaire de Diodore y passe du verset XX. 8 au verset XXXI. 16. Les tables que l'éditeur a placées à la fin de ses deux volumes, tables des matières et des citations scripturaires, peuvent rendre des services en ces circonstances.

Dans ces essais d'exploitation de la chaîne, *l'authenticité des fragments* est sans aucun doute la question la plus grave et la difficulté la plus complexe. En la circonstance, dans cette édition de Diodore de Tarse, nous n'aurons pour ainsi dire jamais le contrôle d'une œuvre directement transmise : les chaînes seules contiennent encore quelque chose des travaux exégétiques de Diodore ; et il en est de même pour presque tous les auteurs avec les noms desquels le sien s'est confondu.

De Théodore de Mopsueste [1], il y a bien une édition de commentaires exégétiques tirés de manuscrits syriaques. Elle contient des fragments d'une introduction aux deux premiers livres du commentaire de cet exégète, et quelques commentaires aux deux premiers chapitres de la Genèse — mais rien qui puisse être rapproché des fragments dont nous avons dû discuter l'origine.

Les questions et réponses de Théodoret se trouvent isolées en de nombreux manuscrits. En réalité, nous n'atteignons pas

---

1. Theodori Mopsuesteni *fragmenta syriaca*, e codic. Mus. Britann. Nitriacis edid. atque in latin. sermonem vertit Ed. Sachau. Lipsiæ, 1869.

certainement ainsi une tradition immédiate : ces manuscrits
ont sans doute pour origine les chaînes elles-mêmes. C'est bien
la pensée de leur éditeur : « cum ex antiquis catenis quas vocant
excerptas Theodoreti quæstiones istas constet... » [1] et ainsi s'explique que dans ces manuscrits on trouve des fragments exégétiques d'Origène, de Théodore, de Diodore.

Nous ne sommes pas mieux favorisés qu'il s'agisse de Didyme
ou de Gennadius.

Les confusions avec les noms de Jean Chrysostome, de
Cyrille d'Alexandrie, d'Isidore sont très rares, et pratiquement
le recours à leurs œuvres ne nous a donné d'heureuses solutions
à des difficultés que dans deux ou trois cas.

Ainsi, c'est de nos recueils eux-mêmes, tant décriés, que
nous devrons tirer les motifs de notre confiance en l'authenticité des commentaires que nous éditons. Eh bien, je crois
qu'il convient de faire crédit à la chaîne et de ne pas soulever
de difficultés quand elle-même n'en provoque pas. Nous
verrons que dans la grande majorité des cas, les divergences
sont minimes et faciles à élucider. Une authenticité certaine
couvre la plupart des fragments qu'elle nous offre.

D'ailleurs, une circonstance heureuse permet de contrôler la
valeur générale des lemmes de Diodore par une œuvre de
même caractère, par une chaîne latine.

Celle-ci existe dans un manuscrit latin de la Bibliothèque
nationale qui a eu successivement dans l'ancienne bibliothèque
de Saint-Germain le n° 66, quand celle-ci fut annexée à la
bibliothèque royale le numéro 838, et enfin le n° 12.309 dans
le catalogue de M. Delisle, où il est daté du xi° s. Pitra, dans
son Spicilegium Solesmense (I. 1852), l'a éditée en partie et a
présenté à part les fragments de Diodore qu'elle contenait
(col. 265-275). C'est une véritable chaîne sur l'Octateuque
Gen. fol. 1 ; Exod. 70 ; Levit. 104ᵛ ; Nombres 128 ; Deuteron. 129ᵛ ;
Josué 132 ; Juges 133. Le texte de l'Écriture n'y est pas complet ;
il n'est cité que dans la mesure nécessaire à l'intelligence des
commentaires. Le titre en est : Expositum Johannis Romanæ

---

1. Sirmond. Mign., *P. G,*. t. LXXX, p. 28.

ecclesiæ diaconi in Genesim. Mais l'auteur ne connaît certains Pères qu'il cite que par l'intermédiaire d'un autre compilateur. Ainsi en est-il de Diodore de Tarse. Tandis que la plupart sont présentés de cette manière :

> Beatus Augustinus contra Faustum manichæum
> Rufini, de fide, libro secundo
> Origenis homelia prima in exodo
> Beatus Ambrosius de officiis, libro tertio...

Diodore est toujours cité de la sorte,

> Victor episcopus Capuæ, ex scholia Diodori Tarsensis episcopi ;

de même St Basile, Sévérien ne sont connus de Jean que par l'intermédiaire de Victor. Ces scolies de notre auteur sont au nombre de *vingt-trois :* elles ne se trouvent que dans l'Exode. *Six fois* les deux chaînes, la latine et la grecque, se rencontrent pour mettre à la suite d'une même parole de l'écriture, le nom de Diodore et un commentaire. Chaque fois, il est facile de reconnaître le texte grec dans la version latine, assez abrégée. Nous publions l'une (d'après le texte de Pitra) à côté de l'autre (Ex. III. 5, IV. 21, IV. 24, XX. 5, XX. 24, XXI. 23). Les dix-sept autres scolies ne se trouvent sous aucun nom dans la chaîne de Nicéphore [1]. Il me semble que ce fait suffit à prouver que nous avons affaire à une tradition tout autre que celle de la chaîne grecque et aussi que l'autorité des lemmes chez celle-ci n'est pas tellement méprisable.

Voici enfin les principes dont nous nous sommes inspirés dans le classement des commentaires que les divers manuscrits nous offraient sous le nom de Diodore. L'énoncé que nous en

---

1. Pour le contrôle de cette affirmation, voir la liste des versets commentés par une citation de Diodore dans la chaîne de Jean le diacre, et l'endroit correspondant dans la chaîne de Nicéphore. Cf. le texte latin des scolies de Diodore dans Pitra, loc. cit.

II. 22	571-2	VIII. 15	640-1	XVI. 4	728-29
III. 2	574-8	IX. 18	650-1	XIX. 18	762-3
IV. 6	594-5	XIII. 17-18	700-1	XX. 4	768
IV. 10	599	XIII. 19	702	XX. 16	782-3
IV. 19	602	XIV. 17	713	XXIII. 15	812-3
VII. 11	629	XVI. 4	728-29		

faisons ici suffira au lecteur pour qu'il se rende compte des raisons qui nous ont fait accepter les uns et rejeter les autres. En quelques cas des explications spéciales sont nécessaires, nous les donnerons à la suite des fragments qui les exigent.

Le manuscrit de Bâle n'a aucun fragment de Diodore qui lui appartienne en propre ; pour les trois ou quatre qu'il présente de concert avec les autres, il n'apporte aucune raison particulière de trouble ou de confiance, écartons-le dans ces considérations générales.

I. Un fragment peut être présenté par une seule famille, celle de Nicéphore (X) ou celle de Moscou (Y).

Le silence de l'autre famille n'est pas une raison de douter de l'authenticité de ce fragment, puisque pour l'une et l'autre famille, nous avons constaté qu'elles avaient eu un développement séparé. Ce principe vaut en particulier pour les fragments présentés par X, puisque plusieurs indices nous font reconnaître que Y a une tendance à appauvrir le noyau commun. Dans la série des fragments qui accompagnent un verset, il en est plusieurs qui se répètent ; alléger la chaîne, c'était l'améliorer. L'auteur de Y a dû en être convaincu.

Mais le fragment présenté dans X peut ne pas réunir sur le nom de Diodore le témoignage de tous les manuscrits qui représentent cette classe. En ce cas, la discussion se fera comme à propos d'une variante. Nous aurons pour nous éclairer un élément important qui nous faisait défaut pour l'établissement du texte. Les manuscrits de la classe de Nicéphore ont été divisés en plusieurs groupes sur les indications réunies de Wendland, Achelis et Faulhaber (cf. Karo et Lietzmann *Catal.* p. 10 et 11), le Parisinus gr. 129 appartient à l'un, le Paris. gr. 128 à un autre ; les variantes de notre édition confirment ce point, celles du premier manuscrit se distinguant bien de celles du second ; d'après ces mêmes variantes, le Paris. gr. 161 et l'édition de Nicéphore (dans la mesure où elle représente un manuscrit) prennent place à côté du Paris. gr. 128. Grâce à l'analyse du manuscrit Monacensis gr. IX, qui a été publiée par M. Buturas, nous aurons le témoignage d'une troisième tradition, indépendante de ces deux premiers groupes. Ce secours nous sera très précieux puisqu'il nous permettra de prendre parti, ayant en main les éléments essentiels du problème.

II. Un fragment est donné par les deux familles mais sous des noms différents.

Si l'opposition est brutale et que le témoignage de Y soit contredit par l'unanimité des manuscrits de X, nous ne pouvons que rester dans le doute sur l'origine de ce fragment, à moins qu'un indice quelconque nous détermine à croire à une erreur de Y.

S'il n'y a pas unanimité parmi les manuscrits de X, et que l'attribution de Y se trouve corroborée par un manuscrit sérieux de l'autre côté, nous enregistrerons celle-ci comme acquise. C'est en cette circonstance que peuvent prendre de l'importance des témoignages non classés parmi les groupes déjà indiqués : nous voulons parler du manuscrit du xiᵉ s., que M. Ouspensky a découvert à Constantinople, et aussi de nos deux traductions latines de la chaîne.

De tout ce qui précède, on peut discerner le sens exact de notre terminologie.

Nous disons d'un fragment qu'il est authentique quand les témoignages comparés des différentes classes et groupes de manuscrits mettent tout à fait en vedette le nom de Diodore ; qu'il n'est pas authentique quand par le même procédé ce nom est positivement écarté ; qu'il est douteux, quand cette confrontation ne nous a pas permis de prendre parti.

SIGNES ET ABRÉVIATIONS

Paris. Gr. 128	A
» » 130 et 132	a et a′
» » 129	D
Monacensis 9	E
Paris. Gr. 161	F
Paris Coislin 193	G
Edition de Nicéphore	Nic.
Barberinus 569 (VI. 8)	B
Basiliensis. 1 (A. N. III. 13)	C
Manuscrit du Sérail de Top-Capou	J
Trad. Fumani	K
» Zephyri	L

E est utilisé dans la mesure où l'analyse de Buturas le permet, c'est-à-dire surtout pour les lemmes.

Quand J n'est pas indiqué c'est que nous sommes en dehors des limites de l'analyse de M° Ouspensky.

120ᵛ signifie le verso du folio 120.

Selon que la citation scripturaire précède ou suit le lemme, elle ne représente pas ou représente le texte probable de Diodore, c'est-à-dire, celui qui dans les manuscrits est lié à ses commentaires. Quand ce texte ne nous est pas ainsi transmis, nous y suppléons par celui de l'édition de Lagarde qui tend à reproduire le texte de l'édition de Lucien. (*Librorum veteris Testamenti canonicorum, pars prior græce Pauli de Lagarde studio et sumptibus edita. Gottingæ 1883*). Nous obéissons en cela à l'indication de S* Jérôme (Vallarsii IX, 1405). « Alexandria et Egyptus in Septuaginta suis Hesychium laudat auctorem ; Constantinopolis usque Antiochiam Luciani martyris exemplaria probat ; mediæ inter has provinciæ Palestinæ codices legunt quos ab Origene elaboratos Eusebius et Pamphilus vulgaverunt. » On remarquera les variantes de ce texte avec des citations faites par Diodore dans son commentaire (fragm. 7). L'exégète, il est vrai, introduit le texte biblique avec une certaine liberté ; il arrive que les citations ne coïncident avec les mots de l'Écriture qui servent de lemme même quand nous avons des raisons de croire que ceux-ci ont été introduits comme tels par Diodore (**23, 27**) ; bien plus dans le corps du commentaire, une même phrase de l'Écriture citée deux fois ne l'est pas à chaque fois en termes identiques (Cf. **19** et **20**).

Dans l'apparat critique, nous n'avons relevé les différences d'accentuation que dans les cas où elles marquaient des différences de sens ou de fonctions grammaticales.

D² signifie la seconde main du manuscrit D ; *omis.* est l'abréviation de *omisit* ou *omiserunt, add.* de *addidit ;* < καί > καθάπερ F, indique que le manuscrit F ajoute καί devant καθάπερ.

COMMENTAIRES

DE

DIODORE DE TARSE

CONTENUS DANS

LA CHAINE DE L'OCTATEUQUE

I. — DIODORE DE TARSE

Diodore, prêtre d'Antioche, fut élevé au siège épiscopal de Tarse après la mort de l'empereur Valens et mourut sans doute en l'année 392 ou peu après[1].

C'était un homme d'une science très étendue et d'une éminente vertu qui avait déjà beaucoup écrit et beaucoup souffert avant de devenir évêque. Il avait réfuté les païens, les hérétiques et les juifs ; pour s'attaquer à l'autorité d'Aristote, de Platon et de Porphyre, corriger les listes chronologiques d'Eusèbe, former l'esprit de Théodore de Mopsueste et de Jean de Constantinople, il s'était rendu maître en tout ordre de connaissances, historique, philosophique et théologique[2].

Cependant, il n'était ni intransigeant, ni arrogant. Paulin avait été sur le siège d'Antioche substitué à Eustathe par les ariens ; Diodore ne voulut point qu'on s'entêtât et reconnut son autorité[3] ; saint Basile qui le chérissait le loue pour l'onction de sa parole et le bien qu'il faisait aux âmes[4]. Aussi bien se préoccupait-il de prédication populaire et il avait appris aux

<hr>

1. Le Nain de Tillemont. *Mémoires pour servir à l'histoire ecclésiastique des six premiers siècles*, notes sur Diodore de Tarse, p. 802, 804.

2. Cf. les deux listes de ses ouvrages qui nous sont données l'une dans le lexique de Suidas, l'autre dans l'inventaire d'Ebedjesu. Migne, *P. G.* XXXIII, col. 1554 et 1555.

3. Duchesne, *Histoire ancienne de l'Église*, II, ch. VIII.

4. Basile, *ep. CCXLIV*, Mign., *P. G.* XXXII, col. 916.

fidèles à chanter en deux chœurs les louanges de Dieu. L'austé-
rité de sa vie provoquait contre sa personne des plaisanteries
haineuses de l'empereur Julien [1], et attirait d'honorables élèves
dans ses écoles de piété. Les luttes et les exils successifs qu'il
avait subis lui méritaient le titre de martyr et la considération
due aux confesseurs de la foi [2].

« Il mourut dans un âge avancé, dans la paix de l'Eglise, honoré des éloges des plus grands saints et ennobli d'une gloire
qui l'ayant toujours accompagné durant sa vie, l'a suivi jusqu'à
sa mort ». Ces lignes sont de Le Nain de Tillemont et il faut
lire en entier les pages que ce fin savant lui a consacrées ; il
n'y a pas de doute qu'elles aient été écrites avec respect et
émotion.

Cette gloire devait être bien éphémère. Bien qu'il eut adopté
à Antioche une attitude assez équivoque, jamais, ni durant le
schisme, ni après que les querelles eurent cessé, on ne l'avait
sérieusement soupçonné d'hétérodoxie. Or, trente-cinq ans
après sa mort, saint Cyrille d'Alexandrie découvrit en lui un
ancêtre de Nestorius [3] ; les Eutychiens lui tinrent rigueur des
erreurs de son disciple, Théodore de Mopsueste [4]. Durant un
siècle, les uns maudirent et les autres vengèrent sa mémoire [5]. Il
fut irrémédiablement atteint, quand, en 553, le cinquième concile
œcuménique anathématisa son élève Théodore et lés écrits de
son défenseur Théodoret [6] ; l'impression mauvaise fut défini-
tive ; Photius (ixe s.) ne trouve rien d'irrépréhensible dans les
ouvrages qu'il a de lui dans sa bibliothèque et néanmoins il le
range à tort parmi les hérétiques qui ont mérité d'être nommé-
ment condamnés au cinquième concile [7].

Ainsi s'explique la disparition si rapide et si complète de ses
travaux qui avaient été nombreux. Il faut ajouter que sans
doute il ne s'est pas préoccupé de leur donner une forme aima-

<hr>

1. Cf. une lettre latine attribuée à cet empereur : edit. Herlein, t. II, p. 6o5.
2. Théodoret, *Hist.*, l, II. c. 24.
3. Facundus, *pro defensione trium capitulorum*, IV, 2. Mign., *P. L.*, LXVII, col. 621.
4. Theodoret, *loc. cit.*, c. 25.
5. Chrysost, cf. Facundus, *loc. cit.*, col. 616-617. Tillemont, *loc. cit.*, p. 558-568.
6. Léonce de Byzance, *de Sectis*, IV, Mign., *P. L.*, LXXXVI, col. 1222.
7. Photius, *Bibl.* cod. LXXXV, CII, CCXXIII. Migne, *P. G.* t. CIII.

ble, ou s'il l'a essayé un jour, Basile qui l'aimait assez pour le
corriger, a obtenu qu'il y renonçât dès le début de sa carrière.
C'est ce que l'on peut conclure des outrages de Julien, des éloges
de Basile et de la froide notice de Jérôme[1]. Il est vrai que ce
dernier n'a peut-être eu en main que des commentaires sur
saint Paul. Théodoret l'a lu et utilisé ; Sozomène en a seulement entendu parler. Facundus le défend avec zèle dans la
querelle des trois chapitres ; jamais il ne le cite ; est-ce par ha-
bileté ou par ignorance ? Suidas donne la liste de ses livres
d'après Théodore le lecteur qui est lui-même un compilateur :
c'est peut-être un renseignement de troisième ou de quatrième
main[2].

Bref son influence et son œuvre se sont évanouis ; aucun
livre de lui sans doute ne nous est parvenu dans son intégrité[3]
Il n'y a pas lieu jusqu'ici d'espérer en recueillir quelque chose
par la voie des florilèges dogmatiques. Les cinq ou six fragments qu'on retire des compilations de Marius Mercator et de
Léonce de Byzance sont authentiques. Le Nain de Tillemont en
doutait : ses arguments ne valent plus : Diodore a bien écrit un
livre πρὸς τοὺς συνουσιαστάς ou *contra Apollinarem* ; l'inventaire
de Ebedjésu en témoigne[4].

Seules, les chaînes lui ont été vraiment hospitalières et lui ont
fait place à côté de Cyrille, de Théodoret et de Sévère. Encore
a-t-il été exclu complètement de celles qui commentent les
évangiles, et les fragments qu'on peut lire dans celles de l'Ancien Testament paraissent assez incolores du point de vue des
doctrines. Cela ne nous aidera guère à retrouver sa physionomie et à lui rendre du relief parmi le groupe d'hommes où

---

1. Julien, *loc. supr. cit.* ; Basile, *ep.* 135¹ dans Migne, *P. G.* t. XXXII, col. 572 ;
Jérôme *de viris ill.*, c. 119.

2. Cf. passages correspondants de Socrate, Sozoméne, Théodoret, L. Allatius,
Diatriba de Theodoris, dans *P. G.* XXXIII, col. 1553.

3. Harnack lui a attribué quatre traités pseudo-justiniens, *Texte u. Untersuchungen*, XXI, 1901, 4. Cf. Funk, *Le pseudo Justin et Diodore de Tarse*, dans *Revue
d'Hist. Ecclésiastique*, 1902, 4. — Récemment, dans la *Revue de Philologie*, 1911,
livr. 1. L. Mariès a posé une autre question : *Aurions-nous le commentaire sur les
Psaumes de Diodore de Tarse ?* cf. la note de D. Serruys ΑΠΟ ΦΩΝΗΣ dans la même
revue.

4. Cf. Migne, *P. G.*, t. XXXIII, col. 1358.

son influence et la confusion des querelles l'ont placé. Il sera
toujours difficile de savoir dans quelle mesure il a préparé les
théories christologiques de Théodore ; il est certain qu'il a initié
son disciple aux méthodes qui subordonnent au sens historique
et littéral les interprétations symboliques de la Bible. Et ce doute
et cette certitude ont le même résultat de confondre leurs traits
à nos yeux. Quant à Théodoret, il reconnaissait si volontiers
qu'il était l'obligé de Diodore qu'après avoir écrit un livre
pour le défendre, il ne croyait pas que ce fût un argument
bien convaincant de faire appel à son autorité pour se défendre lui-même [1].

Les extraits que nous publions sont tirés de ses commentaires
sur l'Ecriture. Il en avait écrit à peu près sur tous les livres.
Jérôme témoigne en particulier de ceux sur les épîtres de saint
Paul ; Léonce de Byzance dit qu'il en eut sur toute l'Ecriture ;
Suidas donne une liste où sont indiqués « ceux sur toute l'Ancienne Loi, Genèse, Exode, et cetera, sur les Psaumes et sur les
quatre livres des Rois, sur les passages difficiles des Paralipomènes (εἰς τὰ ζητούμενα τῶν Παραλειπομένων), sur les Proverbes,
sur l'Ecclésiaste, le Cantique des Cantiques, sur les prophètes,
sur les quatre Evangiles, sur les Actes des Apôtres, sur l'Epître
de Jean [2] ». Ils devaient avoir comme ceux de Théodoret la
forme de questions et de réponses, où l'exégète ne commente pas
tout le livre. mais réunit une série choisie de difficultés ; l'affirmation n'en est donnée nulle part, mais elle est suggérée
plusieurs fois parmi les indications recueillies. Suidas le dit
spécialement pour les Paralipomènes et, par le fait, semblerait
le nier pour les autres livres.

Cependant il devait en être ainsi pour le commentaire sur
saint Paul. Jérôme explique, dans une de ces lettres le passage de
la première épître aux Corinthiens (xv-5). « Omnes quidem
dormiemus, non autem omnes immutabimur », et il introduit
ainsi une citation de Diodore : « Diodorus Tarsensis episcopus,
prœterito hoc capitulo, in consequentibus breviter annotavit... »

1. Théodoret, *ep.* 16°. Migne, *P. G.*, t. LXXXIII°, col. 1194.
2. Suidas, *loc. cit.* ; Jér. *ep.* 119°, dans Migne, *P. L.*, t. XXII°, col. 968°.

— Basile a reçu deux livres de Diodore, l'un ne peut être un commentaire : l'auteur y utilisait le genre du dialogue sans doute pour argumenter contre les Grecs. Basile a eu beaucoup plus de plaisir à lire le second, parce qu'il était court, et aussi ὅτι πυκνόν τε ἅμα ἐστὶ ταῖς ἐννοίαις καὶ εὐκρινῶς ἐν αὐτῷ ἔχουσιν αἵ τε ἀντιθέσεις τῶν ὑπεναντίων, καὶ αἱ πρὸς αὐτὰς ἀπαντήσεις [1]. Il n'est pas dit non plus qu'il s'agisse d'un commentaire mais ceci prouve au moins que ce mode de composition était cher à Diodore. Et ainsi s'explique que dans la chaîne de Victor de Capoue, qui nous est parvenue par l'intermédiaire de celle de Jean le diacre et dont nous avons déjà parlé, si le lemme de saint Basile par exemple est ainsi formulé : « Victor Capuae episcopus ex sermone sancti Basilii » celui de Diodore est dans ce style : « Victor Capuae episcopus ex scholia Diodori Tarsensis episcopi in exodo... »

D'ailleurs, c'est bien ce qui apparaît à la lecture des fragments qui nous sont parvenus et, plus d'une fois, pour en obtenir l'intelligence, il a fallu leur restituer la forme d'une réponse et suppléer à la question qui a disparu accidentellement au cours de la tradition.

Ce n'est pas encore le moment de faire une étude détaillée de la méthode exégétique de Diodore. Qu'il suffise d'indiquer que tous ces fragments donnent cette commune impression qu'il a surtout le souci de s'attacher au texte et de l'expliquer, de découvrir le fil des récits et des discours, de se représenter les choses d'une façon réaliste et presque matérielle, d'exposer sa pensée en termes sobres et clairs. καὶ τὸ τῆς λέξεως ἁπλοῦν τε, disait de lui Saint Basile, καὶ ἀκατάσκευον πρέπον ἔδοξέ μοι εἶναι προθέσει χριστιανοῦ οὐ πρὸς ἐπίδειξιν μᾶλλον ἢ κοινὴν ὠφέλειαν συγγράφοντος [2].

1. Bas. *ep.* 135ᵉ, *loc. cit.*
2. Bas. *loc. supra cit.*

FRAGMENTS AUTHENTIQUES

GENÈSE

1

I, 1 Ἐν ἀρχῇ ἐποίησεν ὁ Θεὸς τὸν οὐρανὸν καὶ τὴν γῆν.

ΔΙΟΔΩΡΟΥ.

Τῶν βαρβάρων, ὅσοι κατὰ τοὺς χρόνους Μωσέως γεγόνασι καὶ μάλιστα φιλοσοφεῖν ἤθελον, οὐρανὸν καὶ γῆν τῶν μεταξὺ πάντων αἰτιωμένων, ἐξ ὧν τὸ μετὰ ταῦτα καὶ οἱ Ἑλλήνων ποιηταὶ πλείο-
5 νας τὰς τῆς ἀσεβείας ἀφορμὰς εἰλήφασιν, ἔδει τὸν Μωσέα ὡς πορρωτάτω τοὺς Ἰσραηλίτας ἀπαγαγόντα τῆς ἐκείνων ἀσεβείας, ἀρχὴν ποιήσασθαι δογμάτων τὴν τῆς ἐκείνων πεπλανημένης ἀρχῆς ἀνατροπήν. Ἐπειδὴ γὰρ γενητὰ μὲν ὡμολόγουν, τὸν δὲ ποιητὴν ἠγνόουν, ἀρχόμενος, εὐθὺς « ἐν ἀρχῇ » φησὶν « ἐποίησεν ὁ Θεὸς
10 τὸν οὐρανὸν καὶ τὴν γῆν ». Τὸ δὲ « ἐν ἀρχῇ ἐποίησεν ὁ Θεὸς τὸν οὐρανὸν καὶ τὴν γῆν » διδάσκει σαφῶς ὅτι τὰ λοιπὰ μετὰ ταῦτα γέγονεν· εἰ γὰρ μὴ πεποίηται καὶ τὰ λοιπὰ στοιχεῖα καθάπερ τὰ πρῶτα, ὧν ἐμνημόνευσε, παρεῖλκε τὸ « ἐν ἀρχῇ ἐποίησε τὸν οὐρανὸν καὶ τὴν γῆν ».

D 28ʳ — A 28, a 28ʳ, F 2, Nic. I 8 — E.
J 23ʳ, K 192, L 2.

4. τὸ] omis. A, τῶν Nic. ; Ἕλληνες A, ἔλλ. corr. A² ; — 5. μωυσέα Nic. ; — 6. πορρώτατον F ; 7. τὴν add. Deconinck ; — 10-11. τὸ δὲ ἐν - - γῆν omis. D ; — 11. διδάσκων D ; — 12. <καὶ> καθάπερ F.

2

In idem Ἐν ἀρχῇ ἐποίησεν ὁ Θεὸς τὸν οὐρανὸν καὶ τὴν γῆν.

ΔΙΟΔΩΡΟΥ.

Μετὰ τὰς ἀοράτους καὶ νοερὰς οὐσίας οὐρανὸν ὁ Θεὸς κατασκευάζει εὐθὺς μετὰ τῆς γῆς, οὐ τὸν ὁρώμενον, (δευτέρα γὰρ οὗτος.

Ps. CXIII, 16 ἡμέρα γίνεται), ἀλλὰ τὸν ἀνωτέρω, ὃν ὁ Δαβὶδ « οὐρανὸν οὐρανοῦ »
5 καλεῖ.

D 3₂ — A 3₁, a 33, F 5, Nic. 1 8.
B 1ᵛ.
J 25, K 195, L 7.

3

I, 2 ... καὶ σκότος ἐπ᾽ ἄνω τῆς ἀβύσσου.

ΔΙΟΔΩΡΟΥ.

Σκότους μὲν ἄνευ ἄρθρου ἐμνήσθη, ἀβύσσου δὲ μετὰ ἄρθρου.
« Καὶ σκότος γάρ φησιν ἐπάνω τῆς ἀβύσσου. » Ἐπείπερ τὸ μὲν,
ἀνυπόστατον · τὸ δὲ, οὐσιῶδες. Σκιὰ τὸ σκότος οὐρανοῦ καὶ γῆς ·
5 σωμάτων γὰρ οὕτω μεγίστων τὸ μέσον ἀνάγκη σκιάζεσθαι, καθάπερ
οἶκον ἀθύρωτον. Καὶ μάτην οἱ αἱρετικοὶ νοητὸν σκότος ἐντεῦθεν
ἐκλαμβάνουσιν. Οὐρανοῦ γὰρ καὶ τῆς γῆς μνημονεύσας ὁ προφήτης
καλυπτομένης ὑπὸ ὑδάτων, οὕτως ὑπὲρ τὰ ὕδατα τὸ σκότος εἶναι
φησι, τὸ ἀπὸ τῶν σωμάτων σκότος. Εἰ δὲ τὸ σκότος οὐχ ἡ τῶν
10 σωμάτων σκιὰ εἴρηται, ἀλλὰ νοητόν τι, τουτέστιν ὁ διάβολος, τὸ
Gen. I, 3 « γενηθήτω φῶς » πῶς νοήσω ; ἆρα τὸ ἀληθινὸν, τὸν υἱόν · τί
οὖν ἂν εἴποις ; μετὰ τὸν οὐρανὸν, καὶ τὴν γῆν, καὶ τὴν ἄβυσσον,
καὶ τὸ νοητὸν σκότος τὸν διάβολον, ὁ Θεὸς λόγος ; καὶ τίς ἂν
τοῦτο συγχωρήσειεν ἕως ἂν τὸν νοῦν ἔχοι ;

D 34ᵛ — A 34, a 36, F 7ᵛ, Nic. I 15 — E 22ᵛ.
B 6ᵛ.
J 26, K 197, L 10ᵛ.

1. ΔΙΟΔΩΡΟΥ omis L.
2. μὲν omis. D A F Nic. ; — 3. καὶ σκότος -- ἀβύσσου omis. B ; — 4. τὸ δὲ --
σκότος] ἡ δὲ οὐσιῶδης σκιά, τὸ σκότος F ; σκιὰ ⟨γὰρ⟩ B ; — 5. τὸ omis. B ;
ἀνάγκη μέσον B ; καθάπερ] ὥσπερ B ; — 7. τῆς omis. F Nic. E B ; 7-8. ὁ προφ -- ὑδάτων
omis. E ; ⟨τῶν⟩ ὑδάτων F ; — 9. τὸ ἀπὸ -- σκότος omis. D A F Nic. ; εἰ δὲ] εἰ
γὰρ F, omis. Nic. ; τὸ²] ⟨ἀπὸ τ. σωμάτων⟩ σκότος D A F Nic. ; οὐχ ἡ] οὐχὶ D ; —
10. ἡ σκιὰ τ. σωμ. B ; — 12. ἂν omis. F ; — 13-14. καὶ τίς -- ἔχοι] οὐδαμῶς B ; ἔχοι]
ἔχῃ A F Nic.

4

Ibid. ... καὶ πνεῦμα Θεοῦ ἐπεφέρετο ἐπ᾽ ἄνω τοῦ ὕδατος.

ΔΙΟΔΩΡΟΥ.

Τὰ ἀφ᾽ ἑτέρας γλώσσης εἰς ἑτέραν μεταγόμενα νοήματα εἴ τις καὶ
τῇ λέξει δουλεύων ἀφ᾽ ἧς ἡρμήνευται πειρῷτο καὶ ταύτην μετά-

γειν, ἀποσφαλήσεται τῆς διανοίας. Ὡς γὰρ σφενδονήτης ἢ τοξότης
5 παρ' ἡμῖν μὲν διὰ μιᾶς λέξεως σημαίνεται, παρὰ Σύροις δὲ διὰ δύω,
οὕτω καὶ τὸ « ἐπεφέρετο » μία μέν ἐστι λέξις παρ' Ἑβραίοις, παρ'
ἡμῖν δὲ διὰ μιᾶς λέξεως οὐκ ἂν παρασταίη. Βούλεται γὰρ ἡ
ἑβραϊκὴ λέξις, ἡ τοῦ « ἐπεφέρετο », σημαίνειν ὅτι καθάπερ ὄρνις ᾠὰ
θάλπει ταῖς πτέρυξιν ἁπαλῶς ἐφαπτομένη εἰς τὸ ζωογονεῖν, οὕτω
10 καὶ τὸ πνεῦμά ἐπεφέρετο τοῖς ὕδασι ζωοθαλποῦν. Εἰ δέ τις ἄνεμον
βούλεται λέγειν τὸ πνεῦμα, οὐχ ἁμαρτήσεται. Συγγενὴς γὰρ τῶν
ὑδάτων ὁ ἄνεμος, ἐκεῖθέν τε τὴν γένεσιν ἔχων καὶ τῇ φορᾷ κινῶν,
καὶ διαμείβων τῶν ὑδάτων τὴν φύσιν. Θεοῦ δὲ λέγοιτο, ὡς ἔργον
Θεοῦ. Ἀλλ' ἐπειδήπερ μέγα αὐτῷ ἐδόκει διδόναι τὸ θάλπειν καὶ
15 ζωογονεῖν τὸ ὕδωρ, « Θεοῦ » προσέθηκεν ἵνα τὴν τοῦ γενομένου
αἰτίαν τῷ τῶν ὅλων ποιητῇ ἐπιγράψῃ. Εἴ τε τὸν παράκλητον τὸ
ἅγιον πνεῦμα δοίη τις εἶναι, τὸ ὑπὸ Μωσέως εἰρημένον, οὐκ ἀποσφαλήσεται. Κοσμητικὸν γὰρ τῶν ὄντων τὸ πνεῦμα. Εἰ δὲ πνεῦμα
Θεοῦ καὶ τὴν ἐνέργειαν λέγει, λέγεται γὰρ πνεῦμα καὶ ἡ ἐνέργεια,
20 οὐκ ἔσται ἀπόβλητον. Καὶ γὰρ ὁ Θεὸς τῷ Μωσεῖ προστάσσει
ἐκλέξασθαι πρεσβυτέρους ἑβδομήκοντα, τοῦ Μωσαϊκοῦ πνεύματος
μέρος ὑποσχόμενος αὐτοῖς μεταδώσειν · ὃ ἦν ἡ χάρις.

D 35 — Λ 34, a 37, F 8ʳ, Nic. I 16.
B 7ʳ.
J 27, K 197, L 12.

1. ΘΕΟΔΩΡΗΤΟΥ B. C'est un des cas où, devant le témoignage divergent des deux
traditions principales, il faut hésiter le moins à prendre parti. Pour autant qu'on
peut la discerner dans les fragments dont l'authenticité est la mieux établie, ce
commentaire est sans aucun doute dans la manière de Diodore.

2. γλώττης D A F Nic. ; εἴ τις] ἥτις F ; — 3. ἑρμηνεύεται B ; καὶ ταύτην omis. B ; —
4. ἀποσφαλίσεται F ; — 4. ὥσπερ B ; σφενδονίτης F Nic. ; — 5 <τῆς> μιᾶς F ; παρὰ δὲ
σύροις B ; δύο B ; — 9. πέρυξιν B : ἁπλῶς D F B ; — 11. βούλοιτο A F Nic. B ; —
13. καὶ διαμείβων omis. B ; τὴν τῶν ὑδάτων φύσιν B ; λέγει B ; — 14. ἐπειδὴ A F Nic. B ;
ἐδόκει αὐτῷ B ; αὐτῷ] αὐτὸ F, αὐτοῖς Nic. ; τῶ θάλπειν F ; — 15. <τοῦ> θεοῦ F ; —
16. ὅλων] ἀνθρώπων B ; ἐπιγράψηται B ; τε] δὲ <καὶ> B ; — 17. τὸ -- εἰρημένον
omis. B ; — 18. κοσμικὸν D ; — 18-20. εἰ δὲ -- ἀπόβλητον omis. F ; — 19. λέγει|
λέγοι A B ; — 20. ἀπόβλητος ἔσται B ; 16. Μωσῆ B ; — 21. πρεσβυτέρους ἐκλέξασθαι B ;
— 22. μέρους D A ; μετάδοσιν D A ; μεταδώσιν D² ; ὃ -- χάρις omis. B.

5

I, 8 Καὶ ἐκάλεσεν ὁ Θεὸς τὸ στερέωμα, οὐρανόν.

ΔΙΟΔΩΡΟΥ.

Διὰ τί τὸ στερέωμα κέκληται οὐρανός ;
ὅτι ὅπερ ταῖς ἀοράτοις δυνάμεσιν ὁ ὑπὲρ αὐτῶν οὐρανός, τοῦτο

ἡμῖν ὁ ὁρώμενος ἄνωθεν, ἡμᾶς φυλάττων καὶ στέγη τοῖς ὑπ' αὐτὸν ὤν, καθάπερ ὁ ὑπὲρ αὐτὸν ταῖς ἀοράτοις οὐσίαις.

B 13.

6

I, 14 Καὶ εἶπεν ὁ Θεός. Γενηθήτωσαν φωστῆρες-- καὶ ἔστωσαν εἰς σημεῖα.

ΔΙΟΔΩΡΟΥ.

Ζητητέον πῶς εἰς σημεῖα ἥλιος, καὶ σελήνη, καὶ ἀστέρες ἐκτίσθησαν. Ἴσως οὖν εἰς σημεῖά φησιν, ὡς ὅταν ἱστῆται μὲν ὁ ἥλιος καὶ ἡ σελήνη ἐπὶ Ἰησοῦ τοῦ Ναυῆ, ἐπὶ δὲ Ἡσαίου καὶ ἀναποδίζει. 5 Ἀστὴρ δὲ φαίνεται τοῖς μάγοις τὴν κατὰ σάρκα τοῦ Ἰησοῦ γέννησιν εὐαγγελιζομένοις. Εὕροι δ' ἄν τις καί τινας τῶν ἀστέρων κατὰ καιροὺς φαινομένους κακῶν ἢ ἀγαθῶν μηνυτάς.

D 25ᵛ — A 41, a 45, F 14ᵛ, Nic. I 31.
B 17.
J 31ᵛ, K 200, L 19.

1. ΔΙΔΥΜΟΥ B. Dans le même manuscrit, le commentaire se prolonge : …μηνυτὰς ⟨καὶ σημαίνοντας ἡμῖν τὴν ὀργὴν ἢ τὴν εὐμένειαν τοῦ Θεοῦ, καθάπερ ἥλιος καὶ σελήνη παρὰ τὸ εἰωθὸς φλογίζοντα ἢ χειμάζοντα σημαίνει τοῦ Θεοῦ τινὰ δικαίαν καθ' ἡμῶν ἀγανάκτησιν νόσους ἐργαζόμενα καὶ λοιμοὺς καὶ ἄλλα πολλά · ταῦτα καλῶς ἑρμηνεύει καὶ Κύριλλος Ἱεροσολύμων ἐν τῷ θ' κατηγητικῷ.⟩ C'est une phrase surajoutée ; dans les lignes 6 et 7, le commentateur signale une interprétation que lui-même n'adopte pas ; ici: il l'exposerait avec complaisance et sur un ton beaucoup plus affirmatif. L'auteur de la chaîne de Moscou, suivant un procédé que nous signalerons plusieurs fois chez lui. a-t-il voulu fondre deux fragments patristiques différents, ou n'a-t-il ajouté qu'une glose personnelle ? Je ne sais, mais cela même nous rend suspecte sa tradition et nous fait préférer, quant à l'origine du fragment, le témoignage unanime des manuscrits de l'autre classe.

2-3. Ζητητέον-- φησιν ὡς] εἰς σημεῖα οἷον ὡς B ; — 2. ⟨ὁ⟩ ἥλιος κ̣ καὶ ⟨οἱ⟩… F ; — 3. ἵσταται D A Nic. B, ἵστανται F ; μὲν ὁ omis. B ; — 4. ἡ omis. B ; Ἰησοῦ] κυρίου F ; — 5. τοῖς omis. F Nic. ; — 5-6. τὴν-- εὐαγγελιζομένοις omis. B ; — 6. εὐαγγελιζόμενος A F Nic. ; εὕρη F : καιρὸν B ; — 7. μυνητάς Nic.

7

I, 17 καὶ ἔθετο αὐτοὺς ὁ Θεὸς ἐν τῷ στερεώματι τοῦ οὐρανοῦ...

ΔΙΟΔΩΡΟΥ.

Μηδεὶς δὲ ἀκούων « καὶ ἔθετο αὐτὰ ἐν τῷ στερεώματι τοῦ οὐρανοῦ ὥστε φαίνειν ἐπὶ τῆς γῆς », συμπεπῆχθαι τὸν ἥλιον καὶ τὴν σελήνην καὶ τοὺς ἀστέρας τῷ οὐρανῷ νομιζέτω, δόγμα τῇ Ἐκκλησίᾳ ἐθνικὸν

5 ἐπεισάγων καὶ κινεῖσθαι τὸν οὐρανὸν οἰόμενος φέροντα τὰ ἐκεῖθεν
λάμποντα. Καὶ γὰρ τὸν Ἀδὰμ πλάσας « ἔθετο » ἐν τῷ παραδείσῳ,
οὐχὶ πήξας ἀλλὰ τὴν αὐτόθι δίαιταν ὁρίσας αὐτῷ. Ὅθεν χρὴ νοεῖν
ὅτι καθάπερ ἐπὶ γῆς ἄνθρωπος, οὕτως ἐν τῷ οὐρανῷ οἱ φωστῆρες,
οὐ πεπηγότες ἀλλ' ὁδεύοντες τὴν ἄνω πορείαν, ἵνα τοῖς κάτω φαίνωσιν,
10 ὁλόκληρον εἰς ἡμᾶς τὸ φῶς πέμποντες.

D 24ᵛ — A 4o, a 44, F 13ᵛ, Nic. I 34.
J 3oᵛ, K 202.
Partout, sauf dans Nicéphore, ce commentaire est présenté au v. I 14.

2. αὐτὰ] αὐτοὺς Nic. ; — 4. <ἐν> τῷ A Nic. ; τῷ οὐρανῷ omis. F ; — 5. οἰόμενοι F ;
— 7. <καὶ> αὐτῷ ὁρίσας F Nic. ; — 9. τὴν omis. F Nic.

8

I, 22 Καὶ εὐλόγησεν αὐτὰ ὁ Θεὸς λέγων · αὐξάνεσθε καὶ πληθύνεσθε.

ΔΙΟΔΩΡΟΥ.

Τίνος χάριν τὰ μὲν φυτὰ οὐκ ηὐλόγησε, τοῖς δὲ ζῴοις ἔφη, αὐξάνεσθε... ;

Ἴσως ἐπειδὴ τὰ μὲν, εἰ καὶ ζῇ, ἀλλὰ ζωὴν ἀναίσθητον, τὰ δὲ,
5 αἰσθητικήν τε καὶ φαντασιαστικὴν, ἐπιβουλεύοντα ἀλλήλοις, διὰ τῆς
« αὐξάνεσθε καὶ πληθύνεσθε » φωνῆς, τὴν ἀσφάλειαν ἑκάστῳ παρέσχεν, ὥστε μηδὲν γένος ἀσθενέστερον ἐκλείπειν, ὑπὸ τοῦ δυνατωτέρου
καταναλισκόμενον. Καὶ ἄλλως δὲ τὸ μᾶλλον ἐγγύτερον ἀνθρώπων
κατὰ τὴν σωματικὴν ζωὴν ἔδει πλέον χόρτου τε καὶ ξύλων τετιμῆ-
10 σθαι, καὶ τὰ ἐσθίοντα τῶν ἐσθιομένων.

D 27ᵛ — A 43, a 47ᵛ, F 16, Nic. 1 37,
B 24ᵛ.
J 32ᵛ, K 204, L 21.

1. ΔΙΟΔΩΡΟΥ F².
2. τίνος -- αὐξάνεσθε add. Deconinck ; — 4. ἀλλὰ <καὶ> D ; — 6. αὐξάνεσθε D ; —
7. μηδὲν] μὴ δὲ F ; ἐκλίπειν B.

9

I, 26 καὶ εἶπεν ὁ Θεός, ποιήσωμεν ἄνθρωπον κατ' εἰκόνα ἡμετέραν...

ΔΙΟΔΩΡΟΥ.

Τινὲς κατ' εἰκόνα Θεοῦ τὸν ἄνθρωπον ἐνόμισαν κατὰ τὸ τῆς ψυχῆς
ἀόρατον, καὶ οὐ συνῆκαν ὅτι καὶ ἄγγελος ἀόρατος καὶ δαίμων ἀόρατος ·

πρὸς οὓς ἀναγκαῖον τοσοῦτον εἰπεῖν ὅτι καὶ τὸ ἄρρεν ἐν ἀνθρώποις καὶ τὸ
5 θῆλυ κατά τε τὸ σῶμα καὶ τὴν ψυχὴν τῆς αὐτῆς εἴληχε φύσεως.
Τί δήποτε οὖν ὁ Παῦλος τὸν μὲν ἄνδρα εἰκόνα τοῦ Θεοῦ λέγει,
οὐκ ἔτι δὲ καὶ τὴν γυναῖκα, εἴπερ κατὰ τὸν τῆς ψυχῆς λόγον εἰκὼν

I. Cor. XI 7 Θεοῦ ὁ ἄνθρωπος; λέγει γὰρ « ἀνὴρ μὲν γὰρ εἰκὼν καὶ δόξα...
Θεοῦ ὑπάρχων οὐκ ὀφείλει κατακαλύπτεσθαι τὴν κεφαλήν · γυνὴ
10 δὲ δόξα ἀνδρός ἐστιν ». Εἰ τοίνυν εἰκὼν Θεοῦ ὁ μὴ ὀφείλων καλύπτεσθαι τὴν κεφαλήν, δῆλον ὅτι ἡ καλυπτομένη οὐκ εἰκὼν Θεοῦ,
τῆς αὐτῆς ψυχῆς ὑπάρχουσα. Πῶς οὖν εἰκὼν Θεοῦ ὁ ἄνθρωπος ;
κατὰ τὸ ἀρχικόν, κατὰ τὸ ἐξουσιαστικόν, καὶ μάρτυς αὐτὴ τοῦ Θεοῦ
ἡ φωνή, ἡ λέγουσα, « ποιήσωμεν ἄνθρωπον κατ' εἰκόνα ἡμετέραν
15 καὶ καθ' ὁμοίωσιν », καὶ τὸν τρόπον ἐπάγουσα, « καὶ ἀρχέτωσαν
τῶν ἰχθύων τῆς θαλάσσης, καὶ τῶν πετεινῶν τοῦ οὐρανοῦ, καὶ τῶν
θηρίων τῆς γῆς » καὶ τὰ ἑξῆς. Ὥσπερ οὖν ὁ Θεὸς τῶν ὅλων,
οὕτω καὶ ὁ ἄνθοωπος τῶν ἐπὶ τῆς γῆς βασιλεύει. Τί οὖν οὐκ ἄρχει
καὶ ἡ γυνὴ τῶν προειρημένων : ἀλλὰ κεφαλὴν ἔχει τὸν ἄνδρα, τῶν
20 ἄλλων κρατοῦσα, ἀνὴρ δὲ οὐχ ὑποτέτακται τῇ γυναικί. Διὸ δὴ
καλῶς ὁ μακάριος Παῦλος τὸν ἄνδρα μόνον εἰκόνα Θεοῦ φησιν εἶναι
καὶ δόξαν, τὴν δὲ γυναῖκα τοῦ ἀνδρὸς δόξαν.

D 47 — A 47, a 33, F 20, Nic. I 47.
B 30.
J 35.

1, ΘΕΟΔΩΡΗΤΟΥ D A J. Ce fragment s'est trouvé mêlé aux œuvres de Théodoret
dans les éditions qui en ont été faites (Sirmond, Paris, 1642 ; Schultze, Halle, 1769-74)
et cela s'explique par le fait que le contenu des manuscrits utilisés était extrait des
chaînes. Il fut facile à ces éditeurs d'en soupçonner l'inauthenticité et celle de deux
autres fragments qui avaient subi le même sort (cf. P. G. Migne, Théodoret, t. LXXX,
col. 168) ; il existe en effet, dans l'édition et dans la chaîne, sur le même verset, un
autre commentaire de Théodoret où il exclut l'une après l'autre les interprétations
exprimées dans ces trois fragments. Voici l'analyse de ce commentaire de Théodoret.
τινὲς δὲ κατ' εἰκόνα θεοῦ κατὰ τὸ ἀρχικὸν γεγενῆσθαι τὸν ἄνθρωπον ἔφασαν, il s'agit
de l'auteur du fragment que nous éditons.
τὸ τοίνυν « ποιήσωμεν ἄνθρωπον... » τινὲς οὕτως ἐνόησαν ὅτι... Θεὸς τὸν ἄνθρωπον
ἔπλασεν ἔσχατον, οἷόν τινα εἰκόνα ἑαυτῷ ἐν μέσῳ τεθεικὼς τῶν ἀψύχων τε καὶ ἐμψύχων
καὶ αἰσθητῶν καὶ νοητῶν... C'est l'explication qu'on lit dans l'un des deux autres
fragments dont nous parlions : Ὥσπερ εἴ τις βασιλεὺς... ἔστι δὲ ἣν ἔφθην εἰπών.
τινὲς τὸ ἀόρατον τῆς ψυχῆς εἰκόνα Θεοῦ κεκλήκασιν... ainsi parle-t-on dans le troisième fragment, προδιαληπτέον πρότερον... κατὰ πάντα τοῦ Θεοῦ.
Sirmond nous dit que pour éclairer le problème il fit des recherches dans les
manuscrits : d'excellents manuscrits de Théodoret ignorent ces fragments ; des
manuscrits de chaînes lui ont permis d'attribuer le premier à Diodore, le second à
Théodore, le troisième à Origène.
Le Barberinus 569 concordant avec le Monac. 9, le Paris. Gr. 161, l'édition de Nicéphore, ces résultats sont définitivement établis.

4. εἰπεῖν τοσοῦτον Nic. ; — 5. θῆλοι B ; τὸ σῶμα καὶ τὴν ψυχὴν] τὸ τὴν omis. F ; εἴληχε] εἴληφε F ; —6. τὸν] τὸ B ; τοῦ omis. F ;— 8. μὲν γὰρ] γὰρ omis. D A ;— 10. <μὴ> καλύπτεσθαι D ; — 11. οὐκ] οὐχὶ B ; — 12. ὑπάρχουσα] μετέχουσα B ; θεοῦ εἰκὼν Nic. ; εἰκόνα F ; — 14. ἡ λέγουσα] ἡ omis. B ; — 16-17. καὶ τῶν πετεινῶν - - γῆς omis. B ; — 18. οὕτως F ; ἐπὶ τῆς γῆς] ἐπιγείων F Nic. ; τῆς omis. B ; — 21. καλῶς] καὶ F ; Παῦλος <καλῶς> F ; — 22. καὶ δόξαν] καὶ τὰ ἑξῆς D.

10

II, 5-6 ... οὐ γὰρ ἔβρεξε κύριος ὁ Θεὸς ἐπὶ τὴν γῆν, καὶ ἄνθρωπος οὐκ ἦν ἐργάζεσθαι αὐτήν. Πηγὴ δὲ ἀνέβαινεν ἐκ τῆς γῆς καὶ ἐπότιζε πᾶν τὸ πρόσωπον τῆς γῆς.

ΔΙΟΔΩΡΟΥ.

Τοῦτο εἰπεῖν ἡβουλήθη, ὅτι ἀδιακόσμητος γέγονεν ἡ γῆ. Οὔτε γὰρ ἐξεδέδοτό τι ἐξ αὐτῆς ὧν ὕστερον διέταξε γίνεσθαι ὁ Θεός. Ἐπεὶ μήτε ὁ ἐργαζόμενος ἄνθρωπος ἦν, μήτε ὑετὸς κατενήνεκτο,
5 ἄτε μήπω τῆς διατάξεως ταύτης λαβούσης ἀρχήν. Ὅθεν καὶ τὴν αἰτίαν λέγων, ἐπάγει· « πηγὴ δὲ ἀνέβαινεν ἐκ τῆς γῆς » καὶ τὰ ἑξῆς... · λέγει μὲν γὰρ ὅτι ἐκαλύπτετο πᾶσα ὑπὸ τῶν ὑδάτων. Εἴρηκε δὲ αὐτὸ οὕτω πως ὡς ἂν ἐξ αὐτῆς τῆς γῆς βλύζοντά τε καὶ πηγάζοντα τὰ ὕδατα, καὶ ἐξ ἁπάσης αὐτῆς φερόμενα, οὕτω
10 πᾶσαν αὐτὴν συνεκάλυπτον.

D 37 — A 54, a 60ʳ, F 26, Nic. 1 60.
B 36.
J 38ʳ, K 209.

1. ΘΕΟΔΩΡΟΥ D.
4. ὁ omis. F ; μήτε] οὔτε D A ; — 6. ἐπάγη B ; — 8. εἴρηκεν B ; δὲ] γὰρ D A ; αὐτὸ omis. B ; <ὅτι> ὡς B ; — 9. τὰ omis. B.

11

II, 7 καὶ ἐνεφύσησεν εἰς τὸ πρόσωπον αὐτοῦ πνοὴν ζωῆς, καὶ ἐγένετο ἄνθρωπος εἰς ψυχὴν ζῶσαν.

ΔΙΟΔΩΡΟΥ.

Ὑπέλαβον ἔνιοι κακῶς τὸ ἐμφύσημα τοῦ Θεοῦ γεγενῆσθαι ψυχὴν τὴν ἀθάνατον, τοῦ Μωσέως οὐκ εἰρηκότος ὅτι τὸ ἐμφύσημα γέγονε ψυχή, ἀλλ' ὅτι Θεὸς μὲν ἐνεφύσησεν εἰς τὸ πρόσωπον αὐτοῦ πνοὴν
5 ζωῆς, ἐγένετο δὲ ὁ ἄνθρωπος εἰς ψυχὴν ζῶσαν, ὡς τῆς πνοῆς τῆς ζωτικῆς, τῆς ἐν τῷ προσώπῳ τοῦ Ἀδὰμ ἐμφυσηθείσης τε καὶ ἐμπνευσθείσης, τὸν ἄνθρωπον ἀπεργασαμένης ζῷον λογικὸν, ἔκ τε

7

θνητοῦ σώματος καὶ ψυχῆς ἀθανάτου συνεστός. Ἐπειδὴ γὰρ πνεῦμα
ἡ ψυχὴ, φύσις ἀόρατος, ἐμφύσημα θεῖον δημιουργικὸν αὐτῆς εἶναί
10 φησιν, ὥς που καὶ τῶν ὁρατῶν χεῖρα Θεοῦ. Ἀοράτου μὲν γὰρ
ἐμφυσήματος ὀνόματι, τῆς ἀοράτου τὴν κτίσιν γενέσθαι φησὶν ὁ
Μωσῆς. Ὁρατοῦ δὲ μέλους προσηγορίᾳ, τουτέστι τῆς χειρὸς, πολλάκις τὰ ὁρατὰ δεδημιουργῆσθαί φασιν οἱ Προφῆται. Δεῖ δὲ μὴ ἀγνοεῖν,
ὡς τὰ μὲν ἄλλα πάντα προστάττεται γενέσθαι ἀπὸ γῆς, καὶ τὴν
15 γένεσιν εἴληφεν ὁμοῦ καὶ ζῶντα προῆλθεν ἀπὸ γῆς. Ἀνθρώπου δὲ
πρῶτον μὲν τὸ σωματικὸν ὄργανον κατεσκευάσθη, μετὰ δὲ τοῦτο καὶ
ὁ τεχνίτης δημιουργηθεὶς ἐπεισήχθη · καὶ δεύτερον τοῦ χείρονος τὸ
κρεῖττον, ἵνα μὴ καταφρονῇ τῆς σαρκὸς, μηδὲ μέγα φρονῇ ἐπὶ τῷ
τῆς οἰκείας φύσεως ἐξαιρέτῳ.
20 Ὁ τοίνυν ἄνθρωπος ἐγένετο εἰς ψυχὴν ζῶσαν, οὐ τὸ ἐμφύσημα ·
δημιουργὸν ἄρα ψυχῆς τὸ ἐμφύσημα.

D 38 — A 55, a 61ʳ, F 27, Nic. I 62 — E 31ʳ.
B 41ʳ.
J 39ʳ, K 210, L 36ʳ.

1. ΘΕΟΔΩΡΟΥ F.

2. τοῦ θεοῦ omis. B ; — 4. θεοῦ F ; — 7. ζῷον λογικὸν] ζωλογικὸν A ; — 8. συνεστὼς
DAFB ; — 12. μωυσῆς F ; — 13. δεδημιουργεῖσθαί φησιν B ; — 14. τὴν omis. F Nic. ;
— 15. ὁμοῦ καὶ ζῶντα] ὁ μονττιμι... ζωντ... Nic. ; — 16. πρῶτα A ; — 18. καταφρόνει B ;
μηδὲ] μὴ δὲ F ; — 20. ὁ τοίνυν - - ζῶσαν omis. DAB ; οὐ τὸ - - τὸ ἐμφύσημα omis. Nic.

12

ΔΙΟΔΩΡΟΥ.

II, 8 « Καὶ ἐφύτευσεν ὁ Θεὸς παράδεισον ἐν Ἐδὲμ κατὰ ἀνατολάς ».

Ἐδὲμ οἱ μὲν τὸν παράδεισον εἶναί φασιν, οἱ δὲ τὸν τόπον πάντα
ἐν ᾧ καὶ ὁ παράδεισος ἦν, ὅθεν καὶ Ἀδὰμ ἐπλάσθη. Καὶ Ἀδὰμ ἐκ
5 τοῦ ἀπὸ τῆς γῆς ἐν Ἐδὲμ γεγενῆσθαι προσηγορεύθη. Ἐδὼμ γὰρ τὸ
πυρρὸν, ὥς που καὶ ὁ Ἡσαῦ, πυρρᾶς φακῆς πεπρακὼς αὐτοῦ τὰ
πρωτοτόκια, τὴν προσηγορίαν εἴληφε · καὶ τοῦτο μᾶλλον ἀληθές.

D 38 — A 55, a 61ʳ, F 27, Nic. I 64.
B 44.
J 39ʳ, K 211.

1. ΔΙΟΔΩΡΟΥ F².

2. καὶ ἐφύτευσεν - - ἀνατολάς omis. B ; — 3. εἶναι] ⟨αὐτὸν⟩ λέγεσθαι B ; — 4. ⟨ὁ⟩
Ἀδὰμ² B ; — 5. ἐν omis. F B ; — 6. ὁ omis. B : πυρᾶς Nic. ; — 7. πρωτόκια F.

13

ΔΙΟΔΩΡΟΥ.

II, 23 « Τοῦτο νῦν ὀστοῦν ἐκ τῶν ὀστέων μου, καὶ σὰρξ ἐκ τῆς σαρκός
μου · αὕτη κληθήσεται Γυνή, ὅτι ἐκ τοῦ ἀνδρὸς αὐτῆς ἐλήφθη. »
Ἐκ πολλῶν μὲν ἔστιν ἰδεῖν πολλῆς χάριτος γέμοντα τὸν Ἀδάμ,
5 οὐχ ἥκιστα δὲ καὶ ἐκ τούτων. Τὴν γὰρ γυναῖκα πλαττομένην ἐξ
αὐτοῦ οὐκ εἶδε. Πῶς γὰρ ὑπνῶν ; ὑπὸ δὲ τοῦ Θεοῦ προσαχθεῖσαν
αὐτῷ ἐπέγνω, προφητικώτερον εἰπὼν ὡς οὐκ ἔτι ἡ γυνὴ τὸν αὐτὸν
τρόπον γενήσεται ἐξ ἀνδρός, ὥσπερ ἡ Εὖα ἐξ αὐτοῦ. Τοῦτο γὰρ
φησι « νῦν ὀστοῦν ἐκ τῶν ὀστῶν μου ». Νῦν τοῦτο γεγονὸς μόνον,
10 ὡς καὶ Σύμμαχος καὶ Θεοδοτίων ἡρμήνευσαν. « Τοῦτο ἅπαξ ὀστοῦν
ἐκ τῶν ὀστῶν. » Τὰ γὰρ ἄλλα πάντα ἐξ ἀνδρὸς καὶ γυναικὸς καὶ
τοῦ νόμου τοῦ γαμικοῦ.

Διὰ τί δὲ ἐκ πλευρᾶς ; ἵνα μὴ μόνον πάντων τῶν ἐν τῷ βίῳ
νομιζομένων καλῶν, ἀλλ’ ἤδη καὶ πατρὸς καὶ μητρὸς προτιμῶσιν
15 ἀλλήλους οἱ εἰς σάρκα μίαν ἑνούμενοι · τὸ μέντοι « αὕτη κληθήσεται
γυνὴ ὅτι ἐκ τοῦ ἀνδρὸς αὐτῆς ἐλήφθη » οὐ δοκεῖ τινα σώζειν ἀκολουθίαν. Εἰ γὰρ, ἐπειδὴ πλευρὰ τοῦ Ἀδὰμ ἡ Εὖα, διὰ τοῦτο γυνή,
αἱ μετὰ ταῦτα γυναῖκες ἄρα οὐκ εἰσίν, μὴ οὖσαι ἐκ τῶν ἀνδρῶν.
Ἀλλὰ παρὰ τοὺς ἑρμηνεύσαντας τὸ σφάλμα φασὶ γεγενῆσθαι, μὴ γὰρ
20 εἰρηκέναι τὴν γραφὴν « γυνὴ » ἀλλ’ « ἡ ἄνθρωπος ». « Ἴσα » μὲν γὰρ
ὀνομάζει τὸν ἄνθρωπον, δασυτάτῃ προφορᾷ τῆς φωνῆς χρωμένη,
« Ἴσα » δὲ τὴν Εὖαν ἀπὸ τοῦ ἀνθρώπου. Καὶ τοῦτό μοι δοκεῖ
μᾶλλον ἔχειν ἀκολουθίαν.

D 43ᵛ et 52 — A 60, a 69, F 32ᵛ, Nic. I 78.
B 55.
J 43, K 214, L 42.

1. ΔΙΟΔΩΡΟΥ Fˀ. Dans B, le fragment ne commence qu'à la ligne 15 : αὕτη κληθήσεται. Mais ce manuscrit présente au folio 54ᵛ un résumé des premières lignes sans
aucun lemme et en ces termes : Νῦν, φησί, τοῦτο μόνον ἐγένετο τὸ τὴν γυναῖκα ἐκ
πλευρᾶς τοῦ Ἀδὰμ γεγενῆσθαι · τοῦ γὰρ λοιποῦ ἐξ ἀνδρὸς καὶ γυναικὸς καὶ τοῦ νόμου
τοῦ γαμικοῦ τεχθήσεται, κατὰ χάριν τοῦτο προφητεύων.

5. τῆς γὰρ γυναικὸς πλαττομένης Nic. ; — 6. δὲ omis. D ; προσαχθεῖσαν αὐτῷ] αὐτῷ
προσενεχθεῖσαν A F Nic. ; — 7. ＜καὶ＞ εἰπὼν D ; — 9. νῦν omis. F ; γεγονὸς omis. F ;—
11. ὀστῶν ＜μου＞ A F ; — 13. μὴ μόνον] μόνον omis. A ; — 14. καλῶν μόνον A ; — 15. οἱ
omis. F Nic. ; — 18. ἄρα omis. B ; μὴ οὖσαι omis. D A F Nic. ; — 19. ἑρμηνευτάς F ;
φασὶ γεγενῆσθαι] γέγονεν B ; — 20-22. ἴσα -- ἴσα] ὀσσᾶ -- ἰεσσᾶ D, εἰς ἃ -- εἰς ἃ B.

14

III. 1 Ὁ δὲ ὄφις ἦν φρονιμώτατος.

ΔΙΟΔΩΡΟΥ.

Φρόνιμον νῦν οὐ τὸ συνετὸν λέγει, ἀλλὰ τὸ πρὸς ἀπάτην ἐπιτή-
δειον ὄργανον. Ὥσπερ ἀγαθὸν ἔθος ἡμῖν μὲν λέγειν τὸν χρηστὸν
ἄνδρα, αἱ δὲ βασιλεῖαι ἀγαθὸν Σαοὺλ εἶναι λέγουσιν, οὐ τὴν προαί-
5 ρεσιν, ἀλλὰ τὸ σωματικὸν τῆς ἡλικίας μέγεθος, ἐκβᾶσαι τὸ ἔθος
τῆς προσηγορίας, οὕτω καὶ Μωσῆς ἔφη φρόνιμον τὸν ὄφιν.

D 52ᵛ — A 61. a 70ᵛ, F 33, Nic. I 79.
B 56.
J 43ᵛ, K 215.

1. ΔΙΟΔΩΡΟΥ F².

2. οὐ τὸν F Nic. ; ἐπιτήδιον B ; — 3. ὥσπερ ⟨καὶ⟩ B ; ⟨ἄλλων⟩ λέγειν F ; χρηστὸν
omis. F Nic. ; τὸν χρηστὸν ἄνδρα λέγειν B ; — 5. οὕτως F ; — 6. φρόνιμον τὸν ὄφιν omis. B.

15

ΔΙΟΔΩΡΟΥ.

Ibid. « Καὶ εἶπεν ὁ ὄφις τῇ γυναικί, τί ὅτι εἶπεν ὁ Θεός, οὐ μὴ
φάγητε ἀπὸ παντὸς ξύλου τοῦ ἐν τῷ παραδείσῳ ; »

Τίνος, φησίν, ἕνεκεν ἐκελεύσθητε παρὰ τοῦ Θεοῦ μηδενὸς γεύσα-
5 σθαι τῶν ἐν τῷ παραδείσῳ ξύλων ; ὡς δῆλον ἐντεῦθεν εἶναι, ὅτι οὐ
μετέσχον βρώσεως ἑτέρας οἱ περὶ τὸν Ἀδάμ. Εἰ γὰρ βεβρωκότες
ἦσαν, πάντως ἂν καὶ εἶδεν αὐτοὺς ἐσθίοντας ὁ διάβολος. Ἐσθίοντας
δὲ ἰδών, οὐκ ἂν εἶπε « τίνος ἕνεκεν ἐκελεύσθητε μηδενὸς ἐσθίειν ».
Ἀλλ' εὔδηλον μὲν ὅτι οὔπω βεβρώκεσαν. Τί δὲ βούλεται ἡ τοῦ
10 διαβόλου ἐρώτησις, ἀναγκαῖον εἰπεῖν. Τὸ μὲν οὖν ὅτι νόμον εἰλή-
φεισάν τινα οἱ περὶ τὸν Ἀδάμ, ἠπίστατο ὡς εἰκὸς ἐξ ὧν ἅπαντα
εἶδε τὰ λογικά τε καὶ ἄλογα, εἴτε ὁρατά, εἴτε ἀόρατα, ὑπὸ νόμον
ὄντα τινά, καθὼς ὁ πεποιηκὼς ἐβουλήθη. Ἠγνόει μέντοι τὸν νόμον.
Οὐ γὰρ ἂν εἰδὼς αὐτὸν τὸ ἐναντίον εἶπεν, ἵνα εὐθὺς ἑαυτὸν ἀπίθα-
15 νον πρὸς τὴν ἀπάτην ἐργάσηται, ὡς καὶ τὸν νόμον ἀγνοῶν. Ἐκ δὲ
τῶν φαινομένων τότε τεκμηράμενος, τὴν οἰκείαν ἐκπληροῦν μοχθη-
ρίαν πειρᾶται. Εὔδηλον γάρ, ὅτι μὴ διὰ φωνῆς αἰσθητῆς δέδωκε τῷ
Ἀδὰμ τὴν ἐντολὴν ὁ Θεός, ἀλλ' ὥστε ἐντυπῶσαι μὲν αὐτῷ κατὰ
τὴν οἰκείαν ἐνέργειαν τήν τε γνῶσιν τοῦ νόμου καὶ τὴν ἀκοήν,
20 δεξάμενον δὲ ἐκεῖνον τὴν ἐντολὴν διακεῖσθαι ὡσανεὶ ἀκοῇ τὸ πρόσ-

ταγμα δεδεγμένον. Ὅπερ καὶ ἐπὶ τῶν προφητῶν ὁ Θεὸς ἐποίει.
Ἐντεῦθεν οὐδὲ τῷ διαβόλῳ τὸ δοθὲν νόμιμον δῆλον ὑπῆρχεν · ὡς
εἴγε κατὰ νόμον ἀνθρώπων ἐνάρθρῳ τῇ φωνῇ διαλεχθεὶς ὁ Θεὸς
αὐτῷ δεδώκει τὴν ἐντολήν, ἤκουσεν ἂν ταύτης κἀκεῖνος, ἅτε τὰς
25 ἀνθρωπίνας εἰδέναι φωνὰς οἷός τε ὤν. Νῦν δὲ ὡς μὲν ὑπό τινα
νόμον πάντως ἐστίν, ἐκ πάντων ἐτεκμήρατο τῶν γεγονότων ὑπὸ
νόμους. Τὸν δὲ νόμον αὐτὸν ὅστις ποτέ ἐστιν οὐκ εἰδὼς, ἐξ οὗπερ
αὐτοὺς μετατρέψαι ἐβούλετο, στοχασμοῖς τισι τοῖς δοθεῖσι νόμοις
ἐπιχειρεῖν πειρᾶται. Πάντα μὲν γὰρ τὰ ἄλογα ζῷα νεμόμενα κατὰ γῆν
30 ἑώρα · ἐπειδὴ φύσις αὐτοῖς ἐφιεμένοις εὐθὺς πρὸς τροφὴν ἐπείγεσθαι ·
οἱ δὲ περὶ τὸν Ἀδὰμ βεβρώκεσαν οὐδέπω, οὕτω τοὺς ἀνθρώπους
τάξαντος τοῦ Θεοῦ, ὥστε μὴ παραπλησίως ἀεὶ τοῖς ἀλόγοις πρὸς
βρῶσιν ὁρμᾶν, καιρὸν δέ τινα ὡρισμένον εἰδέναι τούτου, εἰ δὴ
μένειν ἐπὶ τῶν ἀνθρωπίνων ἐθέλοιεν λογισμῶν, καὶ μὴ δίκην ἀλόγων
35 τῇ γαστρὶ προσανέχειν. Ἐπειδὴ τοίνυν οὔπω διὰ ταύτην οἱ περὶ τὸν
Ἀδὰμ βεβρώκεσαν τὴν αἰτίαν, ἅτε τοῦ ἐπείγοντος αὐτοὺς πρὸς τὴν
βρῶσιν οὐκ ἐπιστάντος καιροῦ, θεωρήσας ὁ διάβολος πάντα μὲν
ἐσθίοντα τὰ ζῷα, μόνους δὲ ἐκείνους μεταλαμβάνοντας οὐδενός, οὐκ
ἐπιστάμενος οἵαν πρὸς τὰ ἄλογα τοῖς ἀνθρώποις καὶ κατὰ τοῦτο
40 δέδωκεν ὁ Θεὸς τὴν διαφορὰν, ᾠήθη νόμῳ παντελῶς αὐτοὺς κεκω-
λῦσθαι τῆς βρώσεως. Ἥρετο τοίνυν τὴν Εὔαν, τίς ἡ αἰτία, δι' ἣν
μόνους ὑμᾶς ἐκέλευσε μὴ ἐσθίειν.

D 53 — A 61, a 71ᵛ, F 33ᵛ, Nic. I 80.
B 57ᵛ.
J 44, K 215, L 43.

1. ΔΙΟΔΩΡΟΥ omis L.

8. εἶπεν B ; — 9. ὅτι omis. F ; βεβρώκεισαν Nic. B, βεβρώκασι F ; — 10, εἶπειν omis. F ;
εἰλήφεσαν B ; — 11. τινες F ; — 12. εἶδεν B ; — 13. ὄντα] εἶναι B ; καθὼς] καθ' ὃν B ;
ἠβουλήθη B ; ἂν omis. F ; — 14. ἀπίθανον ἑαυτὸν F ; — 17. ἐκπειρᾶται F ; — 24. ἐκεῖνος
F ; — 25. ὡς μὲν] ὡς φαμὲν F ; — 31. βεβρώκεισαν Nic. B ; — 33. εἰ δεῖ Nic. ; —
34. ἀνθρ.ἐθέλ. ἐπὶ τῶν λογισμῶν B ; — 35. προσανέχοιεν B ; οὔπω] οὕτω B ; — 36. βεβρώκεισαν Nic. ; — 41. εἴρετο Nic. ; — 42. ἐκέλευσεν B.

16

ΔΙΟΔΩΡΟΥ.

Ibid. « Καὶ διηνοίχθησαν, φησὶν, οἱ ὀφθαλμοὶ τῶν δύο. »

Ἐντεῦθεν ἔνιοι τῶν αἱρετικῶν εὐεργέτην εἶναί φασι τὸν ὄφιν,
εἰσηγησάμενον τοῦ ξύλου φαγεῖν, ὅτι διήνοιξεν αὐτῶν τὰς ὄψεις τῆς

5 διανοίας καὶ γνῶσιν ἐνέθηκε καλοῦ καὶ πονηροῦ. Οὐ γὰρ ὀκνοῦσι
διαβάλλειν μὲν τὸν Θεόν, ἐπαινεῖν δὲ τὸν διάβολον, φάσκοντες ὅσων
ἐφθόνησεν αὐτοῖς ὁ Θεὸς τοσούτων μετέδωκεν αὐτοῖς ὁ ὄφις, ἀγνοοῦν-
τες ὅτι τὸ διανοιχθῆναι τοὺς ὀφθαλμοὺς οὐ πάντως ἐπὶ καλῷ
γέγονε. Τί γὰρ παρέσχεν αὐτοῖς ἡ τῶν ὀφθαλμῶν διάνοιξις, ἢ τὸ
10 γνῶναι ὅτι γυμνοὶ ἐτύγχανον καὶ αἰσχύνεσθαι ἐπὶ τῷ πράγματι ; πῶς
γὰρ [ἂν ᾔσθοντο τῆς γυμνότητος, μὴ τῆς παρακοῆς αὐτοῖς τὴν
φύσιν εἰς θνητότητα μεταβαλούσης, καθάπερ ὁ Θεὸς ἠπείλησεν ; οἷα
γὰρ τὰ τῆς φύσεως, τοιαῦτα καὶ τὰ τῆς προαιρέσεως. Οὐ τὸ αὐτὸ
τοῖς ἰχθύσι βούλημα καὶ τοῖς χερσαίοις, οὐδ' ἅπερ τοῖς σαρκοβό-
15 ροις δοκεῖ ταὐτὰ καὶ τοῖς χλοηφάγοις τῶν ζῴων. Καὶ μὴν σάρκα
ἔχουσι καὶ τὰ πολλὰ ἀπὸ τῆς γῆς, ἀλλὰ τὸ τῆς κατασκευῆς διάφορον
παρέσχεν αὐτοῖς καὶ τοῦ φρονεῖν τὴν διαφοράν. Οὕτως ἐπιθυμία
μὲν γάμου τοῖς ἀνθρώποις καὶ βρώσεως, θάλψεως καὶ ψύξεως, ἀμφιά-
σεώς τε καὶ γυμνώσεως · οὐδενὸς δὲ τούτων χρεία τοῖς ἀγγέλοις.
20 Εἰ τοίνυν πρὸς τὴν τῆς φύσεως ἐναλλαγὴν παρήλλακται καὶ τὰ τοῦ
φρονήματος, οὐδὲν ἀπεικὸς τοὺς περὶ τὸν Ἀδὰμ πρὸ τῆς παρακοῆς
ἀναισθήτως ἔχειν τῆς γυμνότητος · ἐπειδὴ μὴ χρεία τοῖς ἀθανάτοις
περιβολῆς κἂν σώματα ᾖ · οὐδὲ γὰρ τοὺς ἀνισταμένους τῶν μνημάτων εἰσέρχεται πόθος ἢ γάμου, ἤ τινος τῶν ἐν τῷ θνητῷ σώματι ·
25 μετὰ δέ γε τὴν παρακοὴν εἰς ἔννοιαν ἐλθεῖν τῆς γυμνότητος καὶ ἐπὶ
ταύτῃ αἰσχυνθῆναι, τῶν λογισμῶν αὐτοῖς, ὡς ἔφην, συμμεταβλη-
θέντων τῇ φύσει καὶ πρὸς τὴν θνητότητα κατενεχθέντων. Τοῦτο
προειδὼν ὁ διάβολος, — ἀσώματος γὰρ ὢν τὴν φύσιν, λεπτοτέραν ἔχει
τὴν διάνοιαν, καὶ πολλῷ τῶν θνητῶν ἀνθρώπων ὀξυτέραν, — ὅπερ τοῖς
30 περὶ τὸν Ἀδὰμ συμβήσεται παρακούσασι, λέγω δὴ τὸ γενέσθαι
αὐτοῖς θνητὸν τὸ φρόνημα τῇ πρὸς τὸ χεῖρον ἀπὸ τῆς παρακοῆς
τροπῇ, τῇ ἀπάτῃ περιτίθησιν ἐπαγγελίας ἀξίωμα, λέγων « ᾗ δ' ἂν
ἡμέρᾳ φάγησθε ἀπ' αὐτοῦ, διανοιχθήσονται ὑμῶν οἱ ὀφθαλμοί,
κτλ... »

D 54 — A 62, a 72ᵛ, F 35, Nic. I 85.
B 62ᵛ.
J 44ᵛ, K 216, L 45.

2. ἠνοίχθησαν A ; — 4. ὅτι] καὶ A, δ καὶ B ; αὐτοῖς B ; — 5. καλοῦ <τε> B ; —
6. ὅσων] ὅσον F Nic., ὡς ὢν B ; — 7. αὐτοῖς ἐφθόνησεν B ; τοσούτων] τοσοῦτον A F Nic.,
omis. B ; αὐτοῖς² omis. B ; — 9. γέγονεν B ; παρεῖχεν A ; τὸ omis. A F Nic. ; — 11. ἂν
omis. A F Nic. B ; ᾐσθάνοντο D A F Nic. ; — 12. καθάπερ - ἠπείλησεν omis. B ; — 16. πολλὰ]

ποὰ F ; — 13-19. οὐ τὸ -.- ἀγγέλοις omis. B ; — 18. καὶ ψύξεως omis. F ; — 19. δὲ omis. F ; —
20. παραλλαγὴν B ; — 23. σώματι A F Nic. B ; — 23-24. οὐδὲ γὰρ -- θνητῷ σώματι omis. B ;
— 23. μνημάτων D²] ἱματίων D¹ A F Nic. ; — 24. εἰσέρχεσθαι F ; — 27. τὴν θνητότητα] τὸ
θνητὸν B ; — 28. τὴν φύσιν] ἐν τῇ φύσει F ; — 29. <καὶ> τὴν F Nic. B ; ὅπερ <ἐξ
ἀνάγκης> B ; — 30. συμβήσεται] συνέβαινε B ; — 31. θνητὸν omis. B ; θνητὸν τὸ omis. A ;
φρόνημα <ἕτερον> B ; — 32. τίθησιν F ; ἀξιώματι B ; — 34. κτ omis. B.

17

III, 21. καὶ ἐποίησε Κύριος ὁ Θεὸς τῷ Ἀδὰμ καὶ τῇ γυναικὶ αὐτοῦ
χιτῶνας δερματίνους, καὶ ἐνέδυσεν αὐτούς.

ΔΙΟΔΩΡΟΥ.

Ἔνιοι τὴν σάρκα φασὶν εἶναι τοὺς χιτῶνας τοὺς δερματίνους,
κακῶς νοοῦντες. Πρὸ γὰρ τούτου φησὶν ὁ Μωσῆς · « καὶ ἔπλασεν ὁ
Θεὸς τὸν ἄνθρωπον χοῦν ἀπὸ τῆς γῆς ». Νυνὶ δὲ ἐπειδὴ τὴν γυμνό-
5 τητα συνιέντες καὶ αἰδεσθέντες ἐπ᾽ αὐτῇ φύλλα συκῆς ἔρραψαν,
δίδωσιν αὐτοῖς ὁ Θεὸς χιτῶνας ἐκ τῶν ἀρρήτων αὐτοῦ θησαυρῶν
κατασκευάσας. Οὐδὲ γὰρ δεῖ ζητεῖν ὅθεν ἀλλ᾽ ὅτι ἐποίησε, δείξας
ὅτι χρῄζει τὸ θνητὸν τῆς φύσεως τῆς ἀπὸ τῶν ἱματίων βοηθείας.

D 59ʳ — A 67, a 80, F 40ʳ, Nic. I 101.
B 74.
C 55ʳ.
J 48ʳ, L 50.

1. ΔΙΟΔΩΡΟΥ omis C. Le manuscrit de Bâle et le Barberinus présentent les premières
lignes de ce fragment sous une forme abrégée : χιτῶνας δερματίνους μὴ τὴν σάρκα
νόει καθάπερ τινές · ἄνω γὰρ ἅπαξ ἔφη ὅτι χοῦν λαβὼν ἀπὸ τῆς γῆς ἔπλασεν ὁ Θεὸς τὸν
ἄνθρωπον · ἀλλ᾽ ὄντως χιτῶνας δερματίνους οὓς ἔδωκεν αὐτοῖς ὁ Θεὸς ἐκ τῶν... (lig. 2
ὅτι et λαβὼν omis. C).

4. γυμνότητα] γύμνωσιν F Nic. ; — 6. αὐτοῦ omis. B C ; — 7. οὔτε D B C ; οὐ F ;
— 7. δείξας] δεικνύων B.

18

V, 4 ...καὶ ἐγέννησεν (Ἀδὰμ) υἱοὺς καὶ θυγατέρας.

ΔΙΟΔΩΡΟΥ.

« Ἔζησε δὲ Σὴθ ἔτη σε΄ καὶ ἐγέννησε τὸν Ἐνώς. »

Εἰ ὁ Ἀδὰμ ἐκ γῆς, καὶ ἡ Εὔα ἐκ τῆς τούτου πλευρᾶς, καὶ οἱ
υἱοὶ καὶ αἱ θυγατέρες ἐξ ἑκατέρων, πόθεν οἱ ἑξῆς ἄνθρωποι; ἢ δῆλον
5 ὅτι τῶν υἱῶν καὶ τῶν θυγατέρων συνελθόντων. Εἰ δέ τις ζητοίη
πῶς ἐν τῷ νόμῳ ἀπαγορεύει γάμους ἀδελφῶν καὶ θείων καὶ ὅλως

τῶν ἐγγυτέρων, ἴστω ὅτι τοῦ ἐκ γῆς γενέσθαι τοὺς μέλλοντας γάμῳ
ζεύγνυσθαι τὸ ἐξ ἑνὸς εἶναι πολὺ κρεῖττον, κἂν τοὺς ἀδελφοὺς καὶ
τὰς ἀδελφὰς ἀντὶ γυναικῶν καὶ ἀνδρῶν ἀλλήλοις συνέρχεσθαι βαρύ-
10 τερον εἶναι νομίζηται. Εἰ γὰρ καὶ ἐξ ἑνὸς ὄντες εἶτα εἰς μακροτέρας
γενεὰς ταῖς διαδοχαῖς ἐκταθέντες ἀλλοτρίους ἀλλήλων ἑαυτοὺς λογι-
ζόμεθα, εἰ οἱ μὲν ἐξ ἄλλων ἐτύγχανον, ἐκ δὲ γῆς ἅπαντες, πόσῳ
ἂν μᾶλλον ἑαυτῶν ἠλλοτριώθημεν; ὥστε εἰ καὶ βαρὺ τὸ τῆς ἀδελ-
φογαμίας, ἀλλὰ τὸ πολὺ βαρύτερον ἀνεῖλε τὸ ἀλλοτρίους νομίζειν
15 ἀλλήλων τοὺς ἀνθρώπους. Εἰ δὲ λέγει τις · πῶς οὖν αἰτιώμεθα πατέρας, καὶ ὅσοι γυναῖκας ἔχουσι τὰς μητέρας καὶ ἀδελφάς; ἴστω ὡς
τοῦ Θεοῦ τὴν μὲν ἀρχὴν τῆς ἀδελφομιξίας συγχωρήσαντος δι' ἣν
εἰρήκαμεν αἰτίαν, μετὰ δὲ ταῦτα βουληθέντος, τῶν ἀνθρώπων ἤδη
πολλῶν γεγονότων, μὴ μόνον ἀπὸ τῆς συγγενείας, τῆς ἐγγυτέρω
20 λέγω, τὴν ὁμόνοιαν εἶναι ἀλλὰ καὶ ἀπὸ ἀγχιστείας, καὶ πατέρας μὲν
καὶ μητέρας, θείους τε καὶ ἀδελφοὺς, υἱούς τε καὶ υἱῶν υἱοὺς καὶ
ἀνεψιοὺς τὴν ἀπὸ τῆς ἐγγύτητος διάθεσιν ἔχειν, τοὺς δὲ, ἀπὸ τοῦ
πόρρω γεγεννῆσθαι ταῖς διαδοχαῖς καὶ εἰς μακροτέρας ἐκταθῆναι δια-
δοχὰς ἀλλοτρίους ὑπειλημμένους, αὖθις διὰ τῶν γάμων εἰς ὁμόνοιαν
25 σφίγγεσθαι καὶ συγγενείας συγγενείαις συνάπτεσθαι. Ταῦτα τοῦ Θεοῦ
οἰκονομήσαντος, ἄτοπον τὸ ἀδελφοὺς ἀδελφαῖς ὁμιλεῖν, καὶ τὰς τοιαύ-
τας γίνεσθαι συναφείας. Ἀρκούσης γὰρ τῆς διαθέσεως ἀπὸ τῆς συγγενείας, περιττὸν προστιθέναι καὶ τὴν ἀπὸ τοῦ γάμου καὶ μὴ τὴν
ἑτέρωθεν ὁμόνοιαν σφίγγεσθαι ταῖς ἐπιγαμίαις · μήτε ἔχειν τὴν αὐτὴν
30 ἀδελφὴν καὶ γαμετήν. ἀρκεῖ γὰρ εἰς διάθεσιν ἀδελφὴ, καὶ γυνὴ μὴ
στενούτω τὸ πλάτος τῆς διαθέσεως.

Τοῖς αὐτοῖς οὖν εἰς πάντα χρώμενος, τοὺς μὲν, διὰ τὴν ἐγγύτητα
τῆς διαδοχῆς τίμα, τοὺς δὲ διὰ τὸ τῆς ἀγχιστείας ἀναγκαῖον.

D 24, A 72, a 87ᵛ, F 45ᵛ, Nic. I 122, E 39.
J 52ᵛ, K 232.

4. ἐξ ἑκατέρων omis F ; — 5. ζήτοι Nic. ; — 6. ὅλων D ; — 8. τὸ] τοῦ Nic. ; —
11. εἰ οἱ μὲν] οἱ μὲν D Nic. ; εἰ μὴ A ; οἱ μὲν γὰρ F ; — 13. ἂν add. Doconinck ;
14. <καὶ> τὸ πολὺ F Nic. ; βαρύτερον] βαρύτατον D, βάρος F Nic. ;— 15. λέγοι Nic. ;—
16. πατέρας <συνελθόντας θυγατράσι> D² ; ὅσους F ; καὶ²] ἢ τὰς D² ; — 17. τὴν ἀδελφομιξίαν F Nic. ; — 19. τῆς ἐγγυτέρας F Nic. ; — 20. <καὶ ὅσοι γυναῖκας ἔχουσι> λέγω
F Nic. ; — 22. τὴν ἀπὸ] τοὺς μὲν ἀπὸ corr. D² ; <τὴν> διάθεσιν D² ; τοὺς δὲ <καὶ> D² ;
ἀπὸ τοῦ πόρρω] ἀπὸ τοὺς πόρρωθεν F ; — 23. διδαχαῖς A, διαδοχαῖς corr. A² ; ταῖς διαδοχαῖς -- αὖθις exstat in textu, delevit D² ; — 24. διὰ <τὴν> D² in marg. ; γάμων
<συναφείαν καὶ> D² ; — 31. στενούτω] στενε... ὑπὸ F.

19

VI, 3 καὶ εἶπε Κύριος ὁ Θεός · οὐ μὴ καταμείνῃ τὸ πνεῦμά μου
ἐν τοῖς ἀνθρώποις τούτοις εἰς τὸν αἰῶνα.

ΔΙΟΔΩΡΟΥ.

Αἰῶνα λέγει νῦν τῶν ἀνθρώπων τὴν ζωήν, ὡς καὶ Δαβίδ · « ὁ
αἰὼν ἡμῶν εἰς φωτισμὸν τοῦ προσώπου σου ». Ἵνα ᾖ τὸ « οὐ μὴ
μείνῃ τὸ πνεῦμά μου ἐν τοῖς ἀνθρώποις τούτοις εἰς τὸν αἰῶνα »
5 σημαῖνον ὅτι οὐχ' ὅλον αὐτῶν τὸν αἰῶνα ζήσουσιν οἱ νῦν ἄνθρωποι.
ἐν γὰρ τοῖς ἀνθρώποις τούτοις εἶπεν, οὐχ ἑτέροις, οὐκ ἀναπληρώσω
αὐτῶν τὸν τῶν ἐτῶν ἀριθμὸν, τὸν πολυχρόνιον ἐκεῖνον.

D 67 — A 75, a 91ᵛ, F 49, Nic. 1 130.
B 94ᵛ.
J 55, K·224, L 55.

1. ΔΙΟΔΩΡΟΥ omis L.

4. μείνῃ] καταμείνῃ Nic. ; — 5. σημαῖνον] σημαίνων F Nic. ; ὅτι οὐχ ὅλον] οὐχ ὅτι
ὅλον F, ὅτι οὐχ ὅτι ὅλον Nic. ; αὐτῶν] ω del. D² et inscr. o ; — 6. ἀναπληρώσω] ἀνα-
πληρώσει D ; — 7. αὐτὸν F Nic.

20

VI, 3-4 καὶ εἶπε κύριος ὁ Θεός · οὐ μὴ καταμείνῃ τὸ πνεῦμά μου ἐν
τοῖς ἀνθρώποις τούτοις εἰς τὸν αἰῶνα, διὰ τὸ εἶναι αὐτοὺς σάρκας.
Ἔσονται δὲ αἱ ἡμέραι αὐτῶν ἑκατὸν εἴκοσι ἔτη. Οἱ δὲ γίγαντες ἦσαν
ἐπὶ τῆς γῆς ἐν ταῖς ἡμέραις ἐκείναις, καὶ μετ' ἐκεῖνο ὡς ἂν εἰσ-
επορεύοντο οἱ υἱοὶ τοῦ Θεοῦ πρὸς τὰς θυγατέρας τῶν ἀνθρώπων,
καὶ ἐγεννῶσαν ἑαυτοῖς · ἐκεῖνοι ἦσαν οἱ γίγαντες οἱ ἀπ' αἰῶνος,
οἱ ἄνθρωποι οἱ ὀνομαστοί.

ΔΙΟΔΩΡΟΥ.

Οὐ μάτην προστίθησιν ὁ Μωσῆς τὸ « οἱ δὲ γίγαντες τότε ἦσαν
ἐπὶ τῆς γῆς », ἀλλ' ἐπειδὴ ὀργισθεὶς ὁ Θεὸς τότε εἴρηκεν ὅτι « οὐ
μὴ καταμείνῃ τὸ πνεῦμά μου ἐν τοῖς ἀνθρώποις τούτοις », τουτέστι
5 τὸ ζωτικὸν πνεῦμα, διὰ τὸ εἶναι αὐτοὺς οὐχ ἁμαρτωλούς, ἀλλ'
ἁμαρτίαν — τοῦτο γάρ ἐστι « διὰ τὸ εἶναι αὐτοὺς σάρκας » — καὶ ὅτι
ἔσται τὰ ἔτη αὐτῶν ἑκατὸν εἴκοσι. Ἦν δὲ τιμωρία τοὺς ἐννακόσια
καὶ πεντήκοντα ἔτη βιοῦντας εἰς ἑκατὸν εἴκοσι περιγραφῆναι · δεικνὺς
ὅτι τιμωρία ἦν τὰ ἑκατὸν εἴκοσι ἔτη καταλειπόμενα τῆς ζωῆς, τοῖς,
10 ὡς ἔφην, ἐννακόσια καὶ πεντήκοντα ἔτη βιοῦσιν. Ἐπήγαγεν « οἱ δὲ

γίγαντες τότε ἦσαν ἐπὶ τῆς γῆς » τουτέστιν οἱ πολλὰ ἔτη βιοῦντες.
Φησὶ γοῦν « ἐκεῖνοι ἦσαν οἱ γίγαντες οἱ ἀπ' αἰῶνος ἄνθρωποι οἱ
ὀνομαστοί », δηλαδὴ οἱ υἱοὶ τοῦ Θεοῦ οἱ πρὸς τὰς θυγατέρας τῶν
ἀνθρώπων εἰσπορευόμενοι, ἔκ τε αὐτῶν γεννῶντες υἱοὺς οὐκ ἔτι τῷ
15 Θεῷ ὥστε αὐτοὺς ἐξ αὐτοῦ ὀνομάζεσθαι ἢ ἐκείνου υἱοὺς λέγεσθαι ·
ἀλλ' ἑαυτοῖς ἐγέννων ἄνθρωποι ἀνθρώπους θνητὰ καὶ ἐπίκηρα φρο-
νοῦντας.

D 68 — A 75, a 92ᵛ, F 49ᵛ, Nic. I 132.
K 225, L 56ᵛ.

2. δὲ omis. F ; — 10. βιοῦσιν] ζῶσιν A F Nic. ; — 15. ἐκείνου] ἐκείνους D.

21

ΔΙΟΔΩΡΟΥ.

VI, 6 « Καὶ ἐνεθυμήθη, φησὶν, ὅτι ἐποίησεν ὁ Θεὸς τὸν ἄνθρωπον ἐπὶ
τῆς γῆς » ἢ κατὰ Ἀκύλαν « καὶ μετεμελήθη ὁ Θεὸς ὅτι ἐποίησε
τὸν ἄνθρωπον ἐπὶ τῆς γῆς καὶ διεπονήθη πρὸς καρδίαν αὐτοῦ ».

5 Μεταμέλεια ἀνθρώπων μὲν πάθος, Θεοῦ δὲ ἔργον · ἐπεὶ καὶ θυμὸς
μὲν ἀνθρώπων ταραχὴ ψυχῆς, Θεοῦ δὲ παιδεία κατὰ τῶν ἐπταικότων,
οὕτω καὶ μεταμέλεια · ἐφ' ἡμῶν μὲν μετάγνωσις οἷα θνητῶν εἰς κατά-
γνωσιν ἑαυτῶν, ἐφ' οἷς κακῶς ἢ ἐνεθυμήθημεν ἢ ἐπράξαμεν, νυνὶ δὲ
Θεοῦ μετάθεσις οἰκονομίας εἰς ἕτερον τρόπον. Ὅ γὰρ ἡμεῖς πάσχον-
10 τες πρῶτον εἰς ἔργον ἐρχόμεθα, τοῦτο ἐπὶ Θεοῦ μόνον τὸ ἔργον λέγεται. Οἷον θυμωθέντες ἡμεῖς κολάζομεν · Θεοῦ δὲ τὸ παιδεύειν θυμὸς
ὠνόμασται. Μεταμεληθέντες ἡμεῖς καὶ ἀποστάντες ἐκείνων ἐφ' οἷς
μετανοοῦμεν ἐρχόμεθα ἐφ' ἕτερον ὃ κρεῖττον εἶναι νομίζομεν · οὕτω
Θεοῦ τὸ ἀπὸ οἰκονομίας εἰς οἰκονομίαν συμφερόντως μεταβαίνειν,
15 μεταμέλεια κέκληται. Ἐπειδὴ καὶ χεῖρες ἐφ' ἡμῶν μὲν, τὸ μέλος,
ἐπὶ Θεοῦ δὲ, ἡ πρᾶξις λέγεται. Ἐπειδὴ γὰρ ἀόρατος ὁ δεσπότης, ἡ
δὲ διάνοια ἡμῶν σώματι συγκραθεῖσα, ἐξ ὧν οἶδεν, ἀκούει, χωρεῖ,
τὰς ἐνεργείας τοῦ Θεοῦ ταῖς τῶν ἡμετέρων μελῶν προσηγορίαις ὀνομάζει, συνιέναι ἡμᾶς θέλουσα ὃ βούλεται περὶ Θεοῦ λέγειν. Χειρὶ
20 κτίζομεν ἡμεῖς, τὸ τοίνυν δημιουργικὸν τοῦ Θεοῦ χεῖρα καλεῖ.
Αὐτίκα καὶ οἱ μάγοι τὴν σκνῖπα ἐκ τῆς γῆς ἐξαγαγεῖν μὴ δυνηθέντες,
Exod. VIII, 19 καθάπερ Μωϋσῆς φησι, « δάκτυλον Θεοῦ ἐστι τοῦτο » εἶπον. Τίς δ'

ἂν εἴποι τὸ Μωϋσέως ἔργον δάκτυλον εἶναι τῆς τοῦ Θεοῦ φύσεως ;
Καὶ δύναμις αὐτοῦ ἣ κατωνόμασται οὐχ ἡ ἐν ἕξει αὐτοῦ · πῶς γὰρ
25 οἷόν τε ; ἀλλ' ἡ τὸ δυνατὸν τοῦ Θεοῦ ἐν τῇ ἑαυτῆς ἀτελείᾳ δεικνύουσα.
Καὶ πόδες, ἡ παρουσία, ἐπειδὴ ποσὶ παραγινόμεθα οὗ ἐὰν δοκῇ · καὶ
στόμα, τὸ πρόσταγμα, διὰ τὸ τῷ στόματι φθέγγεσθαι τοὺς ἀνθρώπους. Οὕτω καὶ ὀργὴ Θεοῦ ἡ παιδεία αὐτοῦ ἡ κατὰ τῶν ἐπταικότων
λέγεται τῷ Μωϋσεῖ, τοῦ λαοῦ μοσχοποιήσαντος · « καὶ νῦν ἔασόν με
30 καὶ θυμωθεὶς ὀργῇ ἀπολέσω αὐτούς ». Θυμὸς δὲ Θεοῦ καὶ βασιλέως   Exod. XXXII, 10
οὐκ ἀναμένει τὴν παρὰ ἀνθρώπου συγχώρησιν ἵνα γένηται θυμός · ἀλλ'
ἀφ' οὗπερ ἂν γένηται τὸ ἄτοπον, κινεῖται. Λέγεται δὲ καὶ πρὸς τὸν
Ἀαρὼν « λαβὲ τὸ θυμιατήριον καὶ δράμε ἐν μέσῳ τῶν τεθνηκότων   Nombr. XVI, 46
καὶ τῶν ἔτι ζώντων. Ἐξῆλθε γὰρ ἡ ὀργὴ Κυρίου καὶ ἦρκται θραύειν
35 τὸν λαόν », τὴν πτῶσιν αὐτὴν καὶ τὴν κόλασιν ὀργὴν λακῶν. Ὁμοίως
ἄρα καὶ ὅταν μεταβολή τις τῶν οἰκονομιῶν τοῦ Θεοῦ γίνηται, μεταμέλειαν αὐτὴν ὀνομάζει ἡ θεία γραφή. Ταύτην εἰδὼς τοῦ Θεοῦ μεταμέλειαν, οὐ πάθος αὐτοῦ, ὁ Προφήτης, ἀλλ' οἰκονομίας ἐναλλαγήν,
δεικνυμένων αὐτῷ ὑπὸ τοῦ ἁγίου Πνεύματος πληγῶν τῶν κατὰ τοῦ
40 Ἰσραὴλ, νῦν μὲν ἐρυσίβης, νῦν δὲ κάμπης καὶ βρούχου καὶ τῶν
τοιούτων, καθ' ἕκαστον τούτων ἐβόα « μετανόησον Κύριε », ἐπὶ τούτῳ   Amos VII, 3-6.
οὐκ ἐλέγχων τὸν Θεὸν ὡς κακῶς ποιοῦντα καὶ παρακαλῶν αὐτὸν πρὸς
μετάνοιαν παρακλιθῆναι, τῆς παιδείας δὲ μεταβολὴν εἰς τὸ κρεῖττον
γενέσθαι παρακαλῶν. .

D 68 — A 76, a 93, F 50, Nic. I 134.
J 56, K 225, L 94ᵛ.

Fumanus n'a traduit que les premières lignes du fragment.

3-4. post τῆς γῆς, ἢ κατὰ Ἀκύλαν - - ἐπὶ τῆς γῆς omis. F ; — 8. νυνὶ] ἐπὶ Nic. ; —
9. μόνον] μόνου F ; — 12. καὶ ἀποστάντες ἐκείνων ἐφ' οἷς μετανοοῦμεν] καὶ ἀποστάντες
post μετανοοῦμεν D. — 13. ἕτερον] ἑκάτερον F Nic. ; — 14. ἀπὸ οἰκονομίας] ἐπὶ οἰκονομίαν A ; εἰς οἰκονομίαν omis. A ; — 15. χεῖρες] χεὶρ A F Nic. ; μὲν omis. F ; — 19. βούλεται περὶ θεοῦ] περὶ θεοῦ βούλεται F Nic. ; — 21. μὴ] οὐ A F Nic. ; — 22. Μωϋσῆς]
Μωσῆς A ; — 23. Μωϋσέως] Μωυσέος A ; — 24. ἡ] ᾗ omn. mss. ; οὐχ ἡ] οὐχὶ D ; γὰρ
omis. F ; — 25. ἀλλ' ἡ] ἀλλ' ᾖ D F ; — 27. τῷ omis. F ; — 28. <ἡ> ὀργὴ F ; —
29. Μωϋσεῖ] Μωσεῖ A F, Μωσῇ Nic, ; — 30. δὲ omis. D ; — 32. ἀφ' omis. A ; λέγεται]
λέγει A F Nic. ; — 36. οἰκονομιῶν] οἰκονομικῶν F ; γίνηται] γένηται A F Nic. ; —
37. εἰδὼς τοῦ θεοῦ μεταμέλειαν] τοῦ θεοῦ <τὴν> μεταμέλειαν εἰδὼς A F Nic. ; —
38. οἰκονομίας] οἰκονομιῶν A F Nic. ; — 40. κάμπης] κάμπτης A, ἀκρίδος F ; βρούχου
<καὶ κάμπης> A F Nic. ; — 41. τούτῳ] τοῦτο F ; — 42. καὶ] ἀλλὰ F ; αὐτὸν omis. F ;
— 43. παρακλιθῆναι F (fol. 41ᵛ) παρακληθῆναι alii mss. ; εἰς] ὡς F.

22

VIII, 20 Καὶ ᾠκοδόμησε Νῶε θυσιαστήριον τῷ κυρίῳ καὶ ἔλαβεν ἀπὸ
πάντων τῶν κτηνῶν τῶν καθαρῶν καὶ ἀπὸ πάντων τῶν πετεινῶν
τῶν καθαρῶν, καὶ ἀνήνεγκεν ὁλοκαύτωσιν ἐπὶ τὸ θυσιαστήριον.

ΔΙΟΔΩΡΟΥ.

Συνεχώρησεν ὁ Θεὸς προσαγαγεῖν θυσίας καὶ τοῖς περὶ τὸν Ἄβελ
πρότερον, καὶ τοῖς περὶ τὸν Νῶε μετὰ τὸν κατακλυσμὸν, καὶ τῷ
Ἀβραὰμ καὶ Ἰσαὰκ καὶ Ἰακὼβ ὕστερον, καὶ πρώην ἐδέξατο τὰς
5 θυσίας προειδὼς ἥξειν καιρὸν καθ’ ὃν χρεία καὶ αὐτῷ θύειν γενήσεται, ἀφιστῶν τοὺς Ἰσραηλίτας τοῦ προσάγειν τοῖς εἰδώλοις θυσίας,
ὡς ἂν ἰδόντες Ἰουδαῖοι ὅτι τὸ θύειν Θεῷ ἐκ πατέρων ἐστὶν, ἑτοιμό-
τερον τὸ πρᾶγμα δέξωνται, λέγω δὴ τὸ τῷ Θεῷ θύειν.

D 73 — A 80 (in marg.), a 101, F 55ʳ, Nic. I 153.
K 227.

1. ΔΙΟΔΩΡΟΥ omis F.

2. προσαγαγεῖν] προσενεγκεῖν A ; προσάγειν F Nic. ; — 3. τῷ Ἀβραὰμ] τοῦ F Nic. ; —
4. τὰς omis. F ; — 6. τοῦ omis. F ; — 7. ἰδόντες] εἰδότες A F Nic. ; <οἱ> Ἰουδαῖοι F ;
— 8. τὸ] τῷ supr. vers. inscr. F² ; δέξωνται] δέξονται F Nic. ; τὸ τῷ] τὸ omis. F.

23

ΔΙΟΔΩΡΟΥ.

VIII, 21 Καὶ εἶπε κύριος ὁ Θεὸς διανοηθείς · οὐ προσθήσω ἔτι τοῦ
καθαράσασθαι τὴν γῆν διὰ τὰ ἔργα τῶν ἀνθρώπων ὅτι ἔγκειται
ἡ διάνοια ἀνθρώπου ἐπιμελῶς ἐπὶ τὰ πονηρὰ ἐκ νεότητος αὐτοῦ.

5 Ὑπισχνεῖται μηκέτι τὴν οἰκουμένην καταδικάσαι ἐν κατακλυσμῷ
ἐὰν ᾖ « ἡ διάνοια τῶν ἀνθρώπων ἐπιμελῶς ἐκ νεότητος ἐγκειμένη
ἐπὶ τὰ πονηρά ». Οὐ μὴν « πάσας τὰς ἡμέρας » ὥσπερ ἐπὶ τοῦ
κατακλυσμοῦ. Νέμει γάρ τινα βραχεῖαν συγγνώμην τοῖς νέοις διὰ
τὸ τῆς ἡλικίας εὐόλισθον, διόπερ « οὐ μὴ προσθῶ, φησὶν, ἔτι κατα-
10 ράσασθαι τὴν γῆν διὰ τὰ ἔργα τῶν ἀνθρώπων, διότι ἔγκειται ἡ διάνοια τοῦ ἀνθρώπου ἐπιμελῶς ἐπὶ τὰ πονηρὰ ἐκ νεότητος αὐτοῦ »,
τουτέστι · πρόοιδα ὅτι ἡ νεότης τοῖς ἐσομένοις εὐόλισθος ἔσται. Μὴ
τοίνυν δείσητε. Διὰ τοῦτο γὰρ οὐκ ἔτι ἐπάξω ὑμῖν ἀφανισμὸν
παντελῆ.

D 74 — A 81, a 101*, F 56, Nic. 1 154 — E 45*.
B 110.
K 228, L 61*,

1. ΔΙΟΔΩΡΟΥ <ἰστέον ὅτι τοῦτο πρῶτος εἴρηκεν Ὠριγένης> in marg. D A, ΔΙΔΥ-ΜΟΥ E.
2-4. Text. Script. omis B ; — 2. καθαράσασθαι] καθαρᾶσθαι A F Nic. ; — 5-11. post ἐκ νεότητος αὐτοῦ, Ὑπισχνεῖται μηκέτι – – ἐκ νεότητος αὐτοῦ, omis. F Nic. E ; — 5. τὴν οἰκ. κατάδ. ἐν κατακλυσμῷ] τὸν οἰκουμένον ποιῆσαι κατακλυσμὸν B ; — 6. ἐπιμελῶς omis. A B ; — 7. οὐ μὴν] οὐκέτι B ; ἐπί] πρὸ A B ; — 8. βραχεῖάν τινα B ; — 10. διότι] ὅτι A B ; — 11. αὐτοῦ omis. B ; — 12. προοῖδα] προεῖδα Nic.

24

IX, 24-25 Ἐξένηψε δὲ Νῶε ἀπὸ τοῦ οἴνου καὶ ἔγνω ὅσα ἐποίησεν αὐτῷ ὁ υἱὸς αὐτοῦ ὁ νεώτερος. Καὶ εἶπεν · Ἐπικατάρατος Χανάαν.

ΔΙΟΔΩΡΟΥ.

Ἐπειδὴ διαναστὰς ὁ πατὴρ καὶ γνοὺς ὅσα ἐποίησε Χὰμ κατα-ρᾶται τῷ τούτου υἱῷ — καὶ ζήτημα ἐκινεῖτο τίνος ἕνεκεν, τοῦ πατρὸς ἁμαρτόντος, ὁ υἱὸς δέχεται τὴν κόλασιν ; — προλαβὼν 5 ὁ Μωϋσῆς ἐν αὐτῇ τῇ διηγήσει τίθησι τῆς ἀπολογίας τὴν δύνα-μιν. Ὅτε γὰρ ἔμελλε λέγειν ὅτι εἶδε τὴν γύμνωσιν τοῦ πατρὸς αὐτοῦ, τότε προλαβών φησι « καὶ εἶδε Χὰμ ὁ πατὴρ Χανάαν τὴν γύμνωσιν τοῦ πατρὸς αὐτοῦ ». Ἐπειδὴ τὴν γύμνωσιν αὐτοῦ οὐκ ἐσκέπασεν ἱματίῳ ἀλλὰ πλέον ἐγύμνωσε τῇ πρὸς τοὺς ἀδελφοὺς 10 διηγήσει, εἰς πατέρα ἁμαρτὼν εἰς υἱὸν δέδωκε δίκην, οὐκ ἀδικοῦντος τοῦ Θεοῦ ἀλλὰ προορῶντος ὅτι σπέρμα τοῦ Χανάαν δουλεύειν ἔμελλεν.

Ὅπερ ἐξῆλθεν ἐπὶ τῶν Γαβαωνιτῶν οἳ πάσῃ τῇ συναγωγῇ τῶν Ἰσραηλιτῶν ἐδούλευσαν. Ὥστε καὶ Χὰμ δέδωκε δίκας τῶν εἰς τὸν 15 πατέρα πλημμελημάτων, οὐ τοσοῦτον γὰρ αὐτοῦ καθήψατο ἡ κατ' αὐτοῦ κατάρα ὅσον ἡ εἰς σπέρμα, καὶ τὰ μέλλοντα ὁμοῦ προαγο-ρεύεται · εἰ γὰρ δεῖ τὸ ἀκριβὲς εἰπεῖν οὐδὲ ὁ Χανάαν φαίνεται δου-λεύσας · πῶς γὰρ ὁ καὶ ἑπτὰ ἐθνῶν καὶ τοῦ Σιδῶνος γεγονὼς πατήρ ; ἀλλὰ τὸ τούτου σπέρμα μετὰ πολλὰς γενεάς. Ὅπερ οὐκ ἐγένετο διὰ 20 τὴν τοῦ Χὰμ εἰς τὸν πατέρα ἁμαρτίαν · ἀλλὰ τοῦτο μὲν ἦν σχῆμα φόβον ἐμποιοῦν τοῖς ἑξῆς ὡς ἂν μή τις ἐξυβρίζοι εἰς τοὺς γεγεννη-κότας, τὸ δὲ ἀληθὲς ὅπερ ἔμελλεν προὐλέγετο.

Οὕτω καὶ ὁ Ἰακὼβ δοκεῖ καταρᾶσθαι τοὺς περὶ Συμεὼν καὶ Λευ. διὰ τὴν κατὰ τῶν Σικιμιτῶν κίνησιν, λέγων · « διαμεριῶ αὐτοὺς ἐν   Gen. XLIX. 7

25 Ἰακὼβ καὶ διασκορπιῶ αὐτοὺς ἐν Ἰσραήλ », ἀλλὰ καὶ τὸν Ῥουβὶμ
διὰ τὴν παράνομον κοίτην. Ἐκβαίνει δὲ τῷ μὲν Συμεὼν καὶ τῷ
Ῥουβὶμ δι' ἑτέρας ἀσεβείας τὰς μετὰ ταῦτα τετολμημένας αὐτοῖς,
καὶ τὴν δίκην ὑφίστανται · τῷ δὲ Λευὶ συμβαίνει μὲν ἡ τοῦ πατρὸς
πρόρρησις. οὐκ εἰς κατάραν δὲ, ἀλλ' εἰς εὐλογίαν ἄκραν · ἱερεῖς γὰρ
30 καὶ λευΐται γεγενημένοι πάσας ἐπλήρωσαν τὰς φυλάς.

Ἀναγκαῖον τοίνυν ἐκ τούτων εἰδέναι καὶ ὡς ἄλλα μὲν σχηματίζε-
ται λέγειν ἢ ποιεῖν ἡ θεία γραφή, ἕτερα δὲ οἰκονομεῖ. Πολλὰ γὰρ
ἡμῖν οὕτω τῶν ζητουμένων ῥᾳδίαν ἕξει τὴν λύσιν.

D 77 — A 83, a 106, F 59, Nic. I 165.
B 115.
K 230.

1. ΔΙΟΔΩΡΟΥ] omis F, ΘΕΟΔΩΡΗΤΟΥ ΚΑΙ ΔΙΟΔΩΡΟΥ ΚΑΙ ΓΕΝΝΑΔΙΟΥ B. De fait,
dans le fragment de ce dernier manuscrit, on retrouve les idées émises dans de
longs commentaires de ces trois auteurs, enregistrés dans les manuscrits de la classe
de Nicéphore. L'auteur de la chaîne B les a confondus en une seule composition ;
on y reconnait les idées de Diodore ; inutile de chercher à en recueillir les expres-
sions.

2. πατὴρ <αὐτῶν> F ; — 4. ἁμαρτόντος] ἁμαρτῶντος F Nic. ; — 7-8. post τοῦ πατρὸς
αὐτοῦ, τότε προλαβών - - τοῦ πατρὸς αὐτοῦ omis. A ; — 8. post αὐτοῦ, ἐπειδὴ - - αὐτοῦ
omis. F Nic. ; — 9. <καὶ> οὐκ Nic. ; ἐσκέπασεν] ἐπεσκέπασεν A ; — 10. πατέρα <δὲ>
Nic. ; — 13. τῇ omis. D ; — 14. τῶν Ἰσραηλιτῶν] Ἰσραὴλ A F Nic. ; δέδωκε] δίδωσι
A F Nic. ; δίκας] δίκην Nic. ; τὸν πατέρα] τὸν omis. F ; — 16. προαγορεύεται] προσα-
γορεύεται D ; — 17. ὁ Χανάαν] ὁ omis. F Nic. ; — 19. πολλὰς γενεάς] πολλῆς γενεᾶς F
Nic. ; — 20. ἦν omis. F Nic. ; — 24. σικιμιτῶν] σικιμάτων Nic. ; — 26. ἐκβαίνει δὲ]
ἐκβαίνει μὲν F Nic. ; — 28. ὑφίστανται] ἐφίστανται F ; τῷ δὲ Λευὶ] τῷ Λευὶ μὲν F ; συμβαίνει μὲν] μὲν omis. F ; — 33. ἡμῖν omis. F Nic. ; <εἰδέναι ἐκ τούτων καὶ> οὕτω F Nic. ;
ἕξει] ἕξειν F Nic.

25

IX, 26 Καὶ εἶπεν · εὐλογητὸς κύριος ὁ Θεὸς τοῦ Σὴμ, καὶ ἔσται
Χανάαν παῖς οἰκέτης αὐτοῦ.

ΔΙΟΔΩΡΟΥ.

Διὰ τί δὲ μόνον ἐπὶ τοῦ Σὴμ τὸ « εὐλογητὸς κύριος ὁ Θεὸς τοῦ
Σὴμ » οὐχὶ δὲ καὶ ἐπὶ τοῦ Ἰάφεθ ; καὶ μὴν κοινῇ τῶν δύω ἡ εἰς
τὸν πατέρα τιμή.
5 Ἀλλὰ τὸ ἐκ τοῦ Σὴμ σπέρμα πιστὸν ᾔδει ἐσόμενον τὸ πνεῦμα τὸ
ἅγιον, τὸν Ἀβραὰμ καὶ τοὺς ἐξ αὐτοῦ καὶ τὸν κύριον Ἰησοῦν τὸ
κατὰ σάρκα. Δῆλον οὖν ὅτι προρρήσεις ἦσαν τοῦ Νῶε τὰ λεγόμενα

ἐν σχήματι εὐλογίας καὶ κατάρας. Καὶ γὰρ Πέρσαις καὶ Ῥωμαίοις
ἐδούλευσε καὶ δουλεύει τὸ σπέρμα Χανάαν, αὐτῷ δὲ οὐδείς.

10 ΙΧ, 27 « Πλατύναι ὁ Θεὸς τῷ Ἰάφεθ καὶ κατοικησάτω Ἰάφεθ ἐν
τοῖς σκηνώμασι Σήμ · καὶ γενηθήτω Χανάαν παῖς αὐτοῦ » · ἢ κατὰ
τὸν Ἀκύλαν · « δοῦλος δούλων ἔστω Χανάαν παῖς τοῦ Σὴμ ἢ τοῦ
Ἰάφεθ, διὰ τὴν ἁμαρτίαν. »

Καὶ Χὰμ οὐ δέχεται τὴν κατάραν διὰ τὸ ηὐλογῆσθαι τὴν ἀρχὴν
15 ὑπὸ τοῦ Θεοῦ.

Τί δήποτε « καὶ κατοικησάτω ὁ Ἰάφεθ ἐν τοῖς σκηνώμασι τοῦ
Σήμ » εἴρηται ; ὁρᾷς ὅτι πάντα προφητεία ἦν διὰ προφάσεως ἢ ἄνευ
προφάσεως φανερουμένη · καὶ γὰρ μετὰ ταῦτα Μαδαί, τουτέστιν ὁ
Μῆδος, τοῦ Ἰάφεθ ὢν υἱός, τὸ κάλλιστον τῶν τοῦ Σὴμ οἰκήσεων
20 κατέσχε τὴν Μηδίαν, μέρος οὐκ ἐλάχιστον τῆς τῶν Περσῶν γῆς.

D 78 — A 84, a 107, F 59ᵛ, Nic. I 166 et 167.
B 115ᵛ.
C 84.
K 230, L 65.

1. ΧΡΥΣΟΣΤΟΜΟΥ C. — B et C présentent le fragment sous une forme abrégée,
dont voici l'analyse. B conserve l'interrogation (l. 2-4); C la supprime. Tous deux
y répondent en introduisant d'abord les dernières lignes (18-20) par ces mots : προφητεία τὰ παρὰ τοῦ νῶε ἦν λεγόμενα, τουτέστιν-- τῆς τῶν Περσῶν γῆς. Puis viennent
les lignes 7-9.

2. τὸ omis. F ; — 3. δύο F ; — 5. ἀλλὰ <καὶ> F ; ἤδη D F ; — 10. Ἰάφεθ² omis. A
F Nic. ; — 14. ηὐλογεῖσθαι Nic. ; — 18. Μαδαί] μαγὰμ F.

26

ΧΙ, 32 Καὶ ἀπέθανε Θάρα ἐν Χαρράν.

ΔΙΟΔΩΡΟΥ.

Εἰ ὁ πατὴρ τοῦ Ἀβρὰμ ὁρμῶν εἰς τὴν Παλαιστίνην ἀπέθανεν ἐν
Χαρὰν, πῶς ὁ Θεὸς φαίνεται τῷ Ἀβρὰμ λέγων. « ἔξελθε ἐκ τῆς γῆς Gen. XII, 1
σου καὶ ἐκ τῆς συγγενείας σου καὶ πορεύου εἰς τὴν γῆν ἣν ἄν σοι
5 δείξω » ὡς ἀγνοοῦντι ὅποι χρὴ ἀπελθεῖν αὐτόν ;

Ἀλλὰ τὴν ἀμφιβολίαν ὁ μακάριος λύει Στέφανος λέγων « ὁ Θεὸς Act. VII, 2
ὤφθη τῷ πατρὶ ἡμῶν Ἀβρὰμ πρὶν ἢ κατοικῆσαι αὐτὸν ἐν Χαράν ». Ἐξ
οὗ δῆλον ὅτι Θάρα διὰ τὴν ἐπιγεγενημένην ἐν Βαβυλῶνι τῷ Ἀβρὰμ
ὀπτασίαν ὁρμᾷ μετὰ τοῦ γένους κατοικῆσαι τὴν Παλαιστίνην · ἀλλ'
10 ἐπειδὴ θέλημα Θεοῦ ἦν μόνον τὸν Ἀβρὰμ καὶ τοὺς ἐξ αὐτοῦ γεννω-

μένους κληρονομῆσαι τὴν γῆν τῆς ἐπαγγελίας, κατῴκησεν ἐν Χαρὰν
ὁ Θάρα. Καὶ μετὰ τὴν τούτου τελευτὴν οἱ λοιποὶ πάντες. Ὁ δὲ
Ἀβρὰμ, ἔτι τοῦ πατρὸς, οἶμαι, ζῶντος, δευτέρας καταξιοῦται κλήσεως
τῆς εἰς τὴν γῆν τῆς ἐπαγγελίας. Ὥσπερ γὰρ τὸ « ἔξελθε ἐκ τῆς γῆς
15 σου καὶ ἐκ τῆς συγγενείας σου », οὕτω καὶ « ἐκ τοῦ οἴκου τοῦ πατρός
σου » εἴρηκεν ἵνα ὁ πατὴρ τῆς ἐκκλησίας Ἀβρὰμ πληρώσῃ τὸ « ὁ
φιλῶν πατέρα ἢ μητέρα ὕπερ ἐμὲ οὐκ ἐστί μου ἄξιος ». Εἰ δέ τις
λέγει μετὰ τὸν θάνατον τοῦ πατρὸς ἐκ τῆς Χαρὰν ἐξεληλυθέναι τὸν
Ἀβρὰμ, ἄλυτον εὑρήσει τὸ ζητούμενον, ἐν τῷ περὶ τῶν ἐτῶν τόῦ
20 Ἀβρὰμ, ὥσπερ ἤδη ἐπεσημηνάμεθα. Ὅτι δὲ μόνον αὐτὸν ὁ Θεὸς
ἐβούλετο κληρονόμον τῆς γῆς γενέσθαι, διδάσκει σαφῶς τὰ κατὰ τὸν
χωρισμὸν τοῦ Λώτ.

Matth. X, 37

D 8 — A 87, a 112, F 64, Nic. I 181.
K 232, L 68.

2. Ἀβρὰμ] Ἀβραὰμ A F Nic. ; — 4. τὴν omis. F ; — 6. ὁ μακάριος λύει] λύει ὁ
μακάριος F ; — 8. ἐπιγεγενημένην] γεγενημένην A F Nic. ; — 10. θέλημα θεοῦ] θεοῦ
θέλημα A ; — 15. καὶ <τὸ> A F Nic. ; — 18. λέγει] λέγῃ A.

<h2 style="text-align:center;">27</h2>

XIV, 13 Παραγενόμενος δέ τις τῶν ἀνασωθέντων ἀπήγγειλε τῷ Ἀβρὰμ
τῷ περάτῃ.

ΔΙΟΔΩΡΟΥ.

Τὰ ἐπέκεινα τοῦ Ἰορδάνου διηγησάμενος ὁ Μωϋσῆς, τουτέστι τὸν
πόλεμον ὃν ἐπολέμησαν Πέρσαι πρὸς τοὺς βασιλεῖς τῶν Σοδομιτῶν
καὶ Γομόρρων, τότε περάτην καλεῖ τὸν Ἀβρὰμ, ὡσανεὶ πέραν τοῦ
5 Ἰορδάνου οἰκοῦντα· ἐπάγει γάρ · « αὐτὸς δὲ κατῴκει ἐν τῇ Δρυΐ τῇ
Μαμβρῇ » δεικνὺς διὰ τί περάτης ὠνομάσθη νῦν.

D 82 — A 91 (in marg.), a 117, F 67, Nic. I 196.
K 234.

1. ΔΙΟΔΩΡΟΥ omis F.

4. ὡσανεὶ] ὡς ἂν εἰ F ; τοῦ Ἰορδάνου οἰκοῦντα] οἰκοῦντα τοῦ Ἰορδάνου A F Nic. ; —
5. ἐν] πρὸς A F Nic.

28

Ὁ δὲ υἱὸς Μάσεχ τῆς οἰκογενοῦς μου, οὗτος Δαμασκὸς Ἐλιεζέρ.

ΔΙΟΔΩΡΟΥ.

Τὸ « Δαμασκὸς » ἡ ἑβραία « Δαμασκηνὸς » λέγει, τουτέστιν ὁ ἐκ Δαμασκοῦ ὅθεν ἦν αὐτοῦ ἡ μήτηρ.

D 85ᵛ — A 92 (in marg.), a 118ᵛ, F 68ᵛ, Nic. I 201.
K 235, L 71.
3. μήτηρ. <τινὲς δὲ τοῦτόν φασιν εἶναι τὸν ἐπὶ τῆς οἰκίας τοῦ Ἀβράμ πιστὸν οἰκέτην> F Nic.

29

XV, 8-12 Εἶπε δέ· δέσποτα κύριε Θεέ, κατὰ τί γνώσομαι ὅτι κληρονομήσω αὐτήν; εἶπε δὲ αὐτῷ· λαβέ μοι δάμαλιν τριετίζουσαν καὶ αἶγα τριετίζουσαν καὶ κριὸν τριετίζοντα καὶ τρυγόνα καὶ περιστεράν. καὶ ἔλαβεν αὐτῷ πάντα ταῦτα, καὶ διεῖλεν αὐτὰ μέσα καὶ ἔθηκεν αὐτὰ ἀντιπρόσωπα ἀλλήλοις· τὰ δὲ ὄρνεα οὐ διεῖλεν. κατέβη δὲ ὄρνεα ἐπὶ τὰ σώματα, τὰ διχοτομήματα αὐτῶν· καὶ συνεκάθισεν αὐτοῖς Ἀβράμ. περὶ δὲ ἡλίου δυσμὰς ἔκστασις ἐπέπεσε τῷ Ἀβράμ καὶ ἰδοὺ γνόφος σκοτεινὸς ἐπιπίπτει αὐτῷ· καὶ ἐρρέθη πρὸς Ἀβράμ...

ΔΙΟΔΩΡΟΥ.

Ἐποίει ταῦτα ὁ ἀγαθὸς Θεὸς ὁμοῦ μὲν δεικνὺς ὅτι ἐν μέσῳ γνόφου καὶ πυρὸς καὶ σαλπίγγων λαλήσας τοῖς υἱοῖς Ἰσραήλ, φοβήσειν αὐτοὺς ἔμελλεν ὡς λέγειν « μὴ λαλείτω ἡμῖν ὁ Θεὸς ἵνα μὴ ἀπο- Exod. XX, 19
5 θάνωμεν » καὶ δώσειν τὸν θυσιῶν νόμον, ὁμοῦ δὲ ὥσπερ ὅρκῳ τῷ διὰ τῶν διχοτομημάτων· οὕτω γὰρ ἦν ἔθος τοῖς παλαιοῖς ποιεῖσθαι ἐνωμότους τὰς συνθήκας· πιστούμενος περὶ ὧν ἀπηγγείλατο τῷ Ἀβράμ, καὶ τὸν τῆς κληρονομίας τρόπον, ὃν ᾔτησε μαθεῖν, καὶ λόγοις προειπὼν καὶ ἔργοις προδιδάξας.

D 87ᵛ — A 93 (in marg.), a 122, F 70ᵛ, Nic. I 207 — E 54ᵛ.
B 129.
K 236.

1. γνόφου] γνόφων Nic.; — 3. σαλπίγγων] σαλπίγων D; φοβήσει B; — 4. αὐτοὺς ἔμελλεν omis. B; λαλείτω] λαλήτω F; — 5. δώσει B; νόμον] μόνον D A F; τῷ διὰ] τῶν διὰ F; — 6. οὕτω] οὕτως D A; — 7. ἐνωμότους] ἐνομότους A; τὰς omis. B.

30

XVI, 2 Εἶπε δὲ Σάρα πρὸς Ἄβραμ· ἰδοὺ δὴ συνέκλεισέ μοι κύριος τοῦ μὴ τίκτειν· εἴσελθε οὖν πρὸς τὴν παιδίσκην μου, ἵνα τεκνοποιήσωμαι ἐξ αὐτῆς. Ἐπήκουσε δὲ Ἀβρὰμ τῆς φωνῆς Σάρας.

ΔΙΟΔΩΡΟΥ.

Σάρρα παραδίδωσι τὴν ἑαυτῆς παιδίσκην τῷ Ἀβραὰμ τὴν φυσικὴν αὐτῆς ἀπαιδίαν παραμυθουμένη. Μὴ ἐμποδιζέσθω σοι, λέγουσα, δι' ἐμὲ τὸ τῆς τεκνογονίας· ἐμὸν τὸ σὸν τέκνον· εἰμὶ γάρ σοι μία σάρξ. Οὐκ
5 ἐλύπησεν τὴν Σάρραν ὁ Ἀβραὰμ τῇ ὑπακοῇ, τῆς ψυχῆς τὴν ἀνίαν ἐπικουφίζων, ἐκ τῆς Ἄγαρ παιδοποιήσας.

B 129ᵛ.

31

ΔΙΟΔΩΡΟΥ.

XVII, 14 « Καὶ ἀπερίτμητος », φησίν, « ἄρσην ὃς οὐ περιτμηθήσεται τὴν σάρκα τῆς ἀκροβυστίας αὐτοῦ τῇ ἡμέρᾳ τῇ ὀγδόῃ ἐξολοθρευθήσεται ἡ ψυχὴ ἐκείνη ἐκ τοῦ γένους αὐτῆς, ὅτι τὴν διαθήκην
5 μου διεσκέδασεν. »

Οὐκ ἐπειδὴ τὸ ἔργον τῆς περιτομῆς ἀναγκαῖον ἀλλ' ὅτι ἡ διαθήκη ἀθετεῖται, τοῦ σημείου δι' οὗ γνωρίζεται μὴ πληρουμένου.

Τί οὖν ὁ μὴ περιτμηθεὶς ἐξολοθρευθήσεται; καὶ πῶς τὸ βρέφος; τῶν γὰρ πατέρων ἐστὶ τὸ περιτεμεῖν τῇ ἡμέρᾳ τῇ ὀγδόῃ.
10 Ἀλλ' ὁ Σύρος οὕτως ἔχει· « πᾶς ὃς οὐ περιτέμνει ἐξολοθρευθήσεται ». καὶ ὁ Ἑβραῖος « πᾶς ὁ μὴ περιτέμνων ». Εἰ δὲ αὕτη Θεοῦ ἀπόφασις, πῶς οὐκ ἔδεισαν οἱ ἐξελθόντες ἐξ Αἰγύπτου ἐν μ' ἔτεσι μὴ περιτέμνοντες τοὺς ἐν τῇ ἐρήμῳ τεχθέντας; ἢ πῶς ξύλα μέν τις συλλέξας ἐν σαββάτῳ λιθάζεται καὶ ὁ λαὸς ὁ γογγύσας πίπτει καὶ
15 κατὰ μέρος ἀφανίζεται, οὐκ ἐμέμφθη δὲ ὁ μὴ περιτμηθείς; ἢ δῆλον ὅτι ἀπὸ περιτομῆς ἐβούλετο γνωρίζεσθαι τοὺς οἰκείους τοὺς ἐν μέσῳ ἀκροβύστων τότε τυγχάνοντας. Μετὰ ταῦτα δὲ ἐν ἐρήμῳ γενομένους καὶ τοῦ σημείου οὐ χρείαν ἔχοντας, — πάντες γὰρ ἐτύγχανον οἰκεῖοι τοῦ Θεοῦ, — οὐκ ἀπήτησε τὸ σημεῖον τῆς διαθήκης. Αὐτίκα δὲ μετὰ
20 ταῦτα ὁδηγηθέντας εἰς τὴν γῆν τῆς ἐπαγγελίας καὶ λοιπὸν τοῖς ἔθνεσιν ἐπιμιγνυμένους πάλιν ἀπαιτεῖ τὴν περιτομήν. Ἐπειδὴ γὰρ

ἀπὸ τῆς κατὰ τὴν πίστιν στάσεως οὐκ ἐγνωρίζοντο, καθάπερ ἄλογα ἀπὸ καυτῆρος αὐτοὺς ἐκ τῆς περιτομῆς ἐβούλετο γινώσκεσθαι, ἵνα ἡ περιαίρεσις τῆς σαρκὸς δεικνύῃ τὸ τῶν Ἰουδαίων ἐξαίρετον, ὃ τῆς
25 προαιρέσεως ἦν μεγίστη κατηγορία.

> D 90ᵛ — A 95, a 126, F 74, Nic I 226.
> B 133ᵛ.
> K 239, L 74ᵛ.

1. ΔΙΟΔΩΡΟΥ omis. F. — Sous le nom d'Eusèbe, B présente seulement les lignes 5 et 6 : οὐκ ἐπειδὴ,-- πληρουμένου. Cette particularité permet de ne pas accorder à son témoignage la même autorité qu'à celui des manuscrits de l'autre classe.
5. διεσχέδασεν] διεσκέδασαν Nic. ; — 7. ἀθετεῖται] ἀπαιτεῖται A ; γνωρίζεται] ἐγνωρίζετο F Nic. ; — 8. ὁ μὴ] ὁ omis. D ; — 12. <καὶ> πῶς A F Nic. ; — 13. μέν τις] μέντοι F ; — 15. ἐμέμφθη] ἐν μέμψει A ; ὁ μὴ] μὴ omis. Nic. ; — 18. ἔχοντας] ἔχοντος D : — 21. τὴν πίστιν] τὴν omis. D ; — 24. δεικνύῃ] δεικνύει F.

32

XIX, 31 Εἶπε δὲ ἡ πρεσβυτέρα πρὸς τὴν νεωτέραν· ὁ πατὴρ ἡμῶν πρεσβύτερος, καὶ οὐδείς ἐστιν ἐπὶ τῆς γῆς ὃς εἰσελεύσεται πρὸς ἡμᾶς ὡς καθήκει πάσῃ τῇ γῇ.

ΔΙΟΔΩΡΟΥ. *

Πόθων παραμυθίας· μεθύσκουσιν αἱ θυγατέρες τὸν πατέρα καὶ συγκαθεύδουσιν, ἀπολωλέναι τὸ ἀνθρώπινον γένος ὑποτοπήσασαι καὶ πυρὶ πάντα καταντηλῶσθαι.
5 Περσικὴν μῖξιν· ἐκείνων γὰρ τὸ μίγνυσθαι τοῖς γεννήμασιν. · ὅθεν ἦν Λώτ. Ὑποστάσαι δέει τοῦ μὴ τὴν ἀνθρωπείαν φύσιν ἀφανισθῆναι· κλέπτουσι τοῦ πατρὸς τὴν κοίτην μεθύοντος· ᾔδεισαν γὰρ νήφοντος τὴν σωφροσύνην.

> B 143.

33

Abimélec a été trompé sur Sara par Abraham ; celui-ci répond à ses reproches :

XX, 12 Καὶ γὰρ ἀληθῶς ἀδελφή μου ἐστὶν ἐκ πατρός, ἀλλ' οὐκ ἐκ μητρός· ἐγενήθη δέ μοι εἰς γυναῖκα.

ΔΙΟΔΩΡΟΥ.

Ἀδελφὴ γὰρ ἦν τοῦ Λώτ ἀδελφιδῆ δὲ τοῦ Ἀβραὰμ ὡς ὁ Ἰώσηπος ἱστορεῖ· τοὺς δὲ τοιούτους ἀδελφοὺς ἐκάλουν ὡς καὶ Λάβαν καλεῖ τὸν Ἰακώβ.

Nic. I 262.
B 145.

1. *ΠΡΟΚΟΠΙΟΥ Nic.
2. ἱστορεῖ| φησι Nic.

34

XXI, 6 Εἶπε δὲ Σάρρα· γέλωτά μοι ἐποίησε κύριος.

ΔΙΟΔΩΡΟΥ.

Γέλωτα νῦν τὴν εὐφροσύνην λέγει· τὸ δὲ ταύτης ἀσάλευτον δεικνύουσά φησι· « γέλωτά μοι ἐποίησε κύριος » · τὸ γὰρ τοῦ Θεοῦ ἔργον ἀκατάλυτον.

B 146.

35

Cf. XXI, 9-14 Renvoi de Agar et de son fils Ismael.

ΔΙΟΔΩΡΟΥ.

Εὖ δὲ ὁ ἀκούων ὅτι ἐπέθηκεν ἐπὶ τῶν ὤμων τῆς Ἀγὰρ ὁ Ἀβραὰμ τὸν ἀσκὸν τοῦ ὕδατος καὶ τοὺς ἄρτους καὶ τὸ παιδίον, μὴ νόμιζε τὸ παιδίον ἐπικεκαθηκέναι τοῖς ὤμοις τῆς μητρός· καὶ γὰρ ἦν ἤδη
5 πεντεκαιδεκαετές. Ἀλλ' ἄκουε τῆς ἀκολουθίας λεγούσης, « ἀνέστη δὲ Ἀβραὰμ τῷ πρωὶ καὶ ἔλαβεν ἄρτους καὶ ἀσκὸν ὕδατος καὶ ἔδωκεν Ἀγὰρ καὶ ἐπέθηκεν ἐπὶ τῶν ὤμων αὐτῆς» · καὶ τὸ παιδίον οὐχὶ ἐπέθηκεν ἀλλ' ἔδωκεν. Ἐκεῖνο γὰρ συνάπτεται τῷ, ἔδωκε καὶ τὸ παιδίον, οὐχὶ τῷ, ἐπέθηκεν ἐπὶ τῶν ὤμων αὐτῆς. Τάχα δὲ, ὅπερ καὶ ἀληθέστερόν
10 ἐστιν, οἱ κατ' ἐκεῖνον τὸν χρόνον πεντεκαιδεκαετεῖς βρέφη ἐτύγχα- νον, οἷς τεσσαρακονταετὴς καὶ πεντηκονταετὴς χρόνος τῆς ἡλικίας ἤκμαζεν εἰς τὸν τοῦ γάμου καιρόν. Λαβὲ γάρ μοι τὴν ἀναλογίαν ὅλης τῆς ζωῆς καὶ τοῦ κατὰ τὸν καιρὸν γάμου, καὶ οὐ θαυμάσεις εἰ ὁ πεντεκαιδεκαετὴς ἔτι βρέφος ἦν, τοῖς ὤμοις· τῆς γεννησάσης
15 ἐπιτιθέμενος.

Τισὶ δὲ ἔδοξε πονηρὸν ὄντα τὸν Ἰσμαὴλ κρίσει Θεοῦ ἀποβεβλῆ- σθαι. Διὰ γοῦν τοῦτο μηδὲν εἰληφέναι παρὰ τοῦ πατρός · καὶ μάρτυς Gal. IV, 29 ὁ Παῦλος λέγων « ἀλλ' ὥσπερ τότε ὁ κατὰ σάρκα ἐδίωκε τὸν κατὰ πνεῦμα ». Ὥστε καὶ ἡ Σάρρα οὐχ ἁπλῶς παίζοντα θεασαμένη τὸν

20 Ἰσμαὴλ μετὰ τοῦ Ἰσαὰκ ἐκινήθη, εἰ καὶ ἁπλούστερον λέγει αὐτὸ
Μωϋσῆς. Οὕτω καὶ ὁ Ἀβεννὴρ καὶ Ἰωὰβ ἀντιπαρετάξαντο, ὁ μὲν
ὑπὲρ τοῦ υἱοῦ Σαοὺλ, ὁ δὲ ὑπὲρ τοῦ Δαβίδ. « παιξάτωσάν φησι τὰ II. Rois II, 14
παιδία ἔμπροσθεν ἡμῶν » ἀντὶ τοῦ μαχεσάσθωσαν. Οὕτω τὸ παῖξαι
καὶ ἐπὶ μάχης λαμβάνειν εἴωθεν ἡ γραφή, καὶ ἐμπαῖξαι τὸ βία
25 συγκαθευδῆσαι.

D 100 — A 107, a 139, F 86, Nic. I 267, 269.
B 148.
K 246.

2. ὅ¹ D²; — 3. νόμιζε ⟨καὶ⟩ B; — 5. πεντεκαιδεκαετής F Nic., πεντεκαιδεκα
ετῶν A; — 6. τῷ πρωῒ] τὸ πρωὶ A; — 7. τὸν ὦμον B; παιδίον] παιδάριον F; . οὐχὶ] οὐχ
F Nic.; — 8. ἐκεῖνο] ἐκείνῳ D F Nic.; τῷ] τὸ D F Nic; — 9, οὐχὶ τῷ] οὐχὶ τὸ F B;
τὸν B; ⟨καὶ⟩ ὅπερ F; — 10. πεντεκαιδεκαετής F; — 11. τῆς ἡλικ. χρόν. B; —
12. ἀναλογίαν] ἀλογίαν F; — 16. Τισὶν Nic.; δὲ omis. Nic.; — 17. ὁ omis. B; —
20. αὐτὸ] αὐτῷ B; — 21. ⟨ὁ⟩ Μωυσῆς F Nic.; Ἀβεννὴρ] Ἀβενὴρ A; ἀντεπαρατά-
ξαντο B; — 22. ὑπὲρ] ὑπὸ A; τοῦ υἱοῦ] τοῦ omis. F Nic.; — 23. οὕτω] οὕτως F. Nic.,
οὕτως ⟨καὶ⟩ F; παῖξαι] παίζειν D; — 24-25. οὕτω τὸ παῖξαι -- συγκαθευδῆσαι omis B.

36

Cf. XXII Epreuve d'Abraham. Offrande d'Isaac.

ΔΙΟΔΩΡΟΥ.

« Καὶ ἐγένετο μετὰ τὰ ῥήματα ταῦτα ἐπείραζεν ὁ Θεὸς τὸν
Ἀβραάμ ». Μέλλων Μωϋσῆς ἱστορεῖν ὅτι ᾔτησεν ὁ Θεὸς θυσιασθῆναι
αὐτῷ τὸν Ἰσαὰκ, ἵνα μὴ ὑποπτεύσῃς ἀνθρώπου θυσίαν αὐτὸν ὀρέ-
5 γεσθαι, εὐθὺς ἀναγνοὺς διὰ τοῦτό φησιν « ἐπείραζεν » ἀντὶ τοῦ · οὐκ
ἀληθῶς ᾔτει, ἀλλὰ δόκιμον δεικνὺς αὐτοῦ τὴν πίστιν.

Καὶ μετ' ὀλίγα · « καὶ ἐκάλεσεν αὐτὸν ἄγγελος Κυρίου ἐξ οὐρανοῦ
καὶ εἶπεν αὐτῷ · Ἀβραὰμ Ἀβραάμ. Ὁ δὲ εἶπεν · ἰδοὺ ἐγώ. Εἶπε δὲ ·
μὴ ἐπιβάλῃς τὴν χεῖρά σου ἐπὶ τὸ παιδάριον. Νῦν γὰρ ἔγνων ὅτι
10 φοβῇ σὺ τὸν Θεόν. Καὶ οὐκ ἐφείσω τοῦ υἱοῦ σου τοῦ ἀγαπητοῦ
δι' ἐμέ. »

Ἄγγελος ἄρα κυρίου ἐξ οὐρανοῦ φησι, δηλαδὴ ὁ τῆς μεγάλης
βουλῆς ἄγγελος. Λέγει δὲ « νῦν ἔγνων » ὡς καὶ τὸ « καταβὰς ὄψομαι
εἰ κατὰ τὴν κραυγὴν αὐτῶν συντελοῦνται » τὸ περὶ Σοδόμων εἰρη- Gen. XVIII, 21
15 μένον. Ὥσπερ γὰρ ἐκεῖ οὐκ ἄγνοιαν εἰσάγει Θεοῦ ἀλλὰ δίκης
ἀκρίβειαν · πῶς γὰρ ἂν κατῆλθεν εἰ μὴ ἁμαρτωλοὺς ᾔδει; οὕτω νῦν
καὶ τὸ « ἔγνων » ἀντὶ τοῦ · νῦν ἔδειξας ἢ ἐγνώρισας ὅτι σὺ φοβῇ

τὸν Θεόν. Δοκεῖ δέ τισι μὴ τὸν Θεὸν ἀλλ' ἄγγελον εἰρηκέναι τὸ
« νῦν ἔγνων », ὡς ἀπὸ τοῦ Θεοῦ μὲν φθεγγόμενον, ὁμολογοῦντα
20 δὲ τὴν ἑαυτοῦ ἄγνοιαν καὶ ἐκ τῶν ἔργων γνωρίσαντα τὴν τοῦ
Ἀβραὰμ πίστιν. Ἄλλοι δέ φασι τὸ « νῦν ἔγνων » ἐν τῇ Ἑβραΐδι
ἐπαμφοτερίζειν, καὶ τοῦτο γὰρ σημαίνειν ἅμα· καὶ ὅτι νῦν ἐγνώρισας
ἀντὶ τοῦ· πᾶσιν ἔδειξας, καὶ ἐποίησας φανερόν.

« Καὶ ἰδοὺ κριὸς εἷς κατεχόμενος ἐν φυτῷ σαβὲκ ἐκ τῶν
25 κεράτων. »

Τὸ « ἐν φυτῷ » οὐκ ἔχει ὁ Σύρος, μόνον δὲ τὸ σαβέκ· τοῦτο δὲ
τὸ ὄνομα τοῦ φυτοῦ εἶναι νομίζω. Τοῖς δὲ Ἑβραίοις δοκεῖ τὸ σαβέκ
ἄφεσιν σημαίνειν· καὶ τοῦτο δὲ τοῦ μυστηρίου τοῦ σταυροῦ δηλω-
τικὸν ἂν εἴη.

30 Ἐπισημήνασθαι δὲ χρὴ ὅτι πολλάκις πρὸ τούτου τῷ Ἀβραὰμ
θυσίας προσαγηοχότι οὐδεπώποτε ὁ Θεὸς τόπον τῆς θυσίας ὑπέδειξεν
ἢ νῦν· « πορεύθητι γάρ φησιν εἰς τὴν γῆν τὴν ὑψηλὴν καὶ ἀνένεγκε
αὐτὸν εἰς ὁλοκάρπωσιν ὑφ' ἓν τῶν ὀρέων ὧν ἄν σοι εἴπω ». Μήποτε
οὖν ἐκεῖνον ὑπέδειξε τὸν τόπον ἔνθα καὶ ὁ Κύριος ἡμῶν ἐσταυρώθη ;
35 ἐπεὶ καὶ ὁ τύπος τοῦ πάθους αὐτοῦ ὁ Ἰσαάκ. Καὶ γὰρ τῇ γῇ τῶν
Φυλιστιαίων τὰ ὅρια παράκειται τῶν Ἱεροσολύμων.

D 202, A 108, a 141, F 84, Nic. I 275-283.
B fol. 154ᵛ, lign. 11-20 ; fol. 155, lign. 22-24.
K 247, L 80.

4. θυσίαν] θυσίας A ; lign. 7-10, v. 11-12, non propon. sub nomine Diodori Nic. ; —
9. χεῖρά] μάχαιράν A F ; — 11. κυρίου omis, F Nic. ; τῆς omis. B ; — 13-18. λέγει - - τὸν
Θεόν omis. B ; — 13. λέγει δὲ] δὲ omis. Nic. F ; καὶ omis. D F Nic. ; — 14. ἂν omis. F ;
— 17-19. post τὸ ἔγνων, ἀντὶ τοῦ - - τὸ νῦν ἔγνων omis. F ; — 18. θεὸν] υἱὸν D A B ; —
19. μὲν omis. F : — 20. γνωρίσαντα] ἐγνώρισε F ; — 21. τὸ] τὸν B ; — 23. φανερόν <οὐ γὰρ
ἄγνοιαν εἰσάγει θεοῦ, ἀλλὰ δίκης ἀκρίβειαν, ὡς τὸ κατέβη ἰδεῖν εἰ κατὰ τὴν κραυγὴν
αὐτῶν συντελοῦνται> B ; — 24. εἰς omis. F ; — 31. θυσίας] θυσίαν A F Nic. ; οὐδε-
πώποτε] οὐδέποτε Nic. ; — 35. ὁ τύπος] ὁ omis. A F Nic. ; — 36. Φυλιστιαίων] φυλισ-
ταίων A.

37

XXIV, 2 Καὶ εἶπεν Ἀβραὰμ τῷ παιδὶ αὐτοῦ τῷ πρεσβυτέρῳ τῆς
οἰκίας αὐτοῦ τῷ ἄρχοντι τῶν αὐτοῦ πάντων· θὲς τὴν χεῖρά σου
ὑπὸ τὸν μηρόν μου.

ΔΙΟΔΩΡΟΥ.

Τινές φασι τὸν Σύρον καὶ τὸν Ἑβραῖον μὴ οὕτως ἔχειν τὸ « θὲς
τὴν χεῖρά σου ἐπὶ τὸν μηρόν μου », ἀλλ' εἰς αὐτὸ τὸ παιδογόνον

ὄργανον, ἐπειδὴ τῆς διαδοχῆς ἡ εὐλογία τὸ αὐξάνεσθαι ἦν καὶ πλη-
5 θύνεσθαι, ὑπηρετεῖτο δὲ τῇ εὐλογίᾳ τὸ ὄργανον τὸ παιδοποιοῦν. Τοῦτο
δὲ καὶ τὸ σημεῖον τῆς διαθήκης ἐδέξατο, τὸ ἐκ τοῦ σπέρματος τοῦ
ἀβραμιαίου μέλλειν σαρκοῦσθαι τὸν Θεόν. Δικαίῳ [δὲ καὶ σώφρονι
οὐδὲν ἄσχημον μέλος, ἀδίκῳ δὲ πρὸ πάντων ἡ ψυχή.

D 106ᵛ — Α 112, a 146, F 94, Nic. I 289.
B 158ᵛ.
K 251.

4. τὸ αὐξάνεσθε ἦν καὶ τὸ πληθύνεσθε F, τὸ αὐξάνεσθε ἦν καὶ πλυθύνεσθε Nic.
4-7. δικαίῳ καὶ σώφρονι μέλος οὐδὲν αἰσχρόν· τῷ δὲ ἀδίκῳ καὶ ἡ ψυχὴ μεμίασται· ὅθεν φησίν· ἐξορκιῶ σε τὸν δεδωκότα μοι τὴν σφραγῖδα ταύτην· ἤδει γὰρ ὁ Ἀβραὰμ ὅσον ἀπαρέσκει Θεῷ ἡ πρὸς τὰ ἔθνη συνάφεια B.

38

XXV, 22 Καὶ συνέλαβε Ῥεβέκκα ἐν γαστρὶ ἡ γυνὴ αὐτοῦ. Ἐσκίρτων
δὲ τὰ παιδία ἐν αὐτῇ, εἶπε δέ· εἰ οὕτω μοι μέλλει γίνεσθαι ἵνα
τί μοι τοῦτο; ἐπορεύθη δὲ πυθέσθαι παρὰ κυρίου.

ΔΙΟΔΩΡΟΥ.

Ἐπορεύθη δὲ Ῥεβέκκα πυθέσθαι παρὰ κυρίου· ἢ πάντως ἐπειδὴ τοῖς
γνησίως προσευχομένοις ἀναχωρεῖν ἔθος καὶ ἰδιάζειν καὶ συλλέγειν
τὴν διάνοιαν εἰς τὸ τυχεῖν τῆς τοῦ Θεοῦ βοηθείας. Τινὲς δέ φασι
5 πρὸς τὸν Μελχισεδὲκ ἀπεληλυθέναι αὐτήν, στοχασμῷ μᾶλλον ἢ
ἀληθείᾳ χρώμενοι.

D 111, A 119 (in marg.), a 151ᵛ, F 100, Nic. I 311.
B 168.
K 254, L 81ᵛ.

2-4. Ἀπελθοῦσα καθ᾽ ἑαυτὴν ἡσύχαζε καὶ ταῖς δεήσεσι προσεκαρτέρει, παρακαλοῦσα τὸν θεὸν γνωρίσαι αὐτῇ τί σημαίνει τὰ σκιρτήματα. τινὲς δέ φασι... B ; — 2. <καὶ> πυθέσθαι Nic. ; ἐπειδὴ omis. F ; — 3. ἔθος καὶ ἰδιάζειν omis. F Nic.; — 5. αὐτὴν -- χρώμενοι omis. B.

39

XXV, 26 ... καὶ μετὰ τοῦτο ἐξῆλθεν ὁ ἀδελφὸς αὐτοῦ, καὶ ἡ χεὶρ
αὐτοῦ ἐπειλημμένη τῆς πτέρνης Ἡσαύ· καὶ ἐκάλεσε τὸ ὄνομα
αὐτοῦ Ἰακώβ.

ΔΙΟΔΩΡΟΥ.

Διὰ τί τῆς πτέρνης τοῦ Ἡσαὺ ἐπειλημμένος ὁ Ἰακὼβ τίκτεται ;
τοῦ Θεοῦ δεικνύντος ὅτι κρείττων τοῦ ἀδελφοῦ φανεὶς ἐν τοῖς τῆς

εὐσεβείας ἀγῶσι τὰ τῆς πρωτοτοκίας λήψεται βραβεῖα. Καὶ παλαιῶν
5 μὲν ἔξεισι τῆς γαστρός· εὔχετο γὰρ τῆς πτέργης. Εἰς δὲ τοὺς
αὐθαιρέτους ἀγῶνας παρελθών, εἴληφε τῆς τιμῆς τοὺς στεφάνους.

Καὶ μετ' ὀλίγα λάβοι δ' ἄν τις τὸ πρᾶγμα τύπον Ἰουδαίων τε καὶ
Χριστιανῶν· ὡς περὶ τούτου ὁ Ἀπόστολος τὰ κατὰ τὸν Ἰσραὴλ καὶ
τὸν Ἰσαάκ. Προσκρούει γὰρ ὁ πρεσβύτερος πανταχοῦ καὶ ἐκβάλλεται·
10 ὁ δὲ νέος εὐδοκιμεῖ καὶ κληρονόμος γίνεται.

D 112 — A 120, a 153, F 101, Nic. I 313 — E 71.
B 169ᵛ.
C 127, K 253, L 81ᵛ.

1. ΘΕΟΔΩΡΗΤΟΥ E.
2. τί] τοῦτο B C ; ἐπειλημμένος] ἐπειλημμένης Nic. ; — 3. τοῦ ἀδελφοῦ] τἀδελφοῦ B ;
— 6. παρέλθων] προσέλθων Nic.

40

XXV, 33 ἀπέδοτο δὲ Ἠσαῦ τὰ πρωτοτόκια αὐτοῦ.

ΔΙΟΔΩΡΟΥ.

Ἀνάξιος ἦν τῶν πρωτοτοκίων ὁ Ἠσαῦ, βίον ἀγριώτερον ζῶν καὶ
λυπῶν τοὺς γεννήσαντας.

D 112ᵛ — A 121, a 154, F 102, Nic. I 316.
B 171 (in marg.).
C 128ᵛ.

γεννήσαντας. <οἱ Ἰουδαῖοί φασι πρωτότοκον εἶναι τὸν Ἰακώβ. πρῶτος γὰρ ἐκ κοιλίας
πλάττεται ὁ δεύτερος γεννώμενος> F Nic. quæ non Diodoro tribuunt D A B.

41

Cf. XXVII, 18 et sq. Bénédiction de Jacob.

ΔΙΟΔΩΡΟΥ.

Διὰ τί οὐχ ὥσπερ ὁ Ἰσαὰκ τὸν Ἰακὼβ καὶ ὁ Ἰακὼβ τινας τῶν
υἱῶν ηὐλόγησεν, οὕτω καὶ ὁ Ἀβραὰμ τὸν Ἰσαάκ ;

Ἴσως ἐπειδὴ προσήχθη ἱερεῖον τῷ θεῷ καὶ γέγονεν αὐτῷ κειμή-
Gen. XXI, 12   5 λιον περὶ οὗ ἐλέγετο ὅτι « ἐν Ἰσαὰκ κληθήσεταί σοι σπέρμα », τὸ
τῆς διαδοχῆς δηλονότι· οὐ χρείαν ἔσχεν εὐλογίας ἔτι.

D 116 — A 124 (in marg.), a 159, F 106ᵛ, Nic. [336 — E 74ᵛ.
B 178.
K 258.

1. ΘΕΟΔΩΡΗΤΟΥ F Nic.

2. καὶ ὁ Ἰακώβ omis. F Nic. ; — 3. ηὐλόγησεν] εὐλόγησεν F Nic. ; — 4-6. Διὰ τί τὸν
Ἰσαὰκ ὁ ἀβραὰμ οὐ φαίνεται εὐλογήσας ὥσπερ ὁ ἰσαὰκ τὸν ἰακώβ καὶ ὁ ἰακώβ τοὺς
δώδεκα πατριάρχας. ἢ δῆλον ὡς ἀρχοῦσαν ἔχοντα εὐλογίαν τὴν τοῦ θεοῦ μαρτυρίαν οὗ
καὶ ἱερεῖον ἐγένετο B.

42

XXVII, 41 εἶπε δὲ Ἡσαὺ ἐν τῇ διανοίᾳ αὐτοῦ· ἐγγισάτωσαν αἱ
ἡμέραι τοῦ πένθους τοῦ πατρός μου ἵνα ἀποκτείνω Ἰακώβ τὸν
ἀδελφόν μου. Ἀπηγγέλη δὲ Ῥεβέκκᾳ τὰ ῥήματα Ἡσαύ.

ΔΙΟΔΩΡΟΥ.

Εἰ ἐν τῇ διανοίᾳ ὁ Ἡσαὺ ἠπείλησε, πῶς ἀπηγγέλη τῇ Ῥεβέκκᾳ ;
εἰ μὴ τοῦτο βούλεται λέγειν ὅτι ἔκρινεν ἀνελεῖν τὸν ἀδελφὸν καὶ
εἶπεν ἐν τῇ διανοίᾳ ἀντὶ τοῦ· ὥρισεν, οὐκ ἐν τῇ τοῦ θυμοῦ ὀξύτητι
5 φθεγξάμενος μετεμελήθη, ἀλλ' ἐπὶ τῆς καρδίας ἔσχε τὴν κατὰ τοῦ
ἀδελφοῦ μῆνιν, ἧς τὴν ἐπιμονὴν ἡ μήτηρ θεασαμένη τὸν εὐλογη-
θέντα υἱὸν ἀσφαλίζεται.

D 117ᵛ — A 126, a 162, F 109, Nic. I 342.
B 177ᵛ.
K 259, L 86.

3. εἰ μὴ omis. B ; καὶ omis. B ; — 5. μετεμελήθη] μετεβλήθη A F Nic. B ; — 6. ἡ
μήτηρ] ὁ πατήρ F.

43

Cf. XXVIII Vision de l'échelle.

ΔΙΟΔΩΡΟΥ.

Κλίμαξ ἐφάνη τῷ Ἰακώβ καὶ ἀγγέλων πλῆθος ἀνιόντων καὶ κατιόν-
των καὶ ὁ κύριος ἐστηριγμένος ἐπὶ τῆς κλίμακος. ἐδήλου δὲ τήν τε
κάθοδον τοῦ Ἰακώβ τὴν εἰς Μεσοποταμίαν καὶ τὴν ἐκεῖθεν ἐπάνοδον
5 καὶ τὴν δι' ἀγγέλου αὐτῷ χορηγηθησομένην βοήθειαν· πρὸ δὲ
πάντων, τὴν τοῦ κυρίου κάθοδον μετὰ ταῦτα ἐσομένην τοῦ ἐπὶ τῆς
κλίμακος ἐστηριγμένου τὴν ἐξ οὐρανῶν καὶ τὴν ἐπάνοδον.

D 119ᵛ — A 127 (in marg.), a 164, F 111, Nic. I 349.
B 179.
K 260.

5. ἀγγέλου] ἀγγέλων A F Nic. B ; — 6. τὴν omis B.

44

XXVIII, 18 καὶ ἀνέστη Ἰακὼβ τὸ πρωὶ καὶ ἔλαβε τὸν λίθον ὃν ὑπέθηκεν ἐκεῖ πρὸς κεφαλὴν αὐτοῦ καὶ ἔστησεν αὐτὸν στήλην καὶ ἐπέχεεν ἔλαιον ἐπὶ τὸ ἄκρον αὐτῆς, καὶ ἐκάλεσεν τὸ ὄνομα τοῦ τόπου ἐκείνου οἶκος Θεοῦ.

ΔΙΟΔΩΡΟΥ.

Ἐπέχεεν ὁ Ἰακὼβ ἔλαιον ἐπὶ τὸ ἄκρον τοῦ λίθου καὶ ἐκάλεσε τὸν τόπον οἶκος Θεοῦ. Ἦν δὲ τὸ πρᾶγμα τύπος τῆς μωσαικῆς σκηνῆς, ἣν κατασκευάσας καὶ ἀναστήσας ἔχρισεν.

> D 120 — A 128 (in marg.), a 164ʳ, F 111ʳ, Nic. 351 — E 77ʳ.
> B 179ʳ.
> G 187ʳ, K 261, L 86.

1. ΔΙΟΔΩΡΟΥ omis F, ΘΕΟΔΩΡΟΥ Nic.

45

XXVIII, 19 καὶ Οὐλαμμαοὺς ἦν ὄνομα τῇ πόλει τὸ πρότερον.

ΔΙΟΔΩΡΟΥ.

Ἡ Βαιθὴλ, Οὐαλὰμ λοὺζ πρότερον λεγομένη, διὰ τὴν τῷ Ἰακὼβ γενομένην ὀπτασίαν Βαιθὴλ ὀνομάσθη.

> D 120 — A 128 (in marg.), a 164ʳ, F 112ʳ.

1. ΔΙΟΔΩΡΟΥ] ΘΕΟΔΩΡΟΥ A.

2. Οὐαλὰμ λούζ] οὐλαμμαοὺζ F Nic. ; — 2-3. βαιθὴλ] βεθὴλ F Nic. ; τῷ] τοῦ D A

46

XXX, 40 τοὺς δὲ ἀμνοὺς διέστειλεν Ἰακὼβ καὶ ἔθηκεν ἐναντίον τῶν προβάτων κριὸν διάλευκον καὶ πᾶν ποικίλον ἐν τοῖς ἀμνοῖς.

ΔΙΟΔΩΡΟΥ.

Ἐπειδὴ δὲ ἐν τῇ Μεσοποταμίᾳ τὰ λευκὰ ζητεῖται πρόβατα καὶ αἱ μέλανες αἶγες, ἐν δὲ τῇ Παλαιστίνῃ τὸ ἐναντίον, πρὸς τὸ τῶν πατριαρχῶν συμφέρον οἰκονομεῖται τὰ προειρημένα.

> D 127 — A 136 (in marg.), a 174, Nic. I 376 — E 82.
> L 88ʳ.

1. ΔΙΟΔΩΡΟΥ] ΘΕΟΔΩΡΟΥ Nic.

47

cf. XXXI, 7 Jacob explique à Léa et à Rachel son conflit avec leur père.

ὁ δὲ πατὴρ ὑμῶν παρεκρούσατό με καὶ ἤλλαξε τὸν μισθόν μου τῶν δέκα ἀμνῶν.

ΔΙΟΔΩΡΟΥ.

Τουτέστι παρέβη καὶ ἤλλαξε τὸν μισθόν μου τῶν δέκα ἀμνάδων, ἀντὶ τοῦ· πολλάκις με ἠθέτησεν, ὡς διαβάλλων τὰς συνεχεῖς αὐτοῦ μεταβολὰς τῆς γνώμης τῆς περὶ αὐτόν.

B 190ʳ.

Cf. Nic. 1, 380, *sine nomine :* Ἰακὼβ ταῖς γυναιξὶν αὐτοῦ λέγει περὶ τοῦ Λάβαν « καὶ ἤλλαξε τὸν μισθόν μου τῶν δέκα ἀμνῶν ».

ὁ δὲ Σύρος ἔχει « καὶ ἤλλαξε τὸν μισθόν μου δεκάκις ἀριθμῷ » ἀντὶ τοῦ· πολλάκις με ἠθέτησε καὶ ἐν τῷ γάμῳ καὶ ἐν τῇ προτάσει περὶ τῶν τικτομένων προβάτων. Οὐ γὰρ δὴ δέκα προβάτων μισθὸς ἦν αὐτῷ ἀντὶ τῶν τοσούτων καμάτων. Ὅτι δὲ τὰς συνεχεῖς αὐτοῦ μεταβολὰς διαβάλλει, τὰ ἑξῆς δείκνυσι. Λέγει γὰρ « ἐὰν οὕτως εἴπῃ, τὰ ποικίλα ἔσται σοι μισθός, καὶ τέξεται πάντα τὰ πρόβατα ποικίλα· ἐὰν δὲ εἴπῃ, τὰ λευκὰ ἔσται σοι μισθὸς, καὶ τέξεται πάντα τὰ πρόβατα λευκά ». Δῆλον ὅτι οὐχ ἵστατο ἐπὶ τῆς αὐτῆς γνώμης.

48

Cf. XXXII, 24-28 Jacob envoie toute sa maison, au delà du torrent de Jabok, au-devant d'Esaü. Lui-même reste sur l'autre rive, très effrayé. Un ange, de forme humaine, lui apparaît, v. 24 : ὑπελείφθη δὲ Ἰακὼβ μόνος· καὶ ἐπάλαιεν ἄνθρωπος μετ' αὐτοῦ ἕως πρωί. Puis un colloque s'engage entre eux, v. 28 : εἶπε δὲ αὐτῷ· οὐ κληθήσεται ἔτι τὸ ὄνομά σου Ἰακώβ, ἀλλ' Ἰσραὴλ ἔσται τὸ ὄνομά σου· ὅτι ἐνίσχυσας, μετὰ τοῦ Θεοῦ καὶ μετὰ ἀνθρώπων δυνατός.

ΔΙΟΔΩΡΟΥ.

Ἐπειδὴ γὰρ τὸν Ἡσαῦ ἐφοβεῖτο, ἐπάλαισεν αὐτῷ ἵνα θαρρεῖν ἔχῃ. Διὸ καὶ ἀμέλει ἐπάγει· « ἐνίσχυσας μετὰ Θεοῦ καὶ μετὰ ἀνθρώπων

δυνατὸς ἔσῃ ». Ἄνθρωπον μὲν λέγει ὅτι οὕτως ἐφαίνετο ὁ ἄγγελὸς,
5 Θεὸν δὲ ὅτι πρόσταγμα Θεοῦ κομίζει.

> D 133ʳ — A 142, a 182, Nic. I 396.
> B 198ʳ.
> K 271.

1. ΔΙΟΔΩΡΟΥ] omis A K ; ΚΥΡΙΛΛΟΥ Nic. Les *Glaphyra* de saint Cyrille ont fourni
une bonne partie des commentaires de ce chapitre. Après les avoir consultés, on
peut affirmer que les lignes que nous publions ne leur appartiennent pas (Migne,
P. G., col. 263-283). Il faut donc rejeter l'attribution qui en est faite dans l'édition
de Nicéphore. D'autre part, la concordance de D et de B forme un témoignage
décisif. On peut décrire l'accident qui s'est produit, si l'on admet notre hypothèse
que la disposition des fragments (une partie dans le corps de la page, l'autre partie
dans la marge), telle que nous la voyons encore dans A, est chronologiquement
antérieure à la disposition de D ou de Nic. où tous sont sériés en chapelet. Voici
l'aspect de A à cet endroit.

en marge :	en page :
a. ΚΥΡΙΛΛΟΥ Τοῖς μὲν γὰρ ἐν νυκτί τε καὶ σκότῳ... διανέμει δὲ μᾶλλον εὐλογίας πνευματικάς.	1. ΚΥΡΙΛΛΟΥ. Πρὸς μὲν τοὺς διαβαίνοντας τὸν Ἰορδανὴν... δοκῶν τοῦ πάντα ἰσχύοντος Θεοῦ.
b. Sine lemm. Ἐπειδὴ τὸν Ἡσαὺ... ὅτι πρόσταγμα Θεοῦ κομίζει.	2. ΤΟΥ ΑΥΤΟΥ. Ἐμαχέσατο τοίνυν ὁ Ἰσραὴλ τῷ Χριστῷ... ὁ Θεός μου, πρὸς σὲ ὀρθρίζω.
	3. ΘΕΟΔΩΡΗΤΟΥ. Δεδιότι τὸν ἀδελφὸν θάρσος... καὶ Θεὸς ἐπεφάνη κἀνταῦθα τῷ Ἰακώβ.
	4. ΔΙΟΔΩΡΟΥ. Τοῦ Λαβὰν ἀπαλλαγείς... τὸ δὲ τῆς φύσεως.

Voici l'ordre des fragments dans Par. Gr. 129 : 1, a, 2, 3, 4, un fragment de
Gennadius, b.

Si l'on parcourt le texte de saint Cyrille d'où sont tirés les extraits qui lui appartiennent dans cette partie de la chaîne, la dernière homélie du livre Vᵉ des *Glaphyra in
Genesim* (Mign. P. G. LXIX, col. 263-283), un premier fait curieux peut être relevé
dans l'ordre du Par. Gr. 129. Les fragments 1 et 2 appartiennent l'un et l'autre à cette
homélie et se suivent de très près dans le texte (col. 269 C₉ et col. 272 A₁₀). Il est
étrange que le fragment a qu'on ne retrouve pas dans cette homélie ait été intercalé entre les deux premiers. Si l'on admet que la disposition de Gr. 129 est postérieure à celle de Gr. 128, et qu'un scribe a fait entrer inintelligemment dans la
page les fragments qui se trouvaient primitivement en marge, on peut s'expliquer
cette anomalie. Dans la même hypothèse, il est facile de se représenter que la faute
ait été commise d'attribuer le fragment b à Cyrille (manuscrit de Nicéphore où les
fragments 2 et b n'en forment plus qu'un seul).

49

XXXVII, 2 κατήνεγκαν δὲ Ἰωσὴφ ψόγον πονηρὸν πρὸς Ἰσραὴλ
τὸν πατέρα αὐτοῦ.

ΔΙΟΔΩΡΟΥ.

Ἀκύλας καὶ Σύμμαχος, ἔτι δὲ καὶ ὁ Σύρος ἀντὶ τοῦ « κατήνεγκαν » « κατήνεγκεν » ἔχουσι, τουτέστιν· ὁ Ἰωσὴφ διέβαλε τοὺς

ἀδελφοὺς τῷ πατρί, ὡς οὐκ εὐτάκτους ὄντας · ·ὅθεν καὶ ἐμισήθη,
5 παρ' αὐτῶν.

D 140 — A 150, a 193, Nic. I 423.
B 212ᵛ.
G 190, K 274.

1. ΔΙΟΔΩΡΟΥ omis D A Nic.

1. Ἀκύλας καὶ Σύμμαχος ἔτι δὲ καὶ omis D A Nic. ; ὁ σύρος <καὶ ὁ ἑβραῖος> D A
Nic. ; — 2 ἔχουσι] ἔχει B ; — 5. παρ' αὐτῶν. <τῇ δὲ ἑλληνικῇ γραφῇ συναγωνίζεται τὸ
εἰρημένον κάτω· εἰς ὃν διαβουλευσάμενοι ἐλοιδόρουν> B.

50

ΔΙΟΔΩΡΟΥ.

XXXVIII, 1 « Εἶπε δὲ Ἰούδας τῷ Αὐνάν · εἴσελθε εἰς τὴν γυναῖκα
τοῦ ἀδελφοῦ σου καὶ ἐπιγάμβρευσαι αὐτὴν καὶ ἀνάστησον σπέρμα
τῷ ἀδελφῷ σου. »

5 Τοῦτο καὶ διὰ Μωϋσέως ὕστερον ὁ Θεὸς προστάττει. Μήποτε οὖν
ἤδη, ἐδεδώκει τὸν νόμον τοῦτον : λέγει γὰρ καὶ τῷ Ἀβραὰμ διαλε-
γόμενος αὐτῷ · « ᾔδειν γὰρ ὅτι συντάξει τοῖς τέκνοις αὐτοῦ Ἀβραὰμ   Gen. XVIII, 19
καὶ τῷ οἴκῳ αὐτοῦ μετ' αὐτῶν, καὶ φυλάξουσι τὰς ὁδοὺς κυρίου
τοῦ Θεοῦ δικαιοσύνην ποιεῖν καὶ κρίσιν ». Τὸ δὲ ἀνιστᾶν σπέρμα τῷ
10 ἀδελφῷ τοῖς πενθοῦσι παρέσχε παραμυθίαν ὅτε οὔπω ἐδέδωτο τῆς ἐκ
νεκρῶν ἀναστάσεως φανερὰ ἡ ἐπαγγελία.

D 143ᵛ — A 153, a 197, Nic. I 436.
B 220.
K 277. L 94.

2-4. omis. B : — 2. εἰς] πρὸς Nic. ; — 5. ὕστερον ὁ θεὸς] ὁ θεὸς ὕστερον Nic. ;
προστάττει <τὸ ἀνιστᾶν.., lign. 9-11... ἐπαγγελία> B ; — 6. τοῦτον <τῷ ἀβραὰμ> B ;
καὶ ἀνωτέρω B ; — 7. αὐτῷ omis. B ; ᾔδειν] ᾔδει D ; — 8. αὐτῶν] αὐτὸν Nic. B ; καὶ
omis. B ; φυλάξουσι] φυλάσσειν B ; — 9. <καὶ> δικαιοσύνην B ; — 10. ἐδέδωτο]
ἐδέδοτο Nic.

51

XXXVIII, 18 ὁ δὲ εἶπεν · τίνα τὸν ἀρραβῶνά σοι δώσω ; ἡ δὲ εἶπεν ·
τὸν δακτύλιόν σου καὶ τὸν ὁρμίσκον καὶ τὴν ῥάβδον τὴν ἐν τῇ
χειρί σου. καὶ ἔδωκεν αὐτῇ...

ΔΙΟΔΩΡΟΥ·

Τὸν ὁρμίσκον, ὃν δέδωκεν Ἰούδας τῇ Θάμαρ, ὁ Σύρος «ὡράριον»
λέγεσθαί φησι καὶ οὐχ «ὁρμίσκον» · Σύμμαχος δὲ «στρεπτὸν
ἐγχειρίδιον».

In mss. D A a, iisdem locis quam supra. Nic. I 440 — E 95.
B 221*.

1. ΓΕΝΝΑΔΙΟΥ Ε.
2. <5> Ἰούδας A Nic. ; ὃν-- θάμαρ omis. B ; — 3. σύμμαχος-- ἐγχειρίδιον omis. B.

52

XXXVIII, 27 ἐγένετο δὲ ἡνίκα ἔτεκεν καὶ τῇδέ ἦν δίδυμα ἐν τῇ
γαστρὶ αὐτῆς...

ΔΙΟΔΩΡΟΥ.

Τῆς Θάμαρ τὰ δίδυμα τικτούσης, τοῦ τε Ζαρὰ τὴν χεῖρα προεξα-
γαγόντος, ἐν τῷ δακτύλῳ ῥάμμα κόκκινον ἔδησεν ἡ μαῖα, τίνος
ἕνεκεν ;

5 Ἐπειδὴ συμβαίνει τὰ δίδυμα τὴν ὁμοιότητα ἀπαραλλάκτως ἔχειν,
ἵνα γινώσκηται ἐν τοῖς τεχθεῖσιν ὁ πρωτότοκος. Ἐπειδὴ δὲ συστεί-
λαντος τοῦ Ζαρὰ τὴν χεῖρα, Φαρὲς προεξῆλθεν, ὥσπερ διὰ φραγμοῦ
τοῦ Ζαρὰ διαβαίνων, φησὶ πρὸς τὸν Ζαρὰ ἡ μαῖα «τί διεκόπη διὰ σὲ
φραγμός» ; εἰ δὲ καὶ πρὸς τὸν Φαρές, ὥσπερ φραγμῷ τῷ ἀδελφῷ
10 χρησάμενον καὶ τοῦτον διακόψαντα, εἴρηται, τὴν αὐτὴν ἔχει ἔννοιαν.

Ὁ δὲ Σύρος καὶ ὁ Ἑβραῖός φασι «τί διεκόπη ἐπὶ σὲ διακοπή ; »
ὃ μᾶλλον ἂν εἰκότως τῷ Ζαρὰ λέγοιτο.

Δεῖ δὲ ἐπισημήνασθαι ὅτι ἡ μὲν φύσις τὸν Ζαρὰ πρωτότοκον
ἐποίει προεξενεγκόντα τὴν χεῖρα · ὁ δὲ Θεὸς τῷ Φαρὲς παρέσχετο
15 τὸ ἀξίωμα. Ἐξ οὗ ὁ Δαβὶδ καὶ τὸ βασιλικὸν γένος καὶ τὸ κατὰ
σάρκα ὁ κύριος.

In mss. iisdem locis quam supra. Nic. I 443.

9. <τὸν> ὥσπερ A Nic. ; — 12. ἂν omis. A ; — 14. παρέσχετο τὸ] παρέσχε τῷ A
Nic. ; — 15. τὸ κατὰ] τὸ supr. vers. D ; τὸ omis. A ; — 4-5. in margine <σημείωσαι
ὅτι τὰ δίδυμα ἀπαραλλαξίαν ἔχουσι κατὰ τὴν ὁμοιότητα τῆς μορφῆς> D.

53

XXXIX, 2 καὶ ἦν κύριος μετὰ Ἰωσήφ· καὶ ἦν ἀνὴρ ἐπιτυγχάνων.

ΔΙΟΔΩΡΟΥ.

« ἦν γάρ φησιν ἀνὴρ ἐπιτυγχάνων ».

ἢ κατὰ τὸν Σύρον « κατευοδούμενος »· οὐ γὰρ μόνον ὡς σοφὸς ἐπέβαλλε τοῖς αἰνίγμασιν, ἀλλὰ καὶ οἷα ὑπὸ τοῦ Θεοῦ ὁδηγούμενος.

D 146 — A 156, a 201, Nic. I 447.
G.

3. ἐπέβαλε Nic. ; — 4. τοῦ omis. A.

54

XLIV, 5 ἵνα τί ἐκλέψατέ μου τὸ κόνδυ τὸ ἀργυροῦν; οὐ τοῦτό ἐστιν ἐν ᾧ πίνει ὁ κύριός μου ; αὐτὸς δὲ οἰωνισμῷ οἰωνίζεται ἐν αὐτῷ.

ΔΙΟΔΩΡΟΥ.

Κόνδυ μὲν τὸ λεγόμενον ἀπλοποτήριον λέγει· τὸ δὲ « οἰωνισμῷ οἰωνίζεται ἐν αὐτῷ »,· τοῦτό φησιν ὅτι ἔγκριτον, ὡς ἄρχοντος, τοῦτό ἐστιν αὐτῷ παρὰ τοῖς συνεστιωμένοις αὐτῷ τὸ ποτήριον. ἔχει τοίνυν
5 σύμβολον ὥσπερ αὐτὸ τῆς ἀρχῆς καὶ τὴν περὶ τὸ αὐτὸ ῥᾳδιουργίαν ἡγεῖται τῆς ἀρχῆς αὐτοῦ πάσης ἐπιβουλήν.

D 146 — A 156, a 201, Nic. I 478.
G, K 283.

1. ΘΕΟΔΩΡΟΥ Nic.

2. ἀπλοποτίον Nic. ; — 4. συνεστιομένοις D A ; αὐτῷ²] αὐτὸ Nic. ; — 5-6. post ἀρχῆς, καὶ τὴν - - ἀρχῆς omis. Nic.

55

XLVII, 31 καὶ εἶπεν αὐτῷ· ὄμοσόν μοι. Καὶ ὤμοσεν αὐτῷ καὶ προσεκύνησεν Ἰσραὴλ ἐπὶ τὸ ἄκρον τῆς ῥάβδου αὐτοῦ.

ΔΙΟΔΩΡΟΥ.

Ῥάβδον μὲν ὁ Ἰακὼβ εἶχεν οἷα δὴ γέρων.

Πότερον δὲ αὐτὸς ὁ Ἰακώβ, γέρων ὢν καὶ δυσκινήτως ἔχων, τοῦ ἄκρου ἁψάμενος τῆς ῥάβδου, Ἰωσὴφ κατεφίλησεν, αὐτὸ τῆς ῥάβδου τὸ
5 μέρος οὗ ἥψατο, ἢ ὁ Ἰωσὴφ προσκυνήσας τῷ πατρὶ ἥψατο τοῦ

ἄκρου τῆς ῥάβδου διὰ τὸ πολὺ κατακύψαι ἕως τῆς γῆς, φανερῶς οὐκ
εἴρηκεν· ἢ τῷ Θεῷ προσκυνήσας ὁ Ἰακὼβ τοῦ ἄκρου τῆς ῥάβδου
ἥψατο διὰ τὸ γῆρας, ὡς ὁ Δαβίδ, τοῦ Σαλομῶντος βασιλεύσαντος,
εὐχαριστῶν ἐπὶ τῆς κλίνης ἐφ' ἧς ἔκειτο τῷ Θεῷ προσεκύνησεν.

D 157* — A 169 (in marg.), a 216, Nic. 500.
G.

3. Πότερον] πρότερον Nic. ; — 4. ἀψάμενος τῆς ῥάβδου] τῆς ῥάβδου ἀψάμενος A Nic. ;
Ἰωσὴφ] <τοῦ> Ἰωσὴφ A, omis Nic. ; — 5. ἢ ὁ] ὁ omis A ; — 8. ὡς <καὶ> Nic.

56

Cf. XLIX Bénédiction prophétique de Jacob.

v. 3-4 Ῥουβὴν πρωτότοκός μου, σὺ ἰσχύς μου καὶ ἀρχὴ τέκνων
μου · σκληρὸς φέρεσθαι καὶ σκληρὸς αὐθάδης. Ἐξύβρισας ὡς
ὕδωρ, μὴ ἐκζέσῃς.

ΔΙΟΔΩΡΟΥ.

Ὁ Σύρος ἔχει· « Ῥουβὶμ πρωτότοκός μου, ἡ δύναμίς μου καὶ ἡ
ἀρχὴ τῆς ἰσχύος · ἐπλανήθης ὡς ὕδωρ, μὴ παραμείνῃς » ἀντὶ τοῦ ·
« μὴ ζήσῃς ».

5 Εἰ τῆς ἀκολασίας ὁ φθόνος χείρων, πάντες οἱ ἀδελφοὶ πλὴν τοῦ
Ῥουβὶμ φιλέχθρως μὲν ἀνελόντες τὸν Ἰωσήφ, μικροῦ δὲ ἀποδόμενοι
πῶς οὐ δέχονται τὴν κατάραν ;

Τοῦτο πρόρρησίς ἐστι μᾶλλον ἐν κατάρας σχήματι.

Ἀλλ' ἐὰν πρόρρησις, πῶς οὐκ ἐκβαίνει τὸ ἔργον; ζῇ γὰρ ἡ φυλὴ
10 Ῥουβὶμ καὶ κληρονομεῖ τὴν γῆν πρώτη τῶν ἄλλων φυλῶν.

Ἴσως οὖν ἐπειδὴ Μωϋσῆς καὶ αὐτὸς περὶ τὴν τελευτὴν προλέγων
Deut. XXXIII, 6 περὶ τῶν φυλῶν· « ζήτω, φησί, Ῥουβὶμ καὶ μὴ ἀποθανέτω », ἀντὶ τοῦ·
μὴ ὑποκείσθω τῇ κατάρᾳ τοῦ πατρὸς τῇ λεγούσῃ· μὴ ζήσῃ. Ἔδει
μὲν γὰρ τὸν πατέρα ἀδικηθέντα εἰς κοίτην καταρᾶσθαι τῷ παιδὶ
15 φοβοῦντα τοὺς ἑξῆς. Ἔδει δὲ τὸν Μωσέα τὸν παρανόμου κοίτης ἕνεκεν
καταραθέντα, τῆς κατάρας ἀπαλλάξαι διὰ τὴν εἰς τὸν Ἰωσὴφ φειδώ.

Ἀλλ' ἐρεῖ τις, εἰ ἡ κατάρα τοῦ Ἰακὼβ οὐ προχωρεῖ κατὰ τοῦ
Ῥουβὶμ, πῶς λέγει « συνάχθητε ἵνα ἀπαγγείλω ὑμῖν· τί ἀπαντήσε-
ται ὑμῖν » : τοῦτο γὰρ ψευδοπροφήτου μᾶλλόν ἐστιν.
Jon. III, 4 20 Ἀλλ' ἐροῦμεν τῷ ταῦτα λέγοντι ὅτι καὶ ὁ Θεὸς αὐτὸς « ἔτι τρεῖς
ἡμέραι. λέγων, καὶ Νινευὴ καταστραφήσεται » διὰ τῆς καθ'. ὧν

ἠπείλησε μετανοίας ἀνακαλεῖται τὴν ἀπόφασιν, ὡς καὶ διὰ Μωϋσέως τὴν τοῦ Ἰακὼβ κατὰ τοῦ Ῥουβὶμ κατάραν.

D 162, — A 174, a 222ᵛ, Nic. I 509, — E 110ᵛ.
B 253ᵛ.
K 286, L 102ᵛ.

1. ΘΕΟΔΩΡΗΤΟΥ Ε.

2. ἤ² omis B ; — 5. εἰ τῆς ἀκολασίας ὁ φθόνος χείρων omis Nic., ὁ φόνος χείρον A ; — 6. φιλέχθρως μὲν-- μικροῦ δὲ ἀποδόμενοι| μικροῦ μὲν-- ἀνελόντες φιλανθρώπως δὲ ἀποδό-μενοι D A B, μικροῦ μὲν-- φιλανθρώπως δὲ ἀποδεχόμενοι Nic., μὴ ἀνελόντος-- φιλανθρ. δὲ ἀποδόμενοι E ; — 8. τοῦτο| οὔπω B ; — 9. πρόρρησίς <ἐστι μᾶλλον> B ; 10. ρουβὴν B ; — 11. μωσῆς B ; — 12. ρουβὴν B ; — 14. καταράσασθαι B ; — 15. Ἔδει δὲ| ἔδει γὰρ A ; παράνομοι B ; — 17. ἐρεῖ τις omis. B ; — 18. ρουβὴν B ; ἀπαγγείλω| ἀναγγείλω A ; ὑμῖν omis. B ; — 20. τῷ-- λέγοντι omis. B ; ὁ omis. B ; τρεῖς ἔτι Nic. ; — 21, λέγων omis. D B ; — 23. κατὰ <τὴν> D ; ρουβὴν B.

57

ΔΙΟΔΩΡΟΥ.

In idem v. 8 « Ἰούδα σὲ αἰνέσαισαν οἱ ἀδελφοί σου » καὶ τὰ ἑξῆς.

Ὥσπερ τῷ Ῥουβὶμ καὶ τῷ Συμεὼν καὶ τῷ Λευὶ προλέγων, οὐκ αὐτοῖς τὰ συμβησόμενα ἀλλὰ ταῖς ἐξ αὐτῶν φυλαῖς προαγορεύει,
5 οὕτω καὶ τὴν τοῦ Ἰούδα φυλὴν, Ἰούδα ὀνομάζει, τὴν ἐκ τοῦ Ἰούδα, οὐ περὶ τοῦ Κυρίου λέγων νῦν ὥς τινες οἴονται, ἀλλὰ τῆς βασιλευούσης τῶν ἄλλων φυλῆς.

Γ. 9 « Σκύμνος λέοντος Ἰούδα
ἐκ βλαστοῦ υἱέ μου ἀνέβης. »

10 Τὸ ἰσχυρὸν λέοντι παραβάλλει, τὴν δὲ ὀξεῖαν εἰς πλῆθος ἐπίδοσιν, εὐεργεῖ βλαστήματι.

Ε. 9 « ἀναπεσὼν ἐκοιμήθης ὡς λέων καὶ ὡς σκύμνος·
τίς ἐγερεῖ αὐτόν ; »

Νῦν κοίμησιν λέγει τὴν κληρονομίαν τῆς ἀπονεμηθείσης τῷ Ἰούδα
15 γῆς ὡς καὶ ὁ Δαβίδ · « ἐὰν κοιμηθῆτε ἀνὰ μέσον τῶν κλήρων » Ps. LXVII, 13
τουτέστιν ἀναπαύθητε καὶ τοὺς κλήρους ἀπολάβητε. Τὸν γὰρ προσή-κοντα κλῆρον αὐτῷ εἰληφὼς ὁ Ἰούδας καὶ καταπαύσας καὶ ὥσπερ κοιμηθεὶς ἐκ τῶν πολλῶν πόνων τῶν προειληφότων, καθάπερ λέων ἀναπεσών; πλατύτερος γέγονε καὶ λέοντος φοβερώτερος· ὃν ἀναστῆσαι
20 τῶν δυσχερῶν ἐστι.

Ἄχρι τούτου περὶ τῆς φυλῆς εἰπών, ἐντεῦθεν ἕτερόν τι βούλεται λέγειν.

v. 10 « οὐκ ἐκλείψει γάρ φησιν ἄρχων ἐξ Ἰούδα », καὶ τὰ ἑξῆς.

Ἄλλος γὰρ ἄρα Ἰούδας, ἄλλοι δὲ οἱ ἄρχοντες οἱ ἐκ τοῦ Ἰούδα, 25 ἕτερος ἡ προσδοκία τῶν ἐθνῶν· οὗ ἐλθόντος, ἐπέλιπον οἱ ἄρχοντες οἱ ἐξ Ἰούδα. Τίς οὖν ὁ Ἰούδας; ἡ φυλή. Τίνες δὲ οἱ ἄρχοντες; οἱ βασιλεῖς. Τίς ἡ προσδοκία τῶν ἐθνῶν; ὁ κύριος. Τί οὖν ἕως τῆς τοῦ σωτῆρος παρουσίας βασιλεῖς ἦσαν οἱ ἐκ τῆς φυλῆς Ἰούδα; ἀλλ' οὐδεὶς φαίνεται τῶν Ἰσραηλιτῶν ἄρξας μετὰ τὸν Ζοροβάβελ ἐκ φυλῆς 30 Ἰούδα. Πρὸ γὰρ τοῦ κυρίου φανερώτατοι οἱ ἀπὸ Μωδεεὶμ τῆς κώμης Ἀσαμωναῖοι τῆς λευιτικῆς φυλῆς τυγχάνοντες ἦρξαν τοῦ λαοῦ καὶ τελευταῖον ἐβασίλευσαν. Πῶς οὖν σωθήσεται τὸ « οὐκ ἐκλείψει ἄρχων ἐξ Ἰούδα καὶ ἡγούμενος ἐκ τῶν μηρῶν αὐτοῦ ἕως ἂν ἔλθῃ ᾧ ἀπόκειται » ; εἰ μὴ οὕτω νοηθείη ὅτι ἐξ Ἰούδα οὐκ ἐκλείψει ἄρχων, 35 τουτέστιν ἡ φυλὴ ἄρχουσα καὶ κρατοῦσα καὶ μείζων τῶν ἄλλων οὖσα ἕως ἂν ἔλθῃ ὁ κύριος. Ὅτι δὲ τὴν φυλὴν ἄρχοντα λέγει ὁ Μωϋσῆς, ἀλλ' οὐ τοὺς ἐν αὐτῇ βασιλεύσαντας, μάρτυς ὁ Ἀκύλας « σκῆπτρον » εἰρηκὼς ἀντὶ τοῦ· « ἄρχων ». Σκῆπτρον δὲ ἡ φυλὴ ὀνομάζεται. Καὶ γὰρ ἀληθῶς τὸ κατὰ τῶν ἄλλων ἀξίωμα διετέλεσεν ἔχουσα ἡ φυλὴ Ἰούδα 40 τὸν πλείονα χρόνον καὶ τὸν ναὸν ἔχουσα καὶ τὴν κιβωτόν, καὶ πᾶσαν τὴν λατρείαν, ἕως ἀπειθήσασα τῷ κυρίῳ σὺν ταῖς ἄλλαις ἠχμαλωτίσθη ὑπὸ τῶν Ῥωμαίων.

v. 11 « Δεσμεύων πρὸς ἄμπελον τὸν πῶλον αὐτοῦ
καὶ τῇ ἕλικι τῆς ἀμπέλου τὸν πῶλον τῆς ὄνου αὐτοῦ. »

45 Τινές φασιν, ἐπειδὴ ὁ κύριος ἀπέστειλε τοὺς μαθητὰς τὸν πῶλον ἀγαγεῖν ἐφ' οὗ καθίσας εἰσῆλθεν εἰς τὰ Ἱεροσόλυμα, προλέγεσθαι ταῦτα παρὰ τοῦ Ἰακώβ· ἕτεροι δέ, ὅπερ καὶ ἀληθέστερον κατὰ τὴν Is. V, 7 ἀκολουθίαν εἶναι δοκεῖ τοῖς πολλοῖς, ὅτι ἄμπελος ὁ Ἰσραήλ· « ὁ γὰρ ἀμπελὼν κυρίου σαβαὼθ οἶκος τοῦ Ἰσραήλ ἐστιν ». Ὄνος δὲ καὶ 50 πῶλος, οἱ τοῖς κτήνεσι τοῖς ἀνοήτοις ὁμοιωθέντες. Τὰ γὰρ ἔθνη συνέδησεν ὁ κύριος τῷ ἀμπελῶνι καὶ προσέδησε τῷ Ἰσραήλ. Ἕτεροι δὲ λέγουσι τὸ δυνατὸν τῆς τοῦ σωτῆρος διδαχῆς εἰς τὸ ἥμερον ἀγούσης τὸ ἐν ἀνθρώποις ἄγριον προλέγεσθαι καὶ τὸ ἐγκρατὲς τῶν διδασκομένων, οὐχ οἷόν τε γὰρ πῶλον ἀμπέλῳ προσδεσμευθέντα μὴ

55 λυμήνασθαι τῇ σταφυλῇ, ἀλλ᾽ ὁ σωτήρ, φησί, προσδήσει τῇ ἀμπέλῳ τὸν πῶλον, οὕτως ἡμερώσας αὐτοῦ τὰ σκιρτήματα καὶ τὰς τῆς
γαστρὸς ἀλόγους ὁρμὰς ὡς μηδὲν βλάπτεσθαι τὴν ἄμπελον ἐξ αὐτοῦ. Is. XLII, 2
Ὅμοιον τὸ « οὐκ ἐρίσει οὐδὲ κραυγάσει οὐδὲ ἀκουσθήσεται ἐν ταῖς
πλατείαις ἡ φωνὴ αὐτοῦ. Κάλαμον συντετριμμένον οὐ κατεάξει καὶ
60 λίνον τυφόμενον οὐ σβέσει ». Ὥσπερ οὖν αὐτὸς ταῦτα, οὕτω καὶ οἱ
πρότερον μὲν κτηνώδεις, ὑπὸ δὲ τῆς εἰς αὐτὸν πίστεως φωτισθέντες,
δεσμευθέντες πρὸς ἄμπελον, οὐ βλάψουσι.

Ταῦτα ἡμεῖς οὐ διισχυριζόμεθα, ἀλλὰ τὸ φανὲν κρεῖττον τοῖς
ἐντυγχάνουσι καταλείψομεν · εἰδέναι μέντοι αὐτοὺς ἀξιοῦντες ὅτι τοῦ
65 ἀλληγορικοῦ τὸ ἱστορικὸν πλεῖστον ὅσον προτιμῶμεν.

v. 11 « πλυνεῖ ἐν οἴνῳ τὴν στολὴν αὐτοῦ. »

Οὐ μόνον, φησί, τοὺς κτηνώδεις ἡμερώσει, ἀλλὰ καὶ διὰ τῶν
ἐναντίων τἀναντία δυνήσεται. Αἷμα σταφυλῆς βάπτει τὰ ἱμάτια.
Τούτῳ τῷ αἵματι τῷ βάπτοντι καὶ σπιλοῦντι « πλυνεῖ, φησί, τὴν
70 στολὴν αὐτοῦ » · ὥσπερ πηλῷ τῷ τυφλοῦντι τοὺς ὑγιεῖς ὀφθαλμούς.
ἔδωκεν ὀφθαλμοὺς τῷ ἐκ γενετῆς τυφλῷ. Καὶ θάνατον τὸν ἑαυτοῦ, οὐ
προσθήκην παρέσχεν ἀλλ᾽ ἀναίρεσιν τῷ θανάτῳ. Εἰ δέ τινες αἷμα
μὲν σταφυλῆς εἰς τὸ τοῦ σωτῆρος αἷμα καὶ μυστήριον λάβοιεν, τὴν
δὲ περιβολὴν εἰς τὴν σάρκα, δεκτοὶ ἂν εἶεν εὐσεβείας ἕνεκα.

75 v. 12. Τὸ δὲ « χαροποὶ οἱ ὀφθαλμοὶ αὐτοῦ ἀπὸ οἴνου ».

ἀντὶ τοῦ · « ὑπὲρ οἴνον ». Οἶνος γὰρ ἔχει γοῦν τρυγίαν. Τὸ δὲ
καθαρὸν, τὸ βλεπτικὸν καὶ ἀθόλωτον · τὸ χαροποιὸν ἔχον, οὐ σκοτοῦν
τὴν διάνοιαν ἀλλὰ νῆψιν ἐργαζόμενον ψυχαῖς.

v. 12 « καὶ λευκοί, φησίν, οἱ ὀδόντες αὐτοῦ ἢ γάλα. »

80 Ὀδόντας εἴωθεν ἡ θεία γραφὴ καὶ ἐπὶ λόγων λαμβάνειν ὡς τό ·
« οἱ υἱοὶ ἀνθρώπων οἱ ὀδόντες αὐτῶν ὅπλα καὶ βέλη ». Ἐπάγει γοῦν
καὶ ἡ γλῶσσα αὐτῶν μάχαιρα ὀξεῖα. Ὡς καὶ νῦν ὀδόντας λευκοὺς
ὑπὲρ γάλα τὸ καθαρὸν αὐτοῦ τῆς διδασκαλίας ἐκάλεσε.

D 164ᵛ. — A 177, a 226, Nic. I 514, 515, 518, 523, 525, 527 — E. 112.
B 257ᵛ, 260.
K 289, 291.

Lign. 21-42, mises sous le nom ΘΕΟΔΩΡΟΥ par E.
Lign. 43-59. ΓΕΝΝΑΔΙΟΥ B (260) ; lign. 59-83 omises par B, et ce manuscrit attribue
(fol. 260) à Diodore un autre commentaire de ce verset que nous lisons dans la

chaîne de Nicéphore sous le nom de Théodoret. Dans le fragment que nous publions est énoncé ce principe général, ὅτι τοῦ ἀλληγορικοῦ τὸ ἱστορικὸν πλεῖστον ὅσον προτιμῶμεν dont l'affirmation suffira, pensons-nous, à justifier notre choix. Dans l'autre commentaire est développée d'une façon très affirmative et qui ne cadrerait guère avec tout ce qui précède, l'interprétation signalée aux lignes 45-47.

2. ἰούδα -- ἑξῆς omis. B ; αἰνέσαιαν A ; — 3. ρουβείμ A, ρουβὴν B ; — 5. τοῦ] τῷ B ; ὀνομάζων D A B ; — 6. λέγει D A ; — 11. εὐεργεῖ Nic. ; — 12. ἐκοιμήθη A Nic. ; — 14. κοίμησι B ; — 15. ἂν μέσον D ; — 16. ἀναπαύθητε] ἀνάπαυτε A, ἀναπαύητε Nic., ἀναπάθητε B, ἀναπάτητε E ; τῶν κλήρων Nic. ; — 21. τούτων D ; — 23. φησιν omis. B ; — 24. γὰρ omis. A B ; οἱ ἐκ τοῦ] οἱ omis. A, τοῦ omis. B ; — 25. ἕτερος] <καὶ> ἄλλως B ; — 30. φανερώτατα A Nic. B ; <τοῦ> μωδεείμ D ; — 34. οὕτως D A ; νοηθῇ A ; — 37. αὐτῷ Nic. ; μαρτύρει Nic. ; ὁ omis. B ; — 40. τὸν <δὲ> πλ B ; — 42. τῶν omis. A Nic. B ; — 44. <ἐν> τῇ Nic. ; — 51. συνέδησεν] συνῆψεν A Nic. ; ὁ omis. D ; — 58. τὸ] τῷ Nic. ; — 60. τυφούμενον D¹, υ² delev. D² ; — 71. ἔδωκεν ὀφθαλμοὺς omis. Nic. ; — 73. μυστήρια A Nic. ; — 74. εἵνεκα D¹ ; — 75. χαροποιοι A Nic. ; — 76. γὰρ omis. Nic. ; — 77. ἔχων Nic. ; σκοτῶν Nic. ; — 78. ἐργαζόμενος <ταῖς> Nic. ; — 80. ὅτι omis. A.

58

ΔΙΟΔΩΡΟΥ.

In idem v. 16 « Δὰν κρινεῖ τὸν ἑαυτοῦ λαὸν
       ὡσεὶ καὶ μία φυλὴ ἐν Ἰσραήλ.»

τοῦτο καὶ τὴν ὀλίγωσιν τῆς φυλῆς δηλοῖ καὶ τὸ δυνατόν· οὐ γὰρ
5 εἶπεν· ἐπιδώσει ὡσεὶ καὶ μία φυλὴ, ἀλλά· κρινεῖ. Καὶ ταῦτα πλήθει πλεῖστον ὅσον ἐλαττουμένη.

v. 17 « καὶ γενηθήτω Δὰν ὄφις ἐφ' ὁδοῦ
       ἐγκαθήμενος ἐπὶ τρίβου·
       δάκνων πτέρναν ἵππου,
10   καὶ πεσεῖται ὁ ἱππεὺς εἰς τὰ ὀπίσω,
       τὴν σωτηρίαν περιμένων κυρίου. »

Ἐνήδρευσέ ποτε ἡ Δὰν φυλὴ τοῖς τὴν πόλιν Λάισσαν οἰκοῦσι καὶ ἐπιστάντες ἀθρόως πάντας μὲν ἀνεῖλον, αὐτοὶ δὲ τὴν πόλιν ᾤκησαν, ἣν καὶ τῷ ὀνόματι τῆς φυλῆς Δὰν κεκλήκασιν. Ὅπερ προλέγει ὁ
15 Ἰακὼβ ὄφει παραβάλλων δάκνοντι πτέρναν ἵππου· κεῖται γὰρ ἡ Δὰν ἐσχάτη πάσης τῆς γῆς αὐτῶν· καὶ τοὺς ἐπ' αὐτῆς πρὸ τούτου ἱππεῖ πεπτωκότι οὐκ ἐπὶ πρόσωπον ὥστε ταχέως ἀναστῆναι ἀλλ' εἰς τὰ ὀπίσω· ὃν πολέμου παρόντος ἀναστῆναι τῶν ἀδυνάτων, πλὴν εἰ μὴ ὁ πάντα δυνάμενος Θεὸς βοηθήσει. Τοῦτο γάρ ἐστι τὸ τὴν σωτηρίαν
20 περιμένειν παρὰ κυρίου, οὐκ ἐπειδὴ ἔμελλον τυγχάνειν Θεοῦ βοηθοῦ ἀλλ' οὕτω πίπτειν ὡς τὴν τοῦ πτώματος καὶ τῆς ἀναιρέσεως ἀπαλλαγὴν μὴ ἐλπίζειν ἄλλως ἀλλ' ἢ μόνης δέεσθαι τῆς τοῦ Θεοῦ βοηθείας.

D 169, A 182, a 232, Nic. I 531.
B 264.
K 293.

6. ἐλαττουμένῃ] ἐλαττουμένης A Nic. ; — 7. ὃ ἂν] ὃ' ἂν B ; — 9-11. δάκνων - - κυρίου] καὶ τὰ ἑξῆς D Nic. B ; — 12. ὃ'ἂν B ; τοὺς - - λάισαν οἰκοῦντας B ; Λάισσαν] Λάισαν A Nic. ; — 14 et 15. ὃ'ἂν B ; — 16. ἱππεῖ πεπτωκότι] ἱππεῖς πεπτωκότας D, ἱππεῖς πεπτωκότι A ; παντοδύναμος B ; βοηθήσει] βοηθήσῃ Nic. ; βοηθήσειαν B ; — 20. περιμένειν] περιμένων D¹ A Nic. B ; π. μένειν corr. D² ; παρὰ omis. B ; — 21. οὕτω] οὕτως D A, τοιοῦτον B ; πτώματος] σώματος Nic. ; — 22. post ἀπαλλαγὴν, μὴ - - ἀλλ' ἢ omis. A Nic. ; ἐλπίζειν - - ἀλλ' ἢ omis. B ; βοηθείας τοῦ θεοῦ B.

59

In idem v. 27 Βενιαμὶν λύκος ἅρπαξ ·
  τὸ πρωινὸν ἔδεται ἔτι
  καὶ εἰς τὸ ἑσπέρας διαδώσει τροφήν.

ΔΙΟΔΩΡΟΥ.

Τινὲς εἰς Παῦλον τὸν ἀπόστολον τὸν ἐκ φυλῆς Βενιαμὶν ταῦτα λέγεσθαί φασιν, οὐ συνεωρακότες ὅτι ταῖς φυλαῖς προλέγει ὁ Ἰακὼβ ἅπερ φησίν. Εἰ δὲ τοῦ κυρίου ἐν τῇ τοῦ Ἰούδα προρρήσει ῥητῶς
5 ἐμνημόνευσεν, ἀλλὰ πρότερόν τι περὶ τῆς φυλῆς εἰπών. Οἱ μὲν οὖν εἰς τὸν Παῦλον τὸ εἰρημένον νοήσαντες, ἐπειδή φασι πρῶτον ἐδίωξεν εἶτα ἐδιώχθη, « τὸ πρωινὸν » εἶπεν ὅτι « ἔδεται » · τὸ δὲ « ἑσπέρας διαδώσει τροφὴν » ἤτοι διωκόμενος ἢ τρέφων τοὺς οἷς ἐκήρυττεν. Τινὲς δὲ τὸ « πρωινὸν ἔδεται » ἐνόησαν ἀντὶ τοῦ · παιδευόμενος
10 ὑπὸ Γαμαλιὴλ τῷ νομικῷ καὶ τραφεὶς κατὰ τὸν νόμον ἐν νέοις καλῶς, ἔσται διδάσκαλος εὐκαίρως πολλῶν ἐθνῶν · διὸ δὴ « καὶ διαδώσει » εἶπε.

Τὸ δὲ τῆς προφητευομένης ἱστορίας ἀληθὲς οὕτως ἔχει · ἀνήρ τις τῆς Ἐφραὶμ φυλῆς ἐκ τῆς φυλῆς Ἰούδα παλλακὴν εἴληφει.
15 (καὶ τὰ λοιπὰ ὁμοίως Γενναδίῳ κατὰ τὴν προκειμένην ἱστορίαν.)

D 173 — A 18 (in marg.), a 235ᵛ (in marg.), Nic. I 545.
B 267ᵛ.
K 296, L 107ᵛ.

2-5. Τινὲς - - εἰπών omis. B ; — 2. εἰς Παῦλον ⟨εἰς Παῦλον⟩ D, ⟨τὸν⟩ Παῦλον A ; — 5. μὲν οὖν omis. B ; — 7. ὅτι omis. B ; — 7-9. post τὸ πρωινόν, εἶπεν ὅτι - - τὸ πρωινόν omis. A ; — 10. Γαμαλιήλῳ B ; ἐν omis. B ; — 11. ἔσται διδάσκαλος omis. B ; ἐθνῶν ⟨διδάσκαλος γέγονεν⟩ B ; — 13-15. ἀνήρ τις - - ἱστορίαν omis. B et sic desinit : ἐγὼ δὲ μᾶλλον τῇ ἱστορίᾳ συντίθεμαι τῇ τὸ πάθος τὸ ἐπισυμβὰν διαγγελλούσῃ.

EXODE

Manuscrits.

Sauf le Parisinus gr. 161 nous retrouvons les mêmes manuscrits que pour le texte de la Genèse. Ils gardent les mêmes
relations les uns vis-à-vis des autres, et il n'y a guère à signaler que les négligences plus nombreuses de D.

A leur liste, il faut ajouter le Paris. gr. 131, que nous désignerons par la lettre H.

Il forme assez souvent avec A et Nic. un groupe qui s'oppose
à D, mais quand il y a divergence entre les trois témoins, il
reste presque toujours à côté de A, reproduisant ses fautes et
ses omissions.

En voici des exemples :

61	9.	λάλων] λάβων A H.
	20.	ἁγιάσῃς τὴν γῆν] ἁγιάσῃς τὸν τόπον A H.
	20.	ἐν ᾗ] ἐν ᾧ A H.
63	35.	πρόφασιν omis. A H.
68	7.	καὶ κατάκαυμα] ἢ κατάκαυμα A H.
69	32.	ὀγδοήκοντα ἔτη] ἔτη omis. A H.
71	13.	τούτων <τελουμένων> A H.

Cependant il y a un certain nombre de fautes de A que H
ne reproduit pas.

61	1 .21.	τὸν τόπον] αὐτὸν A.
63	16.	ἐκινδύνευσε] ἐκινδύνευε A.
66	9,	ὑμῶν omis. A.
	9.	ἐπαγάγω, οὐ] ἐπαγάγω οὖν A.
67	6.	τὸ omis. D A.
	15.	τῶν] τὸν A.
69	10.	εἰ omis. A.
	19.	τοῦ omis. A.
	25.	τοῖς omis. D A.
71	21.	τὸν Ἠλίαν] τὸν omis. A.

Nous lui donnerons place à côté de A, attribuant un modèle
commun à ces deux manuscrits. Signalons enfin qu'il a de
très nombreuses fautes personnelles, parmi lesquelles quelques

essais de restitution ; par suite il mérite qu'on ne lui reconnaisse que très peu d'autorité.

60

Ι, 19 εἶπον δὲ αἱ μαῖαι τῷ βασιλεῖ · οὐχ ὡς αἱ γυναῖκες αἱ Αἰγύπτιαι αἱ Ἑβραῖαι τίκτουσιν · τίκτουσι γὰρ πρὸ τοῦ ἐλθεῖν πρὸς αὐτὰς τὰς μαίας, καὶ ἔτικτον.

ΔΙΟΔΩΡΟΥ.

Ἡ τῶν Ἑβδομήκοντα ἑρμηνεία τὴν ταχυτῆτα δοκεῖ σημαίνειν τῶν Ἑβραίων γυναικῶν, τὴν κατὰ τὸ τίκτειν, φθάνουσαν τὴν παρουσίαν τῶν μαιῶν.

5 Ἡ δέ τοῦ Συμμάχου καὶ Θεοδοτίωνος ὅτι αἱ γυναῖκες τῶν Ἑβραίων ἴσασι τὴν μαιευτικὴν ἐπιστήμην · καὶ τῆς τῶν μαιῶν παρουσίας οὐ χρήζουσι. Διὸ δὴ αὐταῖς παραχωρεῖ καὶ τὸ ζωογονεῖν τοὺς ἄρσενας.

D 179 — A 188, a 240, Nic. 1 557.
J 157.

7. παραχωρεῖ] προχωρεῖ Nic. ; ἄρσενας] ἄρρενας A Nic.

61

Cf. III Le buisson ardent.

v. 5 εἶπε δέ · μὴ ἐγγίσῃς ὧδε · λῦσον τὸ ὑπόδημα ἐκ τῶν ποδῶν σου.

ΔΙΟΔΩΡΟΥ.

Τινὲς τὸ « λῦσαι τὸ ὑπόδημα τῶν ποδῶν σου » φασὶν εἰρῆσθαι πρὸς Μωσέα ἵνα μὴ τὴν γυναῖκα λαβὼν κατέλθῃ εἰς Αἴγυπτον, μέλλων τὸν λαὸν ἀνάγειν, τὸ ἑξῆς ἀναγινώσκοντες τὸ « ὁ γὰρ τόπος ἐν ᾧ σὺ 5 ἕστηκας γῆ ἁγία ἐστίν ». Ἀλλ' οὐκ ἐπειδὴ ὁ τόπος γῆ ἁγία ἦν, διὰ τοῦτο οὐκ ἐχρῆν λαβεῖν τὴν γυναῖκα σπεύδοντα εἰς τὴν Αἴγυπτον.

Ἕτεροι δέ φασιν ὅτι ἐπειδὴ τὸ ὑπόδημα ἐκ δερμάτων κατεσκεύασται, νομοθετεῖν καὶ τοῖς ἱερεῦσιν ἔμελλεν ὁ ἀρχιερεὺς Μωϋσῆς μὴ μετὰ τοιούτων ὑποδημάτων λειτουργεῖν τῷ θεῷ ἐν τῇ σκηνῇ, λαλῶν 10 τότε τῷ Μωϋσῇ ὁ Θεὸς ἤδη τὸν νόμον αὐτῷ δίδωσι προλαβών · οὐκ ἐνθυμηθέντες ὅτι καὶ πολλὰ ἕτερα τοὺς ἱερεῖς δεῖ ποιεῖν λειτουρ-

γοῦντας πολλῷ τούτου ἀναγκαιότερα ἅπερ ἐχρῆν πρότερον Μωσέα
προσταχθέντα ποιεῖν. Καὶ τὸ μεῖζον ὅτι τοῦτο αὐτὸ τὸ « λῦσαι τὸ
ὑπόδημα » καὶ Ἰησοῦ τῷ τοῦ Ναυῆ φησι Μιχαὴλ ὁ ἀρχιστράτηγος·
15 καὶ οὐκ ἂν εἴποι τις τοῦτο εἰρῆσθαι τῷ Ἰησοῦ ἐπειδὴ γυναῖκα ἐπεφέρετο εἰς Αἴγυπτον ὅθεν ἐχρῆν ἐξαγαγεῖν τὸν λαὸν ἢ ὅτι τοιαῦτα
νομοθετεῖν ἔμελλεν. Ὑπόλοιπον ἡμῖν τὴν αἰτίαν εἰπεῖν.

Εὐλογημένος εἶ, φησί, καὶ εὐλογεῖς καὶ ἁγιάζεις τὸν τόπον οὗ ἐὰν
ἐπιβαίνῃς ἱερεὺς ὢν καὶ πνευματοφόρος. Λῦσον οὖν τὸ ὑπόδημα τῶν
20 ποδῶν σου ἵνα γυμνοῖς τοῖς ποσὶν ἁγιάσῃς τὴν γῆν ἐν ᾗ ἕστηκας,
καὶ ὥσπερ ἵνα χρίσῃς τὸν τόπον ἐν ᾧ μετ᾽ οὐ πολὺ λαλήσω τῷ
λαῷ οὗ ἱερεὺς ἔσῃ, ἐκ μέσου πυρός· ταύτῃ τῇ διανοίᾳ καὶ τῷ Ἰησοῦ
ὁ ἀρχιστράτηγος εἶπε· λῦσον τὸ ὑπόδημα τῶν ποδῶν σου· ἀφ᾽ οὗ
γάρ, φησίν, ἐπέβης τῆς γῆς ἣν ὁ Θεὸς ἐπήγγελλατο τῷ Ἰσραὴλ
25 πεπλήρωσαι πνεύματος. Γυμνοῖς τοῖς ποσὶν ἁγίασον τὴν γῆν,

D 184 — Λ 195, a 248, H 1, Nic. I 580.
J 161, L 111^v.

1. ΔΙΟΔΩΡΟΥ] ΙΣΙΔΩΡΟΥ D.

2. εἰρῆσθαι omis. Nic. ; — 3. κατέλθῃ] κατέλθοι Nic. ; — 4. σὺ omis. A H Nic. ; —
6. λαβεῖν τὴν γυναῖκα] τὴν γυναῖκα λαβεῖν A H ; — 8. καὶ] δὲ D A H Nic. ; Μωυσῆς]
Μωσῆς H Nic. ; — 9. τοιούτων] τοιοῦτον H ; λαλῶν] λάβων A H ; — 11. ἐνθυμηθέντες]
εὐθυβηθέντες H ; λειτουργοῦντας omis. Nic. ; — 13. προσταχθέντα] προσταχθῆναι A H
Nic. ; — 15. τῷ Ἰησοῦ] τῷ μωυσῇ D ; — 19. πνευματοφόρος] πνευματεμφόρος D ;
<ἐκ> τῶν Nic. ; — 20. ἁγιάσῃς τὴν γῆν] γῆν ἁγιάσῃς D, ἁγιάσῃς τὸν τόπον A H ; ἐν ᾗ]
ἐν ᾧ A H ; — 21. τὸν τόπον] αὐτὸν A ; — 23. <ἐκ> τῶν Nic. ; — 25. πεπλήρωσαι]
πεπλήρωσε H ; <καὶ> γυμνοῖς D.

62

Cf. IV Retour de Moïse en Égypte.

v. 21 εἶπε δὲ κύριος πρὸς Μωϋσῆν· Πορευομένου σου καὶ ἀποστρέ-
φοντος εἰς Αἴγυπτον, ὅρα πάντα τὰ τέρατα ἃ δέδωκα ἐν τῇ χειρί
σου, ποιήσεις αὐτὰ ἐναντίον Φαραώ· ἐγὼ δὲ σκληρυνῶ τὴν
καρδίαν αὐτοῦ καὶ οὐ μὴ ἐξαποστείλῃ τὸν λαόν.

ΔΙΟΔΩΡΟΥ.

Πῶς νοητέον ὅτι « ἐγὼ σκληρυνῶ τὴν καρδίαν Φαραώ ; »

Ἀπὸ παραινέσεως ἤρξατο ὁ Θεός. Εἶτα ὡς ἠπείθει Φαραὼ μετρίας
αὐτῷ ἐπῆγε πληγάς. Οὕτως οὖν καὶ οὐχ ἑτέρως σκληρύνει, τῷ φεί-
5 δεσθαι καὶ, Μωσέως εὐχομένου, τὰς πληγὰς ἀποστρέφων. Ἔδει γὰρ

καὶ Μωσέα παρακαλοῦντα τὸν Φαραὼ πείθεσθαι καὶ τὸν Θεὸν ἀκούειν
Μωσέως καὶ δεικνύναι ὅτι μέγιστός ἐστι προφήτης ὑπὸ Θεοῦ ἀπε-
σταλμένος. Ὃ μάλιστα τὸν Φαραὼ σκληρότερον ἐποίει. Οἱ γὰρ ἀπει-
θεῖς παιδευόμενοι μὲν ἐνδιδόασιν, ἀπαλλαττόμενοι δὲ σκληροὶ
10 μένουσι, καὶ τῆς σκληρότητος αἴτιος ὁ ἐνδιδούς. Ἀνεξικακίᾳ τοίνυν
καὶ χρηστότητι ἐσκλήρυνε τὴν καρδίαν Φαραὼ ὁ Θεός.

Ἀλλὰ καὶ τὸ λέγειν τὸν Θεόν, « ἀπόλυσον τὸν λαόν μού ἵνα μοι
λατρεύσῃ », σκληρὸν ἐποίει τὸν Φαραὼ καὶ ὀργιλώτερον, καὶ πολὺ
πλέον τὸ τῶν πληγῶν μὴ συναπολαύειν τοὺς Ἰσραηλίτας. Ἀλλ’ οὐ
15 διὰ τοῦτο τὸν Θεὸν ἐχρῆν ἀπὸ μεγίστων ἄρξασθαι πληγῶν ἵνα μὴ
σκληρὸς αὐτὸς νομισθῇ. Κρεῖττον γὰρ διὰ τὴν τοῦ Θεοῦ χρηστότητα
τὸ ἀπειθὲς δειχθῆναι τοῦ Φαραὼ ἢ δι’ ἀποτομίαν ἐλεεῖσθαι μὲν τὸν
Φαραώ, διαβάλλεσθαι δὲ τὸν Θεὸν ὅτι μὴ ἀπὸ χρηστότητος ἤρξατο.

A 201, a 255ᵛ, H 11, Nic. I 603 — E 131.
J 167, L 115ᵉ.

1. ΘΕΟΔΩΡΗΤΟΥ Ε.

3. <ὁ> Φαραὼ Nic. ; — 4. τῷ φείδεσθαι] τὸ φείδεσθαι H ; — 5. ἀποστρέφων] ἀπο-
στρέφειν Nic. ; — 6. τὸν Φαραὼ] τῷ Φαραὼ H ; — 10. ἀνεξικακίᾳ] κακίᾳ Nic. ; —
11. χρηστότητι] σκληρότητι Nic. ; — 16. τὴν add. Deconinck ; χρηστότητα] χρηστότητος H.

63

IV, 24 Ἐγένετο δὲ ἐν τῇ ὁδῷ ἐν τῷ καταλύματι συνήντησεν αὐτῷ
ἄγγελος κυρίου καὶ ἐζήτει ἀποκτεῖναι αὐτόν.

ΔΙΟΔΩΡΟΥ.

Οὐχ ὁρῶ πῶς ὁ ἄγγελος ἀνελεῖν ἐβούλετο τὸν Μωσέα ἢ κατὰ
τοὺς ἄλλους ἑρμηνευτὰς ὁ κύριος, προειδὼς ὅσα δι’ αὐτοῦ ποιήσει
θαύματα κατ’ Αἴγυπτον καὶ κατὰ τὴν ἔρημον πᾶσαν, πλὴν εἰ μή τις,
5 ὅπερ ἀληθές ἐστιν, εἴποι ὅτι ὁ μὲν Μωϋσῆς ἐνόμισε τὸν Θεὸν ὠργίσθαι αὐτῷ ἐπειδὴ, τὸν λαὸν ἀμελητὶ προσταχθεὶς ἀναγαγεῖν, καὶ
γυναῖκα καὶ τέκνα ἐπεφέρετο εἰς Αἴγυπτον. Διὸ δὴ καὶ ἀπέπεμψεν
αὖθις τὰ φίλτατα πρὸς τὸν πενθερόν. Ἡ δὲ Σεπφώρα, ἐπειδὴ τὰ
παιδία Μωϋσέως ἀπερίτμητα ἦν, ᾠήθη τὸν Θεὸν διὰ τοῦτο αὐτῷ
10 ὀργισθῆναι. Ἐβεβαίωσε δὲ ταύτην τὴν ὑποψίαν τὸ τὸν ἄγγελον
ἀκούσαντα ὅτι « ἔστη τὸ αἷμα τῆς περιτομῆς τοῦ παιδίου τοῦ περιτμηθέντος » ἀναχωρῆσαι.

Ἐγὼ δὲ, εἰ τοῦτο ἦν ἀληθὲς, λέγω δὴ ὅπερ ὑπετόπασεν ἡ γυνὴ,
ἀπορῶ τί δήποτε ὁ ἄγγελος ἀνεχώρησε μὴ καὶ τοῦ ἑτέρου παιδίου
15 περιτμηθέντος ; διὰ τί δὲ Μωϋσῆς, εἰ διὰ τὸ ἀπερίτμητα εἶναι τὰ
παιδία περὶ τὸ ζῆν ἐκινδύνευσε, τοὺς ἐν τῇ ἐρήμῳ τεχθέντας ἀπερι-
τμήτους κατέλιπεν ; ὥστε εἰ καὶ ἡ Σεπφώρα διὰ τὸ ἀπερίτμητα αὐτῶν
μεμενηκέναι τὰ παιδία ᾠήθη τὸν Θεὸν αὐτοῖς ὠργίσθαι καὶ ὁ
Μωϋσῆς ἐπειδὴ τὴν γυναῖκα ἔχων καὶ τὰ παιδία κάτεισιν εἰς Αἴγυ-
20 πτον καὶ διὰ τοῦτο ἀπέπεμψε τὴν γυναῖκα, ἀλλὰ φανερὸν ὅτι τὸν
Μωσέα δεδοικότα τὸν Φαραὼ ὡς καὶ ἀντειπεῖν τῷ Θεῷ πέμποντι
αὐτὸν, τὸ τελευταῖον δὲ μόλις εἴξαντα φοβεῖ ὁ ἄγγελος ὡς αὐτίκα
ἀναιρήσων, ἵνα ἔχων ἐν νῷ τὸν ἀπὸ τῆς ἀοράτου δυνάμεως κίνδυνον
κραταιοτέρῳ φόβῳ καὶ μείζονι τὸν ἀπὸ τοῦ Φαραὼ φόβον ἐξώσηται.
25 Οὐ θαυμαστὸν δὲ εἰ ταύτην μὲν τὴν αἰτίαν ἐσιώπησεν ὁ ἄγγελος τοῦ
δῆθεν ἀνελεῖν ἐθέλειν τὸν προφήτην, πρόφασιν δὲ τῆς ἀναχωρήσεως
εἴληφε τὸ ῥῆμα τῆς Σεπφώρας. Τοιοῦτον γάρ τι καὶ τῷ Βαλαὰμ
ἄγγελος ποιεῖ· τὸ μὲν πρῶτον κωλύων αὐτὸν ἀπελθεῖν καλούμενόν
ὑπὸ τοῦ Βαλάκ. Ὡς δὲ ἐπέμεινεν ἐπειγόμενος ἐξορμῆσαι, τοῦτο μὲν
30 συγχωρήσας κατὰ δὲ τὴν ὁδὸν φοβῶν, αὐτὸν ξίφος ἄμφηκες ἔδειξεν
εἰς ἀναίρεσιν τοῦ μάντεως· οὐχ ἵνα ἀνέλη ἀλλ’ ἵνα φοβήσῃ καὶ τῶν
τοῦ Βαλάκ τιμῶν καταφρονῆσαι παρασκευάσῃ καὶ τὸ δοκοῦν τῷ Θεῷ
Nombr. XXII, 23 προτιμήσῃ. Καὶ τοῦτο μὲν οἰκονομεῖ, φησὶ δὲ τῷ Βαλαὰμ « ὅτι εἰ
μὴ ἐξέκλινεν ἡ ὄνος, σὲ μὲν ἂν ἐξεκέντησα, τὴν δὲ ὄνον περιεποιησά-
35 μην ». Ὥσπερ τοίνυν ἐνταῦθα τῆς ὄνου τὴν ἔκκλισιν πρόφασιν εἴρηκε
τοῦ μηκέτι ἀνηρηκέναι δοκεῖν, τὸ δὲ ἀληθὲς ἀπειλὴ ἦν τὸ γινόμενον
καὶ κατάπληξις, δι’ ἣν αἰτίαν εἰρήκαμεν· οὕτω καὶ τὸν Μωϋσέα
παραγεγονὼς ὁ κύριος φοβῆσαι ὡς ἱκανῶς εἶχεν αὐτῷ τὸ τῆς οἰκονομίας, τῆς ἀναχωρήσεως εἴληφε πρόφασιν τὴν φωνὴν τῆς Σεπφώρας
40 εἰπούσης· « ἔστη τὸ αἷμα τῆς περιτομῆς τοῦ παιδίου μου. »

D 192ᵛ — A 204, a 258ᵛ, H 13, Nic. I 611.
J 170, L 117.

5. ἀληθές] ἀληθέστερον H ; Μωυσῆς] Μωσῆς Nic. ; ὠργίσθαι] ὀργίσθαι H ; — 7. ἐπεφέ-
ρετο] ἀπεφέρετο Nic. ; — 9. διὰ τοῦτο αὐτῷ] αὐτῷ διὰ τοῦτο A H Nic. ; — 10. ταύτην]
αὐτὴ D A H : αὐτὴν Nic. ; — 11. τοῦ παιδίου <μου> H : — 15. Μωυσῆς] Μωσῆς Nic. ;
— 16. ἐκινδύνευσε] ἐκινδύνευε A ; — 18. ὁ Μωυσῆς] ὁ omis. D, ὁ Μωσῆς H ; —
21. ἀντειπεῖν τῷ θεῷ] ἀντιτειπεῖν τὸν θεὸν H ; πέμποντι] πέμποντα H ; — 22. μόλις
omis. Nic. ; εἴξαντα] ἤξαντα Nic. ; φοβεῖ] φοβεῖν H ; ὡς <καὶ> Nic. ; — 23. ἔχων] ἔχω H ;
— 27. τοιοῦτον] τοιοῦτο H ; τι] τοι H Nic. ; βαλαάμ] βαλαάκ A ; — 28. καλούμενον]
βουλόμενον H ; — 29 et 32. Βαλαάκ] Βαλάκ Nic. ; — 33. βαλαάμ] βαλαάκ A ; —
35. ἔκκλισιν] ἔκκλησιν A Nic., ἔκλισιν H ; πρόφασιν omis. A H ; — 40. μου omis. Nic.

64

VI, 3 καὶ ὤφθην πρὸς Ἀβραὰμ καὶ Ἰσαὰκ καὶ Ἰακὼβ Θεὸς ὢν αὐτῶν, καὶ τὸ ὄνομά μου κύριος οὐκ ἐδήλωσα αὐτοῖς.

ΔΙΟΔΩΡΟΥ.

Ἐστι τὰ τέσσαρα τοῦ ὀνόματος γράμματα ταῦτα, ἰὼθ, ἄλφ, οὐαὺ, ἦ, τοῦ δὲ ἀεὶ ζῆν καὶ ἀΐδιον εἶναι τὸν Θεὸν σημαντικὸν τὸ ὄνομά μου. Τοίνυν, φησί, τὸ ὄνομα τοῦτο οὐδὲ τοῖς περὶ τὸν Ἀβραὰμ ἀπε-
5 κάλυψα ἀλλὰ σοὶ πάντως, ἐπειδὴ μὴ ἦν καιρὸς εἰπεῖν τοῖς πα-τριάρχαις τὸ ὄνομα ὃ ἐχώριζε τὸν Θεὸν τῶν εἰδώλων. Ἐπειδὴ γὰρ καὶ δαίμονες θεοὶ καὶ κύριοι ὠνομάσθησαν ὑπὸ τῶν θεραπευόντων αὐτούς, τὸ τετράγραμμον ὄνομα ἔδωκεν ὁ Θεὸς τὸ τότε ἀνέκφραστον τοῖς πιστοῖς.

D 195 — A 208, α′ 263ʳ, H 18ʳ, Nic. I 623.
J 173, L 119.

2. Ἐστι] ὅτι D ; ἄλφ] ἀλάρ A, ἀλῆρ Nic. ; οὐαὺ, ἦ] οὖ ἄνε D A Nic., οὐδοὺθ γίθ H ; — 3. τὸν θεὸν] τὸν omis. Nic. ; σημαντικὸν τὸ] τὸ omis. Nic. ; — 4. μου] τοῦτο Nic. ; — 5. πάντως <που> A H Nic. ; — 6. τὸ ὄνομα omis. D ; — 7. ὠνομάσθησαν] ὀνομάσ-θησαν H ; — 8. αὐτούς] αὐτοῖς H ; τὸ omis. D.

65

ΔΙΟΔΩΡΟΥ.

XIII, 18 « Πέμπτῃ δέ φησι γενεᾷ ἀνέβησαν οἱ υἱοὶ Ἰσραὴλ Αἰγύπ-του ».

ὁ δὲ Ἀκύλας « ἐνωπλισμένοι » φησί · Σύμμαχος « ὁπλῖται. »
5 οὐκοῦν εἶχον ὅπλα ἀπ' Αἰγύπτου ὡς ἡ τούτων ἔκδοσις δηλοῖ · εἰλήφασι δὲ καὶ τὰ τῶν καταποντισθέντων ὕστερον Αἰγυπτίων ἵν' ἔχοιεν τὰ ἔθνη καταπολεμεῖν.

D 228 — A. 250, α′ 22, H 68, Nic. I 701 — E 166.

6. τὰ τῶν καταποντισθέντων] τὰ καταποντισθέντα Νἱç.

66

XX, 5-6 ἐγὼ γάρ εἰμι κύριος ὁ Θεός σου, Θεὸς ζηλωτής, ἀποδιδοὺς ἁμαρτίας πατέρων ἐπὶ τέκνα ἐπὶ τρίτην καὶ τετάρτην γενεὰν τοῖς μισοῦσί με, καὶ ποιῶν ἔλεος εἰς χιλιάδας τοῖς ἀγαπῶσί με.

ΔΙΟΔΩΡΟΥ.

Πῶς τοῦτο τὸ ζήτημα λύσομεν; ὁ Ἰσραὴλ τετάρτῃ γενεᾷ ἐξῆλθεν ἐξ Αἰγύπτου, τὴν δὲ εἰδωλολατρείαν ἀπὸ τρίτης γενεᾶς ἤρξατο νοσεῖν. Ἐπειδὴ οὖν ἔμελλον μοσχοποιεῖν ἐν τῇ ἐρήμῳ, προαπειλεῖ καὶ μαρ-
5 τύρεται μονονουχὶ λέγων· εἰδωλολατρήσατε ἐν Αἰγύπτῳ τῆς μὲν ἐπιμιξίας ὑμᾶς ἀπαιτούσης, τῆς δὲ ἀντισπώσης ὑμῖν ὠφελείας οὐκ οὔσης. Νῦν ἐχωρίσθητε τῶν πλανώντων, ἐθεάσασθε θαύματα κατ' Αἰγυπτίων. Εἰ οὖν καὶ μετὰ ταῦτα εἰδωλολατρήσετε, τὰς τῶν πατέρων ὑμῶν ἁμαρτίας ὑμῖν ἐπαγάγω, οὐ τὰς τιμωρίας. Οὐδὲ γὰρ ὧν
10 ἥμαρτον ἐκεῖνοι, δίκας ἐκτίσετε· ἀλλὰ μετὰ τοσαύτην εὐεργεσίαν τοῖς αὐτοῖς ἐπιμένοντες δικαίαν ὑφέξετε δίκην· ἐπεὶ μηδὲ χρὴ συγγνῶναι ὑμῖν ὡς ἐκείνοις.

Οὐκοῦν τὸ « ἀποδιδοὺς ἁμαρτίας πατέρων ἐπὶ τέκνα » οὐ γενικῆς ἐστι νομοθεσίας ἀλλὰ μερικῆς τοῖς ἐξελθοῦσιν ἐκ τῆς Αἰγύπτου
15 ῥηθείσης τε καὶ ἐπαχθείσης. Τὸ δὲ « ποιῶν ἔλεος εἰς χιλιάδας τοῖς ἀγαπῶσί με » γενικῆς τε καὶ διηνεκοῦς ἐστι τοῖς ἀγαπῶσιν, οὐ τοῖς μισοῦσιν, ὃν ἠγάπησαν οἱ πατέρες. Ὥστε καὶ ἡ ἁμαρτία τῶν πατέρων ἀποδίδοται τοῖς τέκνοις τοῖς διαδεξαμένοις αὐτὴν καὶ τὸ παρὰ τοῦ Θεοῦ ἔλεος τοῖς υἱοῖς τῶν ἠγαπηκότων αὐτὸν ὡς καὶ οἱ πατέρες
20 αὐτῶν.

D 237 — A 262, x' 34, H 83, Nic. I 770.
L 137.

1. Ce commentaire est une réponse à une question qui n'a pas été copiée dans la chaîne grecque. Le passage correspondant de la chaîne latine de Jean le Diacre comble cette lacune : *Si in tertiam et quartam generationem ulciscitur Deus, quomodo se ipse in millibus misericordiam facere posse testatur.* — D'autre part, dans la chaîne latine le commentaire a été mal résumé et est presque inintelligible.

2. λύσομεν] λύσωμεν Nic. ; — 4. ἐπειδὴ οὖν] ἐπεὶ οὖν H, ἐπειδὴ δὲ Nic. ; μοσχοποιεῖν] μόσχον ποιεῖν H ; ἐν τῇ ἐρήμῳ omis, D ; — 6. ὑμᾶς] ἡ ὅθ... H ; ἀντισπώσης] ἀντισπόσης H ; ὑμῖν] ὑμᾶς D A H Nic. ; — 7. ἐχωρίσθητε] ἐχωρίσθη H ; ἐθεάσασθε] ἐθεάσασθαι H ; — 8. καὶ omis. H ; εἰδωλολατρήσετε] εἰδωλολατρεύσητε H ; — 9. ὑμῶν omis. A ; ὑμῖν omis. H ; ἐπαγάγω] ἐπάγω D ; ἐπαγάγω οὖν A ; — 10. ἐκτίσετε] ἐκτίσατε Nic. H ; — 11. ὑφέξετε] ὑφέξεται H ; — 12. ὡς omis. H — 18. τοῦ omis. A H Nic.

67

XX, 25 ἐὰν δὲ θυσιαστήριον ἐκ λίθων ποιήσῃς μοι, οὐκ οἰκοδομήσεις αὐτοὺς τμητούς· τὸ γὰρ ἐγχειρίδιόν σου ἐπιβέβληκας ἐπ' αὐτό· καὶ μεμίανται.

ΔΙΟΔΩΡΟΥ.

Εἰ τὰ ἐπὶ τοῦ θυσιαστηρίου σφαττόμενα σίδηρος ἀνῄρει καὶ τὰ
ξύλα τὰ ἀναπτόμενα ἐπὶ τοῦ βωμοῦ σίδηρος ἔσχιζε, τί ἐκώλυε καὶ
τοὺς λίθους τοῦ θυσιαστηρίου σιδήρῳ τμηθῆναι ;

5 Πῶς ὁ Δαβὶδ κωλύεται ναὸν οἰκοδομῆσαι ; ἐπειδὴ πολεμιστὴς ὢν
πολλοὺς ἀνεῖλε. Τοῦτο οὖν τὸ περὶ τοῦ Δαβὶδ δείκνυσι τὴν αἰτίαν
τῆς τοιαύτης νομοθεσαῖς. Φονᾶν γὰρ ἡμᾶς οὐ βούλεται οὐδὲ χαίρειν
ἀνθρώπων σφαγαῖς· καὶ τοῦτο τοὺς οἰκείους ἐκδιδάσκων καὶ εἰς
φιλανθρωπίαν ὁδηγῶν φησι.

10 Τινὲς δέ φασιν ὅτι οὐ λιθοξόους ἀλλὰ ἱερεῖς βούλεται τὸ θυσιαστήριον ποιεῖν· ὥς που καὶ Ἠλίας ἐπὶ Ἀχαὰβ, ὅτε τοὺς ἀνιέρους τῶν
εἰδώλων ἱερέας ἀνεῖλε, κρεῖττον εἶναι λέγων ἀπείρους τῆς λιθουρ-
γικῆς ὄντας τοὺς ἱερέας οἰκοδομεῖν θυσιαστήριον ἀπὸ λίθων εἰκαίων
ἤ τινα τῶν ἐκτὸς τοῦ ἱερατικοῦ γένους ἐπιστήμονα τοῦ πράγματος·
15 οὐ γὰρ ἡ ἐπιστήμη ἀλλ’ ἡ τῶν ἱερέων τάξις ἁγιάζει τὸ γινόμενον.

D 240 — A 266, κ′ 38, H 86, Nic. 1 786 — E 180.

1. ΔΙΟΔΩΡΟΥ] ΘΕΟΔΩΡΟΥ Nic.
2. Εἰ τὰ] εἶτα <τὰ> H ; — 3. καὶ omis Nic. ; — 6. τὸ omis. D A ; — 10. ἱερεῖς] ἱερέας
A H Nic. ; — 11. εἰδώλων ἱερέας] ἱερέων δούλους D ; — 13, οἰκοδομεῖν θυσιαστήριον
omis. D ; — 15. τῶν] τὸν A.

68

Cf. XXI Lois relatives à la vie.

v. 22 Ἐὰν δὲ μάχωνται δύο ἄνδρες καὶ πατάξωσι γυναῖκα ἐν γαστρὶ
ἔχουσαν καὶ ἐξέλθῃ τὸ παιδίον αὐτῆς μὴ ἐξεικονισμένον, ἐπιζήμιον
ζημιωθήσεται· καθ’ ὅ τι ἂν ἐπιβάλῃ ὁ ἀνὴρ τῆς γυναικὸς, δώσει
μετὰ ἀξιώματος· ἐὰν δὲ ἐξεικονισμένον ᾖ, δώσει ψυχὴν ἀντὶ
ψυχῆς...

ΔΙΟΔΩΡΟΥ.

Ἐὰν γάρ φησιν ἐξαμβλώσῃ ἡ γυνὴ καὶ μὴ ἀποθάνῃ, ἕως ζημίας
ἵσταται ὁ κίνδυνος τῷ αἰτίῳ· ἐὰν δὲ τελευτήσῃ, ἕως θανάτου· ἐὰν
δὲ ὀφθαλμὸν ἀποβάλῃ, καὶ συνόλως εἰπεῖν, ὅπερ ἂν ἀπὸ τῆς μάχης
5 ἢ ἐξάμβλωσιν πάθοι, τὸ αὐτὸ καὶ ὁ αἴτιος. Ἐὰν δὲ περὶ τοῦ βρέφους
ὁ λόγος ᾖ, καὶ τοῦ τὸν αἴτιον τῆς ἐξαμβλώσεως ὑφίστασθαι ἃ καὶ

τὸ βρέφος, οὐχ ὁρῶ πῶς τραῦμα ἕξει καὶ κατάκαυμα τὸ ἀμβλω-
θρίδιον. Μήποτε οὖν ὑπὲρ ὧν πάσχει τὸ βρέφος καὶ ὑπὲρ ὧν ἡ
μήτηρ ὑφίσταται κελεύει ὁ Θεὸς τὸν πλήξαντα κολασθῆναι ἐκεῖνα ἃ
10 τὸ βρέφος πέπονθεν ἢ ἡ κύουσα; διὰ τί δὲ « ἐὰν ᾖ ἐξεικονισμένον
δώσει ψυχὴν ἀντὶ ψυχῆς »; ἢ πάντως ὡς τοῦ βρέφους τότε δεχομέ-
νου ψυχὴν ὅταν ἐξεικονισθῇ.

D 341ᵛ — A 268, α' 40, H 88ᵛ, Nic. I 794.

5. ἢ ἐξάμβλωσιν] ἡ ἐξάμβλωσις Nic. ; πάθοι] πάθη Nic. ; — 7. καὶ κατάκ
κατάκαυμα A H, omis. Nic. ; — 8. <καὶ> ὑπὲρ¹ A H Nic. ; — 10. ἢ ἡ κύουσα o
ἐάν] ἂν D H Nic.

69

Cf. XXIII Sur la montagne de Sinaï. Promesses divines.

ΔΙΟΔΩΡΟΥ.

v. 26 « Τὸν ἀριθμὸν, φησὶ, τῶν ἡμερῶν σου ἀναπληρώσω »,
τουτέστιν εἰς λιπαρὸν ἄξω σε γῆρας καὶ πλῆρες. Ὥσπερ γὰρ
ἀώρους ἀπειλεῖ θανάτους παρακούουσιν, οὕτω μακροβίωσιν ὑπακούου-
5 σιν ὑπισχνεῖται. Οὐ γὰρ ὅρον ζωῆς ἔχοντα δείκνυσιν ἕκαστον τῶν
ἀνθρώπων · τοὐναντίον δὲ μηκυνομένην, ὡς ἔφην, τοῖς εὐσεβοῦσι
ζωὴν καὶ περικοπτομένην τοῖς παρακούουσιν, ὅπερ οὐκ ἂν ἦν εἰ
ὥριστο τῆς ζωῆς ὁ χρόνος. Καθάπερ γὰρ ὅρος τοῦ Θεοῦ· τὸ ἀποθανεῖν καὶ κρατεῖ δικαίων καὶ ἀδίκων ὁμοῦ καὶ ὁ διαφεύγων οὐδεὶς,
10 οὕτως εἰ ὥριστο ὅσον ὑπάρχει τῆς ἑκάστου ζωῆς οὔτε δίκαιος αὐτὴν
σαλεύειν διὰ δικαιοσύνην οὔτε ἄδικος δι' ἀδικίαν ἂν ἠδύναντο. Εἰ δὲ
καὶ θάνατοι δι' ἁμαρτίας · ὧν εἷς ὁ πρὸ τοῦ κατακλυσμοῦ καὶ ἕτερὸς
ὁ Σοδόμων καὶ Γομόρρας καὶ ὁ τοῦ Φαραὼ καὶ τῶν Αἰγυπτίων, καὶ
πολλοὶ ἕτεροι καθὼς καὶ ὁ Ἀπόστολος λέγει, « διὰ τοῦτο πολλοὶ ἐν
15 ὑμῖν ἀσθενεῖς καὶ ἄρρωστοι καὶ κοιμῶνται ἱκανοί » · πολλαὶ δὲ καὶ
θανάτου ἀπαλλαγαὶ γεγόνασιν ἐφ' ὧν πολλάκις ηὐχαριστήθη ὁ ῥυσά-
μενος, ποῦ ὁ τῆς ζωῆς ὅρος ; εἰ κατά τινας ὥρισται τίς παρὰ Θεοῦ
τῆς ζωῆς ἡ ποσότης, δῆλον ὅτι τὰ μὲν ἐν τῇ γαστρὶ τελευτῶντα
βρέφη τοῦτον ἔλαβε παρὰ Θεοῦ τοῦ ζῆν τὸν ὅρον. Ὅπερ ἄτοπον. Καὶ
20 ὁ λῃστὴς ἀναίτιος καὶ ὁ τὸ δηλητήριον διδοὺς, ὧν ἕκαστος ὑπηρε-
τεῖται τῷ τοῦ Θεοῦ ὅρῳ καὶ τῇ βουλήσει. Πάντως γὰρ ἀποθανεῖν
ἔδει τὸν ἐπιβουλευόμενον.

Ἆρα οὖν τὸν Θεὸν ὑπὲρ τούτων αἰτιασόμεθα; καὶ πῶς οὐκ ἀσεβὲς
τὸ ἐν ταῖς βασιλείαις ὑπὸ τοῦ Δαβὶδ περὶ τοῦ Σαοὺλ ῥηθὲν τό, « ἐὰν I Rois XXVI, 10
25 μὴ ἔλθῃ ἡ ὥρα αὐτοῦ » ; Καὶ τὸ ἐν τοῖς ψαλμοῖς, « τὴν ὀλιγότητα Ps. CI, 13
τῶν ἡμερῶν μου ἀνάγγειλόν μοι » οὐχ ὅρον Θεοῦ σημαίνοι ἂν ἀλλὰ
τὸ πάντως ἕκαστον ῥητάς τινας ἡμέρας ζήσαντα ἀπελθεῖν, ὧν τὴν
πρόγνωσιν ὁ Θεὸς ἔχει. Εἰ δέ τις μὴ δέχοιτο ταύτην τούτου τὴν
λύσιν πῶς ἄρα νοήσομεν τὸ ὑπ' αὐτοῦ τοῦ Δαβὶδ εἰρημένον, οὐ
30 μερικῶς ἀλλὰ γενικῶς ; περὶ γὰρ τῆς ἀνθρωπότητος λέγει · « αἱ
ἡμέραι τῶν ἐτῶν ἡμῶν ἐν αὐτοῖς ἑβδομήκοντα ἔτη, ἐὰν δὲ ἐν δυνα-
στείαις ὀγδοήκοντα ἔτη ». Καὶ γὰρ εὑρίσκομεν βρέφη τὰ μὲν οὐδὲ
μῆνα ζήσαντα, τὰ δὲ ἓν ἔτος ἢ δύω, τὰ δὲ δέκα ἢ εἴκοσι, πολλοὺς
δὲ τῶν ἀνθρώπων καὶ ἑκατοστὸν ἔτος ὑπερβεβηκότας. Πῶς οὖν αἱ
35 ἡμέραι τῶν ἐτῶν ἡμῶν ἑβδομήκοντα ἢ ὀγδοήκοντα ἔτη ; οὕτως οὐχ
ὅρον τινὰ δείκνυσιν, ἀλλ' ἐπειδὴ ὀλίγοι τὴν προειρημένην ποσότητα
ὑπερβαίνουσι, τὸ ἀσθενὲς ὁμοῦ καὶ βραχυχρόνιον τοῦ ἀνθρωπείου
γένους οὕτω φησίν. Οὐκοῦν καὶ λέγει ἡ θεία γραφή · « ἐὰν μὴ ἔλθῃ
ἡ ἡμέρα αὐτοῦ », καὶ « μὴ ἀναγάγῃς με ἐν ἡμίσει ἡμερῶν μου » · Ps. CI, 24
40 οὐχ ἵνα δείξῃ παρὰ τοῦ Θεοῦ κείμενον ὅρον ἀλλ' ἐπειδὴ πάντως
ἕκαστος ἡμῶν βιώσεται ῥητὰς ἡμέρας ἃς ὁ Θεὸς προγινώσκει, οὕτως
αὐτὸ ἔφη. Ἡ δὲ πρόγνωσις οὐκ ἔστιν ὅρος · ἐπεί τοι γε εἰ ὅρος ἦν
ἡ πρόγνωσις, προεγίνωσκε δὲ ὁ Θεὸς τὴν τοῦ Ἀδὰμ παράβασιν καὶ
τοῦ διαβόλου τὴν τροπὴν καὶ τῶν ἀσεβῶν τὴν πλάνην, αὐτὸς ἄρα
45 ὥρισε τούτους οἵους εἰρήκαμεν γενέσθαι, ἐπειδὴ καὶ προῄδει ὅτι
ἔσονται. Τοῦτο δὲ πρόδηλον ὡς ἀσεβὲς νοεῖν.

D 258 — A 278, α′ 50ʳ, H 101, Nic. I 821, E 196.
L 141ʳ.

1. ΔΙΟΔΩΡΟΥ] ΘΕΟΔΩΡΟΥ Nic.

9. κρατεῖ] κρατεῖν H ; — 10. εἰ omis. A ; — 11. σαλεύει H ; δι' ἀδικίαν] διὰ κακίαν A H
Nic. ; ἂν add. Deconinck ; ἠδύναντο] ἠδύνατο H, ἐδύνατο Nic. ; — 13-14. Γομόρρας - - καθὼς
καὶ omis. D ; <ὁ> τῶν Αἰγυπτίων A ; — 14. καθὼς καί] καί omis. H ; — 16. ἐφ' ὧν]
ὑφ' ὧν D ; — 17. εἰ] ἢ H ; τίς omis. D ; <τοῦ> Θεοῦ Nic. ; — 19. τοῦ omis. H ; —
28. ἀναίτιος] παναίτιος H ; ὑπηρετεῖται] ὑπηρητεῖται D ; — 22. ἔδει] εἴδει D ; —
23. τὸν θεὸν ὑπὲρ τούτων] τούτων τὸν θεὸν A H Nic. ; αἰτιασόμεθα] αἰτιασαίμεθα A H
Nic. ; ἀσεβὲς τό] ἀσεβὲς · τό <δὲ> Nic. ; — 24. Σαούλ] λαοῦ H ; — 25. τοῖς omis. D A ;
— 28. ἔχει omis. H ; — 29. νοήσομεν] νοήσωμεν H Nic. ; εἰρημένον] ῥηθὲν A H Nic. ; —
31. post ἔτη. ἐὰν δὲ - - ἔτη omis. D ; — 32. ὀγδοήκοντα ἔτη, omis. A H ; — 41. ἕκαστος]
ἕκαστον D ; προγινώσκει] προγινώσκων D ; — 42. αὐτὸ] αὐτῷ D ; — 44. ἄρα ὥρισε]
ὥρισεν ἄρα H Nic.

70

XXIII. 28 καὶ ἀποστελῶ τὰς σφηκίας προτέρας σου καὶ ἐκβαλῶ
τοὺς Ἀμορραίους καὶ Εὐαίους καὶ Καναναίους καὶ τοὺς Κετταίους
ἀπὸ σοῦ.

ΔΙΟΔΩΡΟΥ.

Ἐν τῷ μηδενὶ τοὺς ἐχθροὺς τῶν Ἰσραηλιτῶν ἐκβαλεῖν ἐπαγγέλλε-
ται. Οὐ γὰρ τὸ ζῷον νῦν τὴν σφηκίαν λέγει, τῷ δὲ ὀνόματι τοῦ
ζῴου διὰ βραχείας προφάσεως μεγάλην παρέξειν ὑπισχνεῖται τὴν
5 βοήθειαν.

D 259 -- A 279, α' 51ʳ, H 102ʳ, Nic. J 823.
L 143ʳ.

1. ΔΙΟΔΩΡΟΥ] ΘΕΟΔΩΡΗΤΟΥ Nic.
3. τῷ] τὸ H; — 4. ὑπισχνεῖται] ὑπεσχνεῖται H.

71

ΔΙΟΔΩΡΟΥ.

XXXI, 16 « Καὶ φυλάξουσιν οἱ υἱοὶ Ἰσραὴλ τὰ σάββατα εἰς τὰς
γενεὰς αὐτῶν. Διαθήκη αἰώνιος ἐμοὶ τοῖς υἱοῖς Ἰσραήλ, σημεῖόν
ἐστιν αἰώνιον, ὅτι ἐν ἓξ ἡμέραις ἐποίησε κύριος τὸν οὐρανὸν καὶ
5 τὴν γῆν καὶ τῇ ἡμέρᾳ τῇ ἑβδόμῃ ἐπαύσατο ταῦτα ».

Καὶ ἀνωτέρω ἐκ μέσου τοῦ πυρὸς ἔφη πρὸς τὸν λαὸν ὁ Θεός·
Ex. XX, 8 « Μνήσθητι τὴν ἡμέραν τῶν σαββάτων ἁγιάζειν αὐτήν... », ἐν δὲ τῷ
Deut. V, 14 Δευτερονομίῳ· « διὰ τοῦτο, φυλάξῃ τὸ σάββατον ἵνα ἀναπαύσηται ὁ
παῖς σου καὶ ἡ παιδίσκη σου, ὁ βοῦς σου καὶ τὸ ὑποζύγιόν σου. »
10 Πῶς οὖν οἱ ἐθνικοὶ χρονικοὺς ὀνομάζουσι τοὺς Ἰουδαίους τὰ τοῦ
Κρόνου μυστήρια τὸν Μωσέα φάσκοντες αὐτοῖς παραδεδωκέναι, τήν
τε περιτομὴν καὶ τὸ σάββατον; οὐ γὰρ διὰ τὸ ἐν ἓξ ἡμέραις πεποιῆ-
σθαι τόδε τὸ πᾶν καὶ τῇ ἑβδόμῃ τὸν Θεὸν παύσασθαι τοῦ δημιουργεῖν
χαίρει τῷ σαββάτῳ ὁ Κρόνος κατ᾽ αὐτούς, οὐδ᾽ ἵνα τῶν μόχθων ἀνά-
15 παυλαν λαμβάνωσιν οἱ οἰκέται καὶ τὰ ὑποζύγια. Τί δήποτε οὖν φησι
τὸ σάββατον δέδωκε καὶ οὐ τὴν κυριακήν; ἀλλ᾽ εἰ καὶ ταύτην
ἀπονενέμηκεν ὁ Θεός, πάντως ἂν εἶπον ἡλίῳ χαίροντα τὸν Μωσέα
δεδωκέναι τὴν κυριακήν. Ἡλίου γὰρ αὐτὴν φασιν εἶναι οἱ Ἕλληνες.
Καὶ ὅλως τῆς ἑβδομάδος ἑκάστην ἡμέραν ἀφορίζουσί τινι τῶν παρ᾽

20 αὐτοῖς λεγομένων θεῶν. Καὶ πάντως ἂν ἐκείνῳ τῷ λεγομένῳ θεῷ
τὸν Μωσέα προσκεῖσθαι ἐνόμισαν οὗ τὴν ἡμέραν οἰκείαν εἶναι νομί-
ζουσι. Τί οὖν ; οὐκ ἔδει τοὺς τῷ θεῷ δουλεύοντας ἑορτῆς ἡμέραν
ἔχειν διὰ τὴν τῶν ἀσεβῶν ἀγνωμοσύνην ; καὶ πῶς οὐκ ἄτοπον τοῦτο ;
φασὶ δὲ, ἀλλὰ καὶ περιτομὴν ἔχουσιν Ἰουδαῖοι καὶ αὕτη δὲ τῷ
25 Κρόνῳ προσήκει. Πρῶτον μὲν οὐ συνορῶσιν ὅτι ἐκτέμνει ὁ Κρόνος ·
οὐ γὰρ περιτέμνει ἀλλ' ἀποκόπτει, ἀτεκνίαν μὲν προξενῶν ὑπεναν-
τίως τῷ θεῷ λέγοντι « αὐξάνεσθε καὶ πληθύνεσθε » ὃ πληροῦται Gen. I, 28
διὰ τῶν παιδογόνων ὀργάνων · εἰς δὲ ἀρρενομιξίας ἄγων αὐτοὺς
ἀποστερεῖ τοῦ κατὰ φύσιν. Ἔπειτα δὲ ἀγνοοῦσιν ὅτι οὐ Μωσῆς νομο-
30 θετεῖ τὴν περιτομὴν ἀλλὰ τῷ Ἀβραὰμ ὁ Θεὸς δίδωσι πρὸ τεσσάρων
ἢ πέντε γενεῶν τῆς Μωσέως νομοθεσίας, Ἀβραὰμ τῷ ἀπὸ Περσίδος
ἥκοντι ἔνθα Κρόνου οὐδὲ μία μνήμη τυγχάνει. Ἔδει δὲ αὐτοὺς
συνιέναι ὅτι εἰ περιτομὴν καὶ σάββατον τιμᾷ Μωϋσῆς διὰ τὸν Κρό-
νον, πολλῷ μᾶλλον ἔδει κηρύσσειν αὐτὸν ἐκεῖνον καὶ τοὺς ἐξ αὐτοῦ
35 μυθευομένους γεγεννῆσθαι θεούς. Εἰ δὲ καὶ τὸ ἐναντίον ἀναιρεῖ βοῶν ·
« Κύριος ὁ Θεός σου εἷς ἐστί », καὶ « οὐκ ἔσονταί σοι θεοὶ ἕτεροι », Deut. VI, 9
καὶ « οὐ ποιήσεις σεαυτῷ εἴδωλον », καὶ πάλιν « οὐ ποιήσεις παντὸς Ex. XX, 3-4
ὁμοίωμα ὅσα ἐν τῷ οὐρανῷ ἄνω καὶ ἐπὶ τῆς γῆς κάτω » καὶ μαχό-
μενος τῷ θυμῷ τοῦ πολυτέχνου καὶ πολυβόρου Κρόνου, πῶς τὸ
40 σάββατον καὶ τὴν περιτομὴν δι' ἐκεῖνον τιμᾷ ὃν οὐδὲ εἶναί φησι
πάσαις ταῖς τῶν ἐθνικῶν δόξαις ἐναντιούμενος.

D 238 — A 263, α' 35, H 83, Nic. I 906.

3. κύριος omis. H ; — 6. πυρὸς] πονηροῦ H ; — 7. μνήσθητι-- αὐτήν add. Deconinck, cf. p. 77 ; — 8. <φησὶ> φυλάξῃ A H Nic. ; — 11. φάσκοντες] φάσκοντα D ; παρα-
δεδωκέναι] μεταδεδωκέναι H ; — 13. τὸ πᾶν] τὸ omis H ; τὸν θεὸν omis. D ; — 14. τῷ
σαββάτῳ] τὸν σάββατον Nic. ; αὐτοὺς] αὐτοῦ H ; — 15. φησὶ omis. H ; — 17. ἀπονενέ-
μηκεν] ἀπονενεμήκει D A Nic. ; — 18. οἱ omis. H ; — 21. προσκεῖσθαι] προχεῖσθαι H ; —
23. ἀγνωμοσύνην] ἀγνομοσύνην H ; — 24. <οἱ> Ἰουδαῖοι H Nic. ; — 26. ἀποκόπτει]
ἀνακόπτει Nic. ; — 27. Μωσῆς] Μωυσῆς Nic. ; — 30. τεσσάρων] τεττάρων Nic. ; — 32.
οὐδὲ μία] οὐδεμία Nic. ; — 35. γεγεννῆσθαι omis. D ; καὶ omis. A H Nic. ; <καὶ>
ἀναιρεῖ A Nic. ; — 37. σεαυτῷ] ἑαυτῷ H ; — 40. δι' ἐκεῖνον τιμᾷ] τιμᾷ δι' ἐκεῖνον
H Nic. ; οὐδὲ] Deconinck, οὔτε D A H Nic.

72

Cf. XXXII Le veau d'or.

v. 3-4 καὶ περιείλαντο πᾶς ὁ λαὸς τὰ ἐνώτια τὰ χρυσᾶ τὰ ἐν τοῖς ·
ὠσὶν αὐτῶν καὶ ἤνεγκαν πρὸς Ἀαρών, καὶ ἐδέξατο αὐτὰ ἐκ τῶν

χειρῶν αὐτῶν καὶ ἔπλασεν αὐτὰ ἐν τῇ γραφίδι καὶ ἐποίησεν αὐτὸ μόσχον χωνευτόν...

ΔΙΟΔΩΡΟΥ.

Τί δήποτε τῷ λαῷ κοινωνήσας Ἀαρὼν τῆς μοσχοποιίας οὐ μείζονα κόλασιν ὑπέσχε μᾶλλον ὡς καὶ ἀδελφὸς ὢν Μωϋσέως καὶ τῶν θαυμάτων τῶν διὰ Μωϋσέως ὑπηρέτης;

5 ἢ δῆλον ὅτι τῆς μὲν ἀσεβείας τὸν λαὸν οὐκ ἀπεδέξατο, πολλὴν δὲ καὶ ἄλογον ἰδὼν τὴν ὁρμὴν ἐπικειμένων αὐτῷ καὶ παρακελευομένων χωνεῦσαι καὶ ποιῆσαι θεούς, δείσας μήποτε, εἰ αὐτὸς παραιτήσεται, ἐφ᾽ ἕτερον ἔλθοιεν ἄρχοντα καὶ ὁδηγὸν αὐτοῖς τῆς ἀσεβείας, οὕτω τε τὰ πάντα συγχύσεως πληρωθείη, δοκεῖ μὲν αὐτοῖς συντε-
10 θεῖσθαι, μελλήσεις δὲ καὶ ὑπερθέσεις ἐπινοεῖ καὶ τὸ τελευταῖον τῶν γυναικῶν τὰ ἐνώτια σοφῶς ἀπαιτεῖ. Φιλόκοσμον γὰρ τὸ γυναικῶν γένος οὐκ εὐκόλως τῶν εἰς τοῦτο συντελούντων ἀποστερούμενον. Ὡς δὲ καὶ τούτων προετιμᾶτο ἡ ἀσέβεια καὶ τὰ ἐνώτια ἐν χερσὶν εἶχεν ὁ Ἀαρὼν χωνεύει μὲν τὸν μόσχον καὶ γλύφει γραφίδι καὶ τέως ἃ
15 βούλονται ποιεῖ· τρίβων τὸν χρόνον ἕως παραγένηται Μωϋσῆς καὶ πάντα διορθωθείη. Τῇ δὲ ἑξῆς θυσιαστήριον οἰκοδομεῖ τῷ Θεῷ καὶ θυσίας προσάγει ὅτι τὸν μόσχον βιασθεὶς ἐποίησε. Σαφέστερον γοῦν Μωϋσῆς μετὰ ταῦτα λέγει τοῖς Ἰσραηλίταις ὅτι « ἐν ἐκείνῳ τῷ καιρῷ καθ᾽ ὃν ἐμοσχοποιήσατε ηὐξάμην ὑπὲρ Ἀαρὼν τοῦ ἀδελφοῦ
20 μου » ἵνα μὴ ἀποθάνῃ. Πρὸ δὲ τούτου τὸ μέγιστον, προορῶν ὁ Θεὸς τοὺς ἐξ αὐτοῦ ἁγίους, τὸν Σαμουήλ, τὸν Ἠλίαν, τὸν Ἰησοῦν, τὸν Ἰωσεδέκ, Ἰωάννην τὸν βαπτιστὴν καὶ ἄλλους μυρίους ἐτήρησε καὶ τὸν Ἀαρὼν τῇ ἱερωσύνῃ διὰ τοὺς ἐξ αὐτοῦ.

D 276 — A 310, a′ 83ʳ, H 85, Nic. I 909.
L 157.

2. κοινωνήσας] κοινολογήσας A ; — 3. ὡς καὶ] καὶ omis H ; — 4. τῶν διὰ] τῶν omis. H ; — 6. ἐπικειμένων αὐτῷ] ἐπικειμένην αὐτῶν H ; ἐπιμένων αὐτῶν Nic. ; — 7. εἰ omis. Nic. ; — 10. μελλήσεις] μελήσεις D A H ; ἐπινοεῖ] ἐπινοεῖν H Nic. ; καὶ τὸ] τὸ omis. D ; — 13. τούτων <τελουμένων> A H ; — 14. χωνεύει] χονεύει H ; — 15. τρίβων] τρίβον Nic. ; χρόνον] χρυσὸν H ; — 17. θυσίας] θυσίαν Nic. ; — 15 et 18. Μωϋσῆς] Μωσῆς Nic. ; — 17-19. σαφέστερον γοῦν-- ηὐξάμην ὑπὲρ omis. H ; — 19. ἐμοσχοποιήσατε] ἐμοσχοποιήσατο Nic. ; Ἀαρὼν <φησι> H ; — 21. τὸν Ἠλίαν] τὸν omis. A ; — 22. καὶ² omis. A H Nic.

Appendice aux scolies grecques de Diodore sur l'Exode.
Cf. Ire Partie, p. 80.

Scolies extraites de la chaîne latine de Jean le Diacre. Cf. Pitra *Spicilegium Solesmense.* 1852, Paris, p. 269 et suiv.

III, 5 *Solve calceamentum de pedibus tuis; locus enim in quo tu stas, terra sancta est.*

Tradunt aliqui : prædicebantur Moysi conjugis trahendæ secum a Deo impedimenta prohibita ; unde eam Moyses cognoscitur ad socerum remisisse. Sed melius datur intelligi, hoc significari mandato, quod futurum erat, ut per legislatorem minime liceret, ut ne in sancta sanctorum cum calceamentis ex pellibus morticinorum ingredi pontifex debuisset.

IV, 5 *Cumque esset in itinere, occurrit ei Dominus et volebat occidere eum.*

Si ideo Dominus volebat occidere Moysen, aut ejus filium, quod incircumcisos filios suos haberet, cur non utrosque filios, sed unum circumcidere voluit? Aut quomodo sentiatur pro hoc eum subisse discrimen, dum in eremo qui nati fuerant, incircumcisi fuerint, et magis, ipsi terram repromissionis intrarent, quamvis postea circumcisi? Sed datur intelligi ideo hunc Moysen incidisse in terrorem, quod jussioni Dei, qua dirigebatur in Ægyptum, inobediens exstitisset, dum se excusaret dicens : « Quis ego sum ut vadam ad Pharaonem? » (III, 11) Et iterum « non sum eloquens ab heri et nudius tertius » (VI, 11). Verumtamen occasionem propitiandi, per circumcisionem qua parserit, Deus dare dignatus est. Sicut et Balaam, per datam occasionem perterritæ asinæ, voluit parcere delinquenti.

IV, 21 *Ego indurabo cor Pharaonis.*

Propitiationis Dei et magis, non sævitiæ quod Pharaoni dicitur : Indurabo. Propter divitias enim bonitatis suæ volens Pharaonem ad pænitentiam provocare, terret eum per intervalla signorum, et non vult mox interficere delinquentem ; sed ille, abusus patientia Dei, contumacior inter pœnas efficitur. Et hoc, indurabo cor ejus, hoc est : patientia mea, qua ad pœnitudinem reservatur, male utitur, et fit durior dilato supplicio. Patientia igitur divina fit durior ; solent enim et in famulo delinquente, si ei sæpius venia tribuatur et pro indulgentia non emendet, culpabilia frequenter exigi. At [videtur] dici a Domino : ego te culpabilem feci, qui distuli punire sæpius delinquentem. Et Deus hac significatione cor Pharaonis dicitur obdurasse. Verumtamen et ad salutem Deus utebatur hac patientia plurimorum, ne impios interimendo, velociter etiam qui conversuri fuerant, interirent. Nam per singula quæque miracula plurimos arbitramur Ægyptios fuisse conversos ; legitur enim quia unus timuit verbum Domini de servis Pharaonis ; fecit confugere servos suos et jumenta in domo (IX, 20). Et iterum : Dixerunt servi Pharaonis ad eum : usque quo patiemur hoc scandalum? Dimitte homines ut sacrificent Domino suo.

XX, 5 *Ego sum Dominus Deus tuus zelotes, visitans iniquitates patrum in filios in tertiam generationem.*

Si in tertiam et quartam generationem ulciscitur Deus, quomodo se ipse in millibus misericordiam facere posse testatur ? sed quia secundum leviticam generationem de Ægypto egressus est Israel, in quarta igitur hujus generis progenie ultus Deus est in excessibus Judæorum. Is quartus autem levitici generis ordo hinc fuisse sic noscitur : Levi genuit Caath, Caath genuit Amram, Amram genuit et Moysen. Aut certe in ipsis Ægyptiis vindicavit.

XX, 25 *Altare de terra facietis mihi : quod si lapideum feceritis; non ædificabitis illud de sectis lapidibus.*

Ferrum ab altaris opere prohibetur. Unde et David quia multum sanguinis bellico gladio fuderat, templum ædificare a Domino prohibetur.

XXI, 23 *Reddit animam pro anima.*

Diodorus asserit pro abortivo, non pro muliere dictum esse : animam redde pro anima. Exponit fortasse ideo pro abortivi anima fieri ultionem, quod figurato jam corpore anima tribuitur a Deo ; quam quæstionem beatus Augustinus, Hieronymo scribens de origine animæ, subtilissime perquisivit.

72

cf. XII, 5 Préceptes du Seigneur en vue de la purification des accouchées

ΔΙΟΔΩΡΟΥ.

Οἶμαι ὅτι τικτούσῃ μίγνυσθαι κωλύει καὶ προσεγγίζειν, τὴν ἐπιθυμίαν ἄγχων. Ὁ γάμος γὰρ παιδοποιίας ἕνεκεν καὶ οὐκ ἀλογίας. Ἵνα οὖν μὴ διενοχλῆται ἀπὸ πόνων, διὰ τοῦτο προσχήματι ἀκαθαρ
5 σίας μένει καθ᾽ ἑαυτὴν ἀνάπαυλαν ἔχουσα · ἁπλῆν μὲν ἐπὶ ἀρρενοτοκίας, διπλῆν δὲ ἐπὶ θηλυτοκίας. Ὡς μέν τινές φασιν ὅτι τὸ ἄρρεν εἴσω τεσσαράκοντα ἡμερῶν, τὸ δὲ θῆλυ εἴσω ὀγδοήκοντα μορφοῦται. Ἐγὼ δὲ ὑπείληφα ὅτι τὸ κύειν θῆλυ βαρύτερον ὅσῳ καὶ ὑγροτέρα τοῦ ἄρρενος κατὰ φύσιν ἐστὶν ἡ θήλεια.

D 304 — A 340, P 19, O 15, Nic. I 1029.

1. ΘΕΟΔΩΡΟΥ. ὁ Ἀλεξάν. κώδ. Νικηφ.
2. προσεγγίζειν] προσέγγιζεν O ; τὴν -- ἄγχων omis. D ; — 3. ἕνεκεν καὶ] καὶ omis. O ;
— 4. διὰ τοῦτο omis A P O ; — 5. ἀρρενοτοκίας] ἄρρεν D, ἀρρενοκοιτίας O ; — 6. ἐπὶ]
ἀπὸ O ; — 6-7. διπλῆν δὲ -- ἡμερῶν omis D ; — 6. ἄρρεν] ἄρσεν A.

73

XII et XIII Lois sur la femme qui est accouchée et sur la lèpre.

ΔΙΟΔΩΡΟΥ.

Πολλοὶ διαποροῦσι. διὰ τί ἀκάθαρτος ὁ λεπρὸς, ἢ διὰ τί μέχρι τοσαύτης ἀκριβείας προῆλθεν ὁ περὶ τῆς λέπρας νόμος, διατί ὁ γονορρυὴς ἀκάθαρτος, ἢ ὁ ἐνυπνιαζόμενος, ἢ ἡ τίκτουσα, ἢ ὁ νεκροῦ
5 ἁπτόμενος.

Ἐρῶ οὖν ὅτι σκιὰ ἦν ὁ νόμος, ἐν τοῖς σωματικοῖς προγυμνάζων οἷα παῖδας τοὺς Ἰουδαίους, ἵνα καὶ τὸ παραβαινόμενον μὴ ᾖ μέγα καὶ τὸ τηρούμενον ἐπιτηδειοτέρους ἐργάσηται. πρὸς ὑποδοχὴν τῶν

1. Les manuscrits Coislin 5 et 6 sont désignés par les lettres P. O ; cf. INTRODUCTION, p. 5.

πνευματικῶν καὶ τελειοτέρων ἐντολῶν. Ἔστιν οὖν αὕτη καθολικωτέρα
10 τῶν ζητουμένων ἡ αἰτία. Εἰ δὲ ἐννοήσαιμεν ὡς οὐδὲν τούτων πρὸς
εὐσέβειαν συνεβάλλετο τοῖς ἐπὶ Μωσέως, ἀλλ᾽ οὐδὲ ἀγνοούμενον τῷ
τῆς εὐσεβείας λόγῳ ἢ ἔργῳ ἐνεπόδιζε, τὴν προειρημένην ἡμῖν αἰτίαν
Matth. XV, 11 ἂν βεβαιοῖμεν. Καὶ εἰ τὸ τοῦ κυρίου λογίσῃ « οὐ τὰ εἰσπορευό-
Gal. V, 6 μενα κοινοῖ τὸν ἄνθρωπον », καὶ τὸ τοῦ Παύλου « ἡ περιτομὴ οὐδὲν
15 ἰσχύει », ἀλλὰ καὶ ἐν τῇ παλαιᾷ οὕτως ἔλυσε τὸν νόμον τὰ πρὸς Νῶε ·
Gen. IX, 3 « ὡς λάχανα γὰρ χόρτου, φησὶν ὁ Θεός, πάντα ἔδεσθε » · τῷ δὲ
Μωσεῖ · τόδε φάγε καὶ τῶνδε ἀπόσχου · καὶ τοῖς Ἰσραηλίταις διὰ μὲν
Μωσέως ἀφεῖναι συγχωρεῖ τὰς ἑαυτῶν γυναῖκας τοῖς βουλομένοις
κατὰ πᾶσαν αἰτίαν, διὰ δὲ ἑτέρου προφήτου τοῦτο ἀπαγορεύει λέγων ·
Malach. II, 15 20 « καὶ γυναῖκα νεότητός σου μὴ ἐγκαταλίπῃς, ἐὰν δὲ μισήσας ἐξα-
ποστείλῃς ἀσέβεια καλύψει τὰ ἐνθυμήματά σου » · καὶ πολλὰ τοιαῦτα
ἔχει τις λέγειν, ἐξ ὧν δῆλον ὅτι οὐδὲν ἀκάθαρτον εἰ μὴ πονηρὰ
διάθεσις.

Τί δήποτε οὖν δοκεῖ τῷ νόμῳ ἀκάθαρτον εἶναι τὸν ἐνυπνιαστὴν
25 καὶ τὴν ἐν ἀφέδρῳ ; ὅτι μὲν οὖν τῆς φύσεως ταῦτα δῆλον. Σκοπεῖν
δὲ χρὴ ὡς ἐὰν τὰ τῆς φυσέως ἀκάθαρτα ᾖ, ποῦ γε τὸ μαχόμενον τῇ
φύσει; Εἰ δὲ ἀκάθαρτον ἀληθῶς Ἰουδαῖοι λέγοιεν, ἰστέον ὅτι τοῦ
ἀκαθάρτου καρπὸς ἡ λέπρα. Φασὶ γὰρ ὡς εἴ τις τῇ ἐν ῥύσει οὔσῃ, τουτέστιν ἐν ἀφέδρῳ, προσέλθοι, ἐπειδὴ πρὸς ἔκκρισιν τὸ τοιοῦτον αἷμα
30 ἐπειγόμενον ἀλλότριον πώς ἐστι τῆς φύσεως, μεριζόμενον εἴς τε τὴν
τοῦ βρέφους διάπλασιν καὶ εἰς τὴν τήρησιν, ἀσθενεστέραν τὴν φύσιν
ἐργάζεται. Καὶ εἰ τὸ μὲν τεχθὲν νικᾷ τὸ πάθος τῇ φυσικῇ ζέσει, προιού-
σης δὲ αὐτῷ τῆς ἡλικίας, δέχεται τὴν λέπραν ἥτις ποιεῖ τὴν σάρκα
νωθροτέραν καὶ ταλαιπωροτέραν ἀπὸ τοῦ αἵματος τοῦ ἐν ἔθει τῶν
35 γυναικῶν. Εἰ δὲ καὶ φῆμά τι ἢ καῦμα γένοιτο, ἑτοιμοτέραν δέχεται
τῆς λέπρας τὴν ἐπήρειαν, καὶ τῶν κατὰ τοὺς τόπους ἀέρων ἔσθ᾽
ὅτε τῷ πάθει συνεργούντων. Διὸ Μωϋσῆς πολὺν ποιεῖται τὸν περὶ
τῆς λέπρας λόγον · ἵνα δέει τοῦ πάθους, φεύγωσι τὰς ἀκαίρους
μίξεις, ἄρχοντες τὴν ἐπιθυμίαν.
40 Τὸ αὐτὸ δ᾽ ἂν καὶ περὶ τοῦ γονορρυοῦς, ἵνα τὸ περὶ ταύτης ἐργῶ-
δες ὀκνηροτέρους ποιῇ περὶ τὰς μίξεις.

D 304ʳ — A 340, P 19, O 15, Nic. I 1031.
L 171ʳ.

1. ΘΕΟΔΩΡΟΥ Nic. sed in not. ΔΙΟΔΩΡΟΥ. ὁ Ἀλεξάν. κώδ.

3. γονορυὴς A ; — 4. ἤ ὁ ἐνυπν. ἤ omis. A P O Nic. ; — 5. ἁπτάμενος P ; — 7. μὴ omis. D ; — 10. ἤ omis A ; ἐνοήσαιμεν D ; — 11. συνεβάλετο D ; — 12. ἐνεπόδιζε] ἐπόδιζε D ; ὑμῖν P ; — 13. ἂν add. Deconinck ; <ἀλλά> καὶ omn. mss. ; — 14. κοινῇ A, κοινεῖ Nic. ; — 15. ἀλλὰ add. Deconinck ; <τὸν> Νωὲ A P O Nic. ; — 16. ὁ θεὸς omis. D ; — 17. Μωυσεῖ Nic. ; τῶνδε] τοῦδε A P O Nic. ; τοῖς <μὲν> D Nic. ; διὰ μὲν] μὲν omis. D ; — 20. ἐγκαλείπης Nic. ; μισήσης A ; — 24. ἀκάθαρτον εἶναι omis. — 25. O ; τὴν] τὸν D ; — 27. τῇ φύσει omis. D ; εἰ δὲ ἀκάθαρτον] ἀκάθαρτα O ; — 28. γὰρ <τινὲς> A P O Nic. ; — 29. τὸ omis. A : — 33. δὲ omis. O ; αὐτῷ] αὐτὸ P ; ἥτις] ἤ A P O Nic. ; ποιεῖν A ; — 34. ταλαιπωροτέραν] ταπεινοτέραν A P O Nic. ; — 35. ἤ <καὶ> P ; — 36. τοὺς omis. O ; — 38. φεύγουσι P ; — 40. γονορυοῦς A ; τὸ] τῷ O ; ταύτης] αὐτῆς A, τῆς O Nic. ; τῆς sed αὐ supr. D ; — 41. ποιῇ] ποιεῖ D P Nic. ; περὶ] πρὸς P.

74

cf. XII Murmures contre Moïse. Châtiment.

v. 1-10 Καὶ ἐλάλησεν Ἀαρὼν καὶ Μαριὰμ κατὰ Μωϋσῆ...

ΔΙΟΔΩΡΟΥ.

Διατί κοινῇ μὲν κατελάλησαν Μωσέως Μαριὰμ καὶ Ἀαρών, μόνη
δὲ ἐκείνη τιμωρεῖται;
Μήποτε οὖν ἡ Μαριὰμ καταρξαμένη τῆς καταλαλιᾶς καὶ τὸν Ἀαρὼν
5 ἐφειλκύσατο ; διόπερ δίδωσι δίκην ἥτις ἤρκει τῷ Ἀαρὼν εἰς
σωφρονισμόν.

D 362 — A 399, P 78ᵛ, O 56ᵛ, Nic. I 1244.
L 193ᵛ.

2. Μωυσέως A O Nic. ; — 4. καταλιᾶς D, καταλλαλιᾶς O ; συνεφελκύσατο Nic. ; —
5. <καὶ> τῷ A O.

75

cf. XXII-XXIV. Balaam bénit Israël.

ΔΙΟΔΩΡΟΥ.

Ἰστέον μέντοι ὥς τισιν ἔδοξε μηδὲν αὐτὸν περὶ τοῦ σωτῆρος
ἡμῶν προειρηκέναι. Οὓς ἐχρῆν συνιδεῖν ὅτι καὶ τῷ Ναβουχοδονόσορ
ἄγαν ὄντι δυσσεβεῖ τὴν τοῦ Θεοῦ καὶ σωτῆρος ἡμῶν ἀπεκάλυψε
5 παρουσίαν. Εἶδε γὰρ λίθον τμηθέντα ἄνευ χειρῶν, καὶ πατάξαντα τὴν
εἰκόνα, καὶ συντρίψαντα τὸν χρυσὸν, τὸν ἄργυρον, τὸν χαλκὸν, τὸν
σίδηρον, τὸ ὄστρακον, καὶ γενόμενον ὄρος μέγα, καὶ καλύψαντα
πᾶσαν τὴν γῆν. Ὁ τοίνυν ἐκεῖνα δι' ἐκείνου προαγορεύσας, καὶ διὰ
τούτου προείρηκε τῆς οἰκουμένης τὴν σωτηρίαν, ἵνα καὶ παρὰ τοῖς
10 ἔθνεσιν αἱ τοιαῦται προρρήσεις φυλάττωνται.
Μαρτυρεῖ δὲ τῇ τῶν πραγμάτων προρρήσει τὸ τέλος. Ὁ γὰρ ἐξ
Ἰούδα κατὰ σάρκα βλαστήσας οὐ μόνον τοὺς ἀρχηγοὺς Μωὰβ ἀλλὰ
καὶ πάντας τοὺς υἱοὺς Σὴθ προενόμευσεν · υἱοὶ δὲ τοῦ Σὴθ ἅπαντες

ἄνθρωποι. Ἀπόγονος γὰρ ὁ Νῶε τοῦ Σήθ. Ἐκ δὲ τοῦ Νῶε πᾶσα τῶν
15 ἀνθρώπων ἡ φύσις. Προεῖπε δὲ καὶ τὴν Μακεδόνων νίκην · « ἐξελεύ-
σεται·γάρ φησιν ἐκ χειρῶν Χεττιεὶμ καὶ κακώσουσιν Ἀσσοὺρ καὶ
κακώσουσιν Ἑβραίους ». Ἀλέξανδρος μὲν γὰρ τὴν Περσῶν κατέλυσεν
βασιλείαν. Ἀντίοχος δὲ Ἰουδαίοις ἐπιστρατεύσας, καὶ τὴν μητρόπο-
λιν αὐτῶν εἷλε, καὶ τὸν θεῖον νεὼν ἀπέφηνεν ἔρημον.

20 Αἱ μέντοι προρρήσεις οὐ τῆς ψευδοῦς εἰσὶ μαντείας ἀλλὰ τῆς τοῦ
παναγίου πνεύματος ἐνεργείας. Ὁ γὰρ τὴν ὄνον ἀνθρωπείᾳ χρήσα-
σθαι φωνῇ παρὰ φύσιν κελεύσας, οὗτος καὶ διὰ τῆς γλώττης τοῦ
μάντεως τὰ ἐσόμενα προηγόρευσεν. « Ἐγένετο γάρ φησι πνεῦμα Θεοῦ
ἐν αὐτῷ ». Τοῦτο γέγονε καὶ ἐν τῷ παρανόμῳ Σαούλ · ὅθεν διὰ τὸ
25 παράδοξον καὶ ἡ παροιμία ἐγένετο · « εἰ καὶ Σαοὺλ ἐν Προφήταις ». I Sam. X, 12
Τοσαύτην μέντοι πεῖραν παρὰ τοῦ Θεοῦ λαβὼν ὁ ψευδόμαντις ἑτέρας
ἐτεκτήνατο κατὰ τοῦ λαοῦ μηχανάς. Συννοήσας γὰρ ὡς ἄμαχον
ἔχουσι δύναμιν ὑπὸ τοῦ Θεοῦ τειχιζόμενοι, τὴν διὰ τῆς ἀκολασίας
αὐτοῖς ἀσέβειαν ἐπενόησεν, ἵνα διὰ τὴν ἀσέβειαν τῆς θείας γυμνού-
30 μενοι συμμαχίας εὐάλωτοι γένωνται. Καὶ τοῖς Μαδιανίταις ὑπέθετο
μὴ τοὺς ἄνδρας κατ' αὐτῶν, ἀλλὰ τὰς γυναῖκας ὁπλίσαι, καὶ γενέσθαι
αὐτοῖς ὅπλον τὴν τοῦ σώματος ὥραν καὶ τῶν λόγων τὸ δέλεαρ, ἵνα
δελεασθέντες ὑπὸ τοῦ κάλλους καὶ τοῖς λόγοις καταθελχθέντες τοῖς
ἐκείνων εἰδώλοις λατρεύσωσι · καὶ τοῦτο ἡμᾶς ὁ μακάριος ἐδίδαξε
35 Μωϋσῆς, μετὰ τὴν κατὰ τῶν Μαδιανιτῶν νίκην ἐπιμεμψάμενος τοῖς
τὰς γυναῖκας ζωγρήσασιν. Ἔφη γὰρ οὕτως · « ἵνα τί ἐζωγρήσατε Nombr. XXXI,
πᾶν θῆλυ ; αὗται γὰρ ἦσαν τοῖς υἱοῖς Ἰσραήλ, κατὰ τὸ ῥῆμα τοῦ 15-15
Βαλαάμ, τοῦ ἀποστῆναι καὶ ὑπεριδεῖν τὸ ῥῆμα κυρίου ἕνεκεν Φογώρ.
Καὶ ἐγένετο πληγὴ ἐν τῇ συναγωγῇ κυρίου ». Φογὼρ δὲ τοῦ εἰδώ-
40 λου τὸ ὄνομα. Ταύτης τῆς ἀσεβείας καὶ ὁ θεῖος ἐμνήσθη Δαβίδ ·
« καὶ ἐτελέσθησαν τῷ Βεελφεγὼρ καὶ ἔφαγον θυσίας νεκρῶν ». Τού- Ps. CVI, 28
του χάριν καὶ ἐχθραίνειν τοῖς Μαδιηναίοις προσέταξεν ὁ Θεὸς « ὅτι
ἐχθραίνουσι, φησίν, αὐτοὶ ὑμῖν ἐν δολιότητι διὰ Φογώρ ». Τοῦ μέν- Nombr. XXV,
τοι λαοῦ ἡμαρτηκότος, οἱ ἄρχοντες ἐκρεμάσθησαν, ὡς ὁ Σύμμαχος 18
45 ἔφη, ὡς μὴ ἐξάραντες τὸν πονηρὸν ἐξ αὐτῶν.

Τὸ δὲ « ὑψωθήσεται ἡ Γὼγ βασιλεία αὐτοῦ » ὁ Σύμμαχος οὕτως
ἡρμήνευσε · « καὶ ὑψωθήσεται ὑπὸ Ὢγ βασιλεύουσα αὐτοῦ ». Δηλοῖ δὲ
ὁ λόγος ὅτι καὶ τοῦ Ὢγ ἐπιστρατεύσαντος περιέσονται διὰ τὸν ἐξ
αὐτῶν κατὰ σάρκα βλαστήσοντα βασιλέα.

D 392ᵛ — A 427, P 105ᵛ, O 73, Nic. I 1339.

1.ΘΕΟΔΩΡΤΟΥ Nic. sed in not. ΔΙΟΔΩΡΟΥ ὁ Ἀλεξάνδ. κώδ.
2. σωτῆρος] πατρός D O ; — 3. τῷ] τῶν D A P ; — 5. ἄνευ] ἀνὰ A ; — 8. προσαγο-
ρεύσας Nic. ; — 9. παρὰ] περὶ O ; — 10. φυλάττονται P ; — 11. τῇ] τὴν P ; — 12. Ἰουδαίων
A ; — 14. ὁ Νῶε] ὁ omis A ; — 15. τὴν] τῶν D ; <τὴν> νίκην D ; <κατὰ περσῶν>
νίκην Nic. ; — 16. φησιν omis D ; χειρὸς Nic. ; Χετιείμ O Nic. ; Ἀσσούρ] υἱοὺς Σούρ A,
Ἀσούρ O Nic. ; — 17. κατέλυσα O ; — 19. νεὼν] ναὸς Nic. ; — 23. τὰ omis P ; — 24. ἐν
αὐτῷ] ἐπ’ αὐτῶν P ; — 25. ἐγίνετο P ; — 26. τοῦ θεοῦ] τοῦ omis A Ὁ ; — 27. συνοήσας O ;
— 29. ἐπενόησαν A, ἐπέησεν P ; — 30. <δυναστείας καὶ> συμμαχείας O ; — 31. κατ’
omis. A ; — 32. ὅραν P : — 34. ἐκείνων omis. O ; ἡμᾶς] ὑμᾶς P ; ἐδίδειξε P ; — 35.
μεμψάμενος O ; — 36. ἐζωγρήσαται O ; — 38. τοῦ βαλαὰμ] τοῦ omis Nic. ; παριδεῖν P ;
— 41. ἐτελεύθησαν D ; — 42. Μαδιναίοις A P O ; — 43. ὑμῖν αὐτοὶ A ; — 45. ὡς μὴ]
ὡς οἱ O ; — 46. ὑψωθῆναι O ; — 47. ὑπὸ] ὑπὲρ P Nic. ; βασιλεύουσα] βασιλεύασα A,
βασιλεύσουσα Nic.

76

I, 5 ...ἐν γῇ Μωὰβ ἤρξατο Μωϋσῆς διασαφῆσαι τὸν νόμον τοῦτον λέγων...

ΔΙΟΔΩΡΟΥ.

Ἐπειδὴ ὁ μὲν Θεὸς τὴν δύναμιν ἀπεκάλυπτεν, ὁ δὲ προφήτης τῇ ἑαυτοῦ γλώσσῃ ἐκέχρητο πρὸς παράστασιν τῶν δεδηλωμένων, διασάφησιν λέγει τὴν προφητικὴν φωνήν, οἷα παριστῶσαν τὰ ὑπὸ τοῦ Θεοῦ εἰρημένα.

> D 407 et 409 — A 449 et 451, P 126 et 128, O 86 et 88, Nic. I 1423. J 391 et 392ᵛ.

Tous les manuscrits présentent ce fragment en doublet d'abord sous le nom d'Origène, puis sous le nom de Diodore.

Dans tous les manuscrits, il y a la même variante entre le fragment attribué à Origène et celui attribué à Diodore. Celui de Diodore est tel que dans Migne (dans D, γλώσσῃ pour γλώττῃ) ; dans celui d'Origène, au lieu de διάσάφησιν-- φωνήν] κίνησις οὖν λέγεται ἡ προφητικὴ φωνή; παριστῶσαν] παριστῶσα.

77

cf. XXXIII Dernière bénédiction de Moïse.

v. 6 Ζήτω Ῥουβὴν καὶ μὴ ἀποθανέτω.

ΔΙΟΔΩΡΟΥ.

Ἐπειδὴ Ἰακὼβ ἀποθνήσκων κατηράσατο τῷ Ῥουβὶμ λέγων· « ὡς ὕδωρ μὴ ἐκζέσῃς, ζήσεις » · ὁ Μωϋσῆς εὐλογῶν, φησί · « ζήτω Ῥουβὶμ, καὶ μὴ ἀποθανέτω », ἀμφότερα δὲ καλῶς. Ὅ τε γὰρ πατὴρ καταρᾶται αὐτῷ ὡς τῇ παλλακῇ συνελθόντι, τοὺς ἑξῆς παιδεύων καὶ φοβῶν · καὶ Μωϋσῆς δικαίως εὐλογεῖ μετὰ ταῦτα ἐπειδὴ μόνος ἐφείσατο τοῦ Ἰωσήφ, ὅτε ἀνελεῖν αὐτὸν ἐβούλοντο οἱ ἄλλοι ἀδελφοὶ αὐτοῦ. Ἄτοπον δὲ ἦν κατάραν μὲν προχωρῆσαι κατὰ ἡμαρτηκότος, εὐλογίαν δὲ μὴ δοθῆναι κατορθώσαντι.

D 469ᵛ — A 5a3, P 195ᵛ, O 135, Nic. I 1656.

1. ΘΕΟΔΩΡΗΤΟΥ D.

3. ζήσεις - - ζήτω] ζήσαις · φησὶν ὁ Μωυσῆς · ζήτω O ; — 5. παλλακῇ] παλλακίδι O ; — 7. αὐτὸν omis. D ; — 8. κατάραν] κατάρα D ; μὲν omis. O ; ⟨τοῦ⟩ ἥμαρτ. P O ; εὐλο- γίαν] εὐλογία D.

78

V, 31 Καὶ ἐποίησεν ἑαυτῷ ὁ Ἰησοῦς μαχαίρας πετρίνας ἀκροτόμους,
καὶ περιέτεμε τοὺς υἱοὺς Ἰσραὴλ ἐπὶ τοῦ καλουμένου τόπου Βουνοῦ
τῶν ἀκροβυστιῶν.

ΔΙΟΔΩΡΟΥ.

Γαλγὰλ τροχὸς ἑρμηνεύεται τῇ τε Σύρων καὶ τῇ Ἑβραίων φωνῇ.
Ἐπειδὴ τοίνυν ἡ περιαίρεσις τῆς ἀκροβυστίας τροχοειδὴς ἐγίνετο,
Γαλγὰλ ὁ τόπος ἐκλήθη ἀπὸ τοῦ γεγονότος. Βουνὸς γὰρ ἐσωρεύθη
5 ἀκροβυστιῶν, ἅτε τοσούτου πλήθους περιτμηθέντος.

D 483 — A 537, P 208, O 143, R 4ᵛ, Nic. II 31.

2. Γαλγὲλ A P O R Nic. ; ἑρμεινεύεται R ; — 4. Γαλγάλα A O ; — 4. ἐσορεύθη R.

1. Le manuscrit Coislin 7 est désigné par la lettre R.

FRAGMENTS DOUTEUX

79

Gen. III, 18-20 Punition d'Adam.

ΔΙΟΔΩΡΟΥ.

Ἐπειδή τινῶν ἀκήκοα πυνθανομένων · εἰ προῄδει ὁ Θεὸς ὅτι
παρακούσει ὁ Ἀδάμ, τίνος ἕνεκεν τῇ δόσει τῆς ἐντολῆς παρέσχε τῇ
παρακοῇ πρόφασιν ;

5 Τοσοῦτον ἐρῶ ὅτι μάλα ὁ Θεὸς εἰδὼς συμφέρουσαν ἀνθρώποις τὴν
θνητότητα · μένοντες γὰρ ἀθάνατοι, πταίσουσιν ἀθάνατα, καὶ ὅτι λυσι-
τελεῖ τοῖς τοιούτοις, θανάτῳ λυομένου τοῦ σώματος, συγκαταλυθῆναι
καὶ τὸ τῆς ἁμαρτίας. Οὐκ εὐθὺς ἔδωκε τὸ συμφέρον, ἵνα μὴ βλασ-
φημῆται, ὡς μὴ δεδωκὼς ἐξ ἀρχῆς τὴν ἀθανασίαν. Ἀλλὰ πρότερον
10 δίδωσι τὴν ἐντολήν, ἧς οὐκ ἀνεξομένους ᾔδει · ἵνα δείξῃ ὅτι, εἰ καὶ
προτεινομένης αὐτοῖς ἀθανασίας ἀπὸ τῆς ὑπακοῆς καὶ θανάτου ἀπει-
λουμένου διὰ τὴν παρακοήν, τοσοῦτον ἠπίστησαν τῷ ποιητῇ καὶ
εὐεργέτῃ, ὡς ἐλπίσαι, εἰ παρακούσοιεν οὐ μόνον τὴν ἀθανασίαν ἕξειν,
ἀλλὰ καὶ τὸ τῆς θεότητος ἀξίωμα προσλήψεσθαι · εἰ καὶ ἡ σὰρξ
15 αὐτοῖς εἰλήφει τὴν ἀθανασίαν, πῶς οὐ μᾶλλον ἂν ἐπείσθησαν εἶναι
θεοὶ διὰ τῆς παρακοῆς ; οἷς γὰρ οὐκ ἤρκεσεν ἀπειλὴ θανάτου εἰς τὴν
φυλακὴν τῆς ἐντολῆς, τὸ τῆς ἀθανασίας βέβαιον πάντως ἂν ἀδεὲς εἰς
τὸ πταίειν ἦν, καὶ διηνεκές, τῷ τῆς ἀθανασίας ἀσφαλεῖ τεθαρρηκόσι.
Πρῶτον οὖν δείκνυσι τῇ τε δόσει τῆς ἐντολῆς, καὶ διὰ τῆς παρακοῆς
20 τῶν περὶ τὸν Ἀδάμ, ὅτι συμφέρει ἡ θνητότης, καὶ τότε ταύτην δίδωσιν, ὁμοῦ καὶ πείθων ἀνθρώπους καὶ τῶν συμφερόντων οὐκ ἀφιστά-
μενος · ὅτι γὰρ τῷ θνητῷ βίῳ τὸν ἄνθρωπον ηὐτρέπιζεν, αὐτὸ τὸ
σχῆμα τοῦ ἄρρενος καὶ τοῦ θήλεος δείκνυσιν, ἐν τῇ δυνάμει τῆς
παιδοποιίας εὐθὺς καὶ ἐκ πρώτης δεικνύμενον. Ὥστε ἡ μὲν πλάσις
25 ἡτοιμάσθη τῷ θνητῷ βίῳ · ἡ δὲ τῆς ἐντολῆς δόσις, καὶ τὸ αὐτεξού-
σιον προεγύμνασε, καὶ ἔδωκε τῇ γνώμῃ τῶν αὐθαιρέτων ἀγώνων τὴν
πρόφασιν, καὶ τὸ τῆς θνητότητος συμφέρον ἔδειξεν.

D 57ᵛ, A 65, Nic. I 98.
B 70ᵛ.

ΔΙΟΔΩΡΟΥ] ΘΕΟΔΩΡΟΥ D A Nic.
4. εἰδὼς ὁ θεὸς B ; — 10. ἧς] ᾗ B ; — 13. καὶ εὐεργέτῃ omis. B ; παρασκούσαιεν D ; — 14. εἰ <γὰρ> καὶ D ; — 15. ἐπείσθησαν B, ἀνεπείσθησαν Nic. ; — 17-18. ἀδ. ἦν κ. διηνεκὲς εἰς τ. πτ. D ; — 19. τε omis. B ; δώσει B ; — 23. θηλέως B ; — 24. ἐκ πρώτης] ἐν πρώτοις D ; ἐπιδεικνύμενον B.

80

Gen. IV, 15 πᾶς ὁ ἀποκτείνας Κάιν ἑπτὰ ἐκδικούμενα παραλύσει.

ΔΙΟΔΩΡΟΥ.

Ποῖά εἰσι τὰ ἑπτὰ ἐκδικούμενα ; τουτέστι διὰ τί ἑπτὰ ἐκδικήσεις ζητητέον, καὶ διὰ τί ἑπτὰ ὑπὲρ ἑνὸς φόνου.

"Οτι καὶ τὰ ἁμαρτήματα τοσαῦτα ἦν. Τὰ γὰρ ἀπὸ γῆς προσάγων
5 τῷ Θεῷ, ὕβρισεν ὅτι μὴ διέκρινε, δέον τὰ ἐκλεκτὰ προσαγαγεῖν·
ἐλυπήθη ὅτι οὕτως ὕβρισας τὸν Θεὸν. μὴ ἐδέχθη· ἡσυχάσαι προσαχ-
θεὶς παρ' αὐτοῦ τοῦ Θεοῦ, οὐκ ἠρέμησεν· ἐβάσκηνε τῷ ἀδελφῷ·
ὡς ἀδελφὸς πιστευθείς, ἐξαγαγὼν τὸν Ἀβὲλ εἰς τὸ πεδίον, ἀνεῖλε·
ψεύδεται τῷ Θεῷ ἐρωτώμενος· «ποῦ ἐστιν Ἀβελ ὁ ἀδελφός σου » · ἐλύ-
10 πησε τοὺς γεγεννηκότας, ἀνελὼν τὸν ἀδελφόν. Εἰκότως ἄρα τῶν ἑπτὰ
ἁμαρτημάτων τοσαύτας τιμωρίας ἀντιλαμβάνει. Πρώτην, τὸ τῆς ἐπι-
καταράτου γῆς ἐπικατάρατον γενέσθαι· ἡ μὲν γὰρ διὰ τὸν ἄνθρωπον,
ὁ δὲ δι' ἑαυτὸν ἐδέξατο τὴν κατάραν· δευτέραν, τὸ μὴ τῶν πόνων
κατ' ἀξίαν τὴν τῶν ἀπὸ γῆς προσφορὰν δέχεσθαι· τὸ μὲν γὰρ «ἐργᾷ
15 τὴν γῆν » καὶ τῷ πατρὶ δέδοται, τὸ δὲ, « οὐ προσθήσει δοῦναί σοι τὴν
ἰσχὺν αὐτῆς », τῷ Κάιν· τρίτην, τὸ στένειν· τετάρτην, τὸ τρέμειν, ἢ
κατὰ ἄλλους ἑρμηνευτὰς ἀκαταστατεῖν, τουτέστι, πλανᾶσθαι ἐπὶ τῆς
γῆς· πέμπτην τὴν ἁπάντων χαλεπωτέραν, τὸ τῆς τοῦ Θεοῦ οἰκειώ-
σεως ἀλλοτριωθῆναι· ὡς αὐτὸς ὁ Κάιν, « εἰ ἐκβάλλεις με ἀπὸ τῆς γῆς,
20 καὶ ἀπὸ τοῦ προσώπου σου κρυβήσομαι » · ἕκτην, τὸ ταύτας τὰς
τιμωρίας ὑπέχειν ἕως μακροῦ γήρως, ὧν ἂν ηὔξατο πολλάκις θανάτῳ
ἀπαλλαγῆναι· ἑβδόμην, τὸ σημεῖον, ὅπερ εἴληφεν, ὥστε μὴ ἀναι-
ρεῖσθαι ὑπὸ τῶν ἀνθρώπων. Ἦν δὲ καὶ τοῦτο· οὐκ ἀνεκτὴ κόλασις
αὐτῷ, γνωριζομένῳ δι' αὐτοῦ, καὶ ὅτι οἷα μαστιγίας δοῦλος ἐπὶ
25 κακοῖς ἁλοὺς, τὰ στίγματα περιέφερεν ἐν πάσῃ τῇ γῇ.

D 63 — A 70, Nic. 1 113.
B 85.
L 52.

ΔΙΟΔΩΡΟΥ] ΘΕΟΔΩΡΗΤΟΥ D A Nic.

2. εἰσι omis. B ; διὰ τί ἑπτὰ ἐκδ.] αἱ ἑπτ. ἐκδ. B ; — 4. τὰ γὰρ ἀπὸ] <ά> τὰ ἀπὸ B ; <β'> ἐλυπήθη, B ; <γ'> ἡσύγασας B ; προσταχθείς A ; — 7. <δ'> ἐβάσκηνε B ; τῷ ἀδελφῷ] τόν ἀδελφόν A Nic. ; <καὶ τοῦτο> ἀδελφῷ B ; — 8. ὡς ἀδελφός] ὡς ἀδελφόν <ὅτι> Nic. ; <ε'> ὡς ἀδελφῶς B ; τὸν Ἀβὲλ omis. D A Nic. ; — 9. <ς'> ψεύδεται B ; τῷ θεῷ] τὸν θεὸν B ; ἐστίν omis. B ; <ζ'> ἐλύπ. B ; — 13. ἑαυτοῦ B ; τῶν πόν.] τῶν omis. B ; — 14. προσφοράν] φοράν B ; — 16. αὐτῆς] αὐτοῖς D ; — 17. <τοὺς> ἄλλους A ; <τὸ> πλανᾶσθαι Nic. ; — 18. τὴν omis. B ; τοῦ Θεοῦ] τοῦ omis. D ; — 19. ὡσαύτως Nic. ; ἐκβάλῃς D ; ἐκβάλεις A ; — 21. τοσαύτας D ; — 24. αὐτῷ omis. B.

81

Gen. IV, 17. Descendants de Caïn.

Συγχωρεῖ τὰς ἀδελφομιξίας τῶν τοῦ Ἀδὰμ τέκνων ὁ Θεός · τοὺς μερισθέντας ἐξ ἑνὸς αἵματος εἰς μίαν ἀγάπην ἡνῶσθαι βουλόμενος · ὕστερον δὲ ἐκταθεῖσαν εἰς πλῆθος τὴν γενεὰν ἐκώλυσε κεχρῆσθαι τοῖς αὐτοῖς.

ΘΕΟΔΩΡΟΥ B 86, ΔΙΟΔΩΡΟΥ C 62ʳ.

82

IX, 3-4 « Καὶ πᾶν ἑρπετὸν, ὅ ἐστι ζῶν, ὑμῖν ἔσται εἰς βρῶσιν · ὡς λάχανα χόρτου δέδωκα ὑμῖν τὰ πάντα. Πλὴν κρέας ἐν αἵματι ψυχῆς οὐ φάγεσθε. »

I. Διὰ τί δὲ ὅλως τὴν κρεωφαγίαν ἐνομοθέτησεν ;

5 Εὐθὺς δημιουργήσας τὸν ἄνθρωπον, τῆς γῆς αὐτῷ τοὺς καρποὺς ἐδωρήσατο, ἀπὸ σπερμάτων καὶ δένδρων βιοτεύειν κελεύσας, μετὰ δὲ τὸν κατακλυσμὸν πλείονι τοῦτον φιλοτιμεῖται τρυφῇ, καὶ πετεινὰ, καὶ νηκτὰ, καὶ χερσαῖα ζῷα θύειν τε καὶ ἐσθίειν κελεύσας · πάθει πάθος ἐξελαύνων, καὶ τῷ ἐλάττονι θεραπεύων τὸ μεῖζον. 10 Προορῶν γὰρ ὁ Θεὸς ὅτι ταῦτα θεοποιήσουσιν οἱ εἰς ἐσχάτην ἀλογίαν ἐκπεπτωκότες, συγχωρεῖ τὴν βρῶσιν ἵνα τὴν ἀσέβειαν παύσῃ · ἀβελτηρίας γὰρ τῆς ἐσχάτης τὸ ἐσθιόμενον προσκυνεῖν. Διά τοι τοῦτο, τὰ μὲν ἀκάθαρτα τῶν ζῴων λέγει, τὰ δὲ καθαρά, ἵνα τὰ μὲν ὡς ἀκάθαρτα βδελυττόμενοι, μὴ θεοποιῶσι, τὰ δὲ, μὴ προσκυνῶσιν, 15 ὡς ἐσθιόμενα.

II. Ὅτι χρησίμως ἡμῖν τὸ κρεωφαγεῖν ἐπέτρεψεν, ἡ ἔκβασις ἔδειξε.

Προσκυνεῖται γὰρ καὶ μετὰ τὴν Χριστοῦ χάριν πολλὰ τῶν ἀλόγων·
οὐκοῦν πάντα ἂν προσεκυνήθη, μὴ προλαβούσης τῆς κρεωφαγίας.

III. Καὶ αὐτὸ μέν πως τὸ αἷμα γεωδέστερόν ἐστι παγὲν, καὶ εἰς
20 ἀνάδοσιν τοῖς ἐσθίουσι βαρύτατον· διὸ δὴ βούλεται καθαρὰς ἡμᾶς
τὰς σάρκας ἐσθίειν αἱμάτων. Δοκεῖ δὲ μᾶλλον ἢ ψυχῆς οἰκειότερον
ἢ ζωῆς αἰτιώτερον τὸ αἷμα δεικνύναι. Τάχα δὲ τὸ « πλὴν κρέας ἐν
αἵματι ψυχῆς οὐ φάγεσθε » τοιοῦτό ἐστιν· ἐπειδὴ τὰ θηρία ζῶντα
ἅπερ ἂν θηράσῃ, κατεσθίει, — τοῦτο γάρ ἐστι τὸ « ἐν αἵματι ψυχῆς »·
25 ἀντὶ τοῦ τὰ ζῶντα — κελεύει μὴ ὡς θηρία ζῶντα τὰ ἄλογα κατεσ-
θίειν ὠμοσπάρακτα, ἀλλ᾽ ἀποθανόντα, τουτέστι τυθέντα.

D 75 — A 81, a 103, Nic. I 156-7.
B 110ʳ.
K 228, L 62ʳ et 63.

En général les deux premiers fragments sont présentés en un seul.
— B en fait un résumé et lui donne pour lemme ΔΙΟΔΩΡΟΥ ΚΑΙ ΘΕΟΔΩΡΗ-
ΤΟΥ.
— D et K les réunissent tous deux sous le nom de Théodoret.
— A les présente séparés et sans aucun lemme.
— Le manuscrit de Nicéphore laisse le premier anonyme et attribue le second
à Diodore.
— L n'a que le premier et le présente sous le nom de Gennadius.
Le troisième fragment est attribué par B et L à Diodore; les autres manuscrits
n'indiquent pas son origine.
Bref, des idées de Diodore sont très probablement exprimées dans ces lignes, mais
il paraît bien impossible de les dégager sûrement. A plus forte raison, ne faut-il
pas prétendre établir un texte authentique; aussi n'avons-nous pas cru devoir présenter les nombreuses et longues variantes.

83

IX, 5 « Καὶ γὰρ τὸ ὑμέτερον αἷμα. τῶν ψυχῶν ὑμῶν ἐκ χειρὸς
πάντων τῶν θηρίων ἐκζητήσω αὐτό. »

Περὶ τῆς μελλούσης ἀναστάσεως εἶπεν « ἐκζητήσω », σημαίνων
ὅτι κἂν θηρίον ἀνάλωσε σῶμα, ἐγὼ ἐκζητῶν ἀναστήσω αὐτό.

B 112. ΘΕΟΔΩΡΗΤΟΥ ΚΑΙ ΔΙΟΔΩΡΟΥ.
Les autres manuscrits : sans lemme, cf. Nic. I 157. 2.

84

Gen. XI, 3... καὶ ἄσφαλτος ἦν αὐτοῖς ὁ πηλός.

ΔΙΟΔΩΡΟΥ.

Ὁ Ἑβραῖος καὶ ὁ Σύρος ἔχει « καὶ ἄσβεστος ἦν αὐτοῖς ὁ πηλὸς »
καὶ μάλα εἰκότως· ἄσφαλτος γὰρ εἰς οἰκοδομὴν ἄχρηστος, ἄσβεστος
δὲ ἐπιτηδειοτάτη.

D 79 — A 85, a 108, F 61*, Nic. I 175.
B 117*.
C 84.
K 231.

1. ΕΥΣΕΒΙΟΥ B C.
2-3. καὶ μάλα εἰκότως] ὃ καὶ πιθανόν B C.

85

ΔΙΟΔΩΡΟΥ.

Gen. XI, 17 « Ἔβερ μετὰ τὸ γεννῆσαι αὐτὸν τὸν Φαλὲκ ἔζησεν ἔτη σο' καὶ ἐγέννησεν υἱοὺς καὶ θυγατέρας καὶ ἀπέθανεν. »

Εἰ ὁ Ἔβερ μετὰ τὸ γεννῆσαι τὸν Φαλὲκ ἔζησεν ἔτη σο', ὁ δὲ
5 Φαλὲκ τῷ ρλδ' τῆς ἑαυτοῦ ζωῆς ἔτεκε τὸν Ῥαγαῦ, ἐπὶ δὲ τοῦ Φαλὲκ
γέγονεν ἡ πυργοποιία, δῆλον ὅτι καὶ ὁ Ἔβερ τότε περιῆν καὶ μετὰ
πλείονα ἔτη τῆς πυργοποιίας ἀνεχώρησε τοῦ βίου. οὐκοῦν ἡ ἑβραία
φωνὴ ἀπὸ τοῦ Ἔβερ ὠνόμασται, οὗ ἡ γλῶσσα διεφυλάχθη, πάντων
τῶν ἄλλων εἰς διαφόρους μερισθέντων φωνὰς, διὰ τὸ μὴ συμφωνῆ-
10 σαι τοῖς ἄλλοις ἴσως εἰς τὸ τῆς πυργοποιίας τόλμημά.

D 80* — A 86 (in marg.), a 110* (in marg.), F 161, Nic. I 178.
B 120.
K 232, L 67.

1. ΔΙΟΔΩΡΟΥ] omis F B, ΘΕΟΔΩΡΗΤΟΥ A.
2-3. Ἔβερ - - ἀπέθανεν omis F Nic. ; — 2-6. Ἔβερ - - πυργοποιία omis. B ; — 4. Εἰ ὁ
omis. F Nic. ; <αὐτὸν> τὸν F Nic. ; — 5. τῷ add. B², omis A F Nic. ; — 6. τότε omis.
F ; — 6-9. ἐπὶ τούτου δῆλον ὅτι περιόντος ἔτι τοῦ ἔβερ ἐτολμήθη, ἡ πυργοποιία ἀφ' οὗ ἡ
ἑβραία ὠνόμασται· γλῶσσα παρ' αὐτῷ μόνῳ φυλαχθεῖσα, διὰ τὸ... B.

86

A la suite du commentaire Gen. XV, 8-12, fragment n° **29**.

Πρὸς τοῦτο ὁ Θεὸς τρία γένη τῶν εἰς καταδούλωσιν ἡμῖν καὶ κατά-
χρησιν καὶ βρῶσιν ἐκδιδομένων ζῴων παράγειν ἐκέλευσε, τριετίζουσαν δάμαλιν καὶ κριὸν καὶ αἶγα τά τε καὶ διχοτομηθέντα, καὶ τρυγόνα
καὶ περιστερὰν ἄτμητα, καὶ ἐκθεῖναι πάντα · κατελθεῖν δὲ τὰ ὄρνεα
5 ἐπὶ τὰ διχοτομήματα, καὶ συγκαθῆσθαι αὐτοῖς θεώμενον τὸν Ἀβράμ ·
δηλῶν τὴν τῶν τριῶν γενεῶν αὐτῶν καταδούλωσιν καὶ τὴν ἐν τῇ
ἐρήμῳ διατριβὴν, ὡς αἱ τρυγόνες καὶ τὴν αὐτῶν ἐπάνοδον καὶ συνοί-
κησιν εἰς τὰ οἰκεῖα, ὡς αἱ περιστεραὶ καὶ τὴν τῶν ἐναντίων κατα-

δρομὴν ὥσπερ τῶν ὀρνέων καὶ τὴν ἐκ πάντων τούτων φυλακὴν τοῦ
Θεοῦ ἀποδιώκοντος ῥᾳδίως ὥσπερ τὰ ὄρνεα ὁ Ἀβρὰμ ἵνα μὴ τούτοις
λυμήνωνται.

D A F K L 71.
ΤΟΓ ΑΓΤΟΓ ΕΙΣ ΤΟ ΑΓΤΟ D; sine lemm. A; ΑΛΛΩΣ F; IN IDEM ALITER K;
DIODOROS L.

1. πρὸς] προσδιδάξας F; — 2. καὶ βρῶσιν omis F; — 3. ἐκδιδομένων] ἐκδεδομένων A;
— 4. συγκαθῆσθαι] συγκαθεσθῆναι F; — 5. θεώμενον] θεασάμενον F; — 8. καὶ τὴν] καὶ
omis D; — 9. τὴν ἐκ omis F.

87

cf. Gen. XXVII, 27 Ὁ Σύρος ἀντὶ τοῦ ἀγροῦ ἀρούρας ἔχει · τὸ δὲ
πλήρους, πεπληρωμένας βλαστιμάτων εὐωδεστάτων.

D 118 — A 127, a 163, F 111. Nic. I 336 — E
K 358.

ΔΙΟΔΩΡΟΓ A E K, ΙΣΙΔΩΡΟΓ D, ΘΕΟΔΩΡΟΓ F, ΘΕΟΔΩΡΗΤΟΓ Nic.

88

Gen. XXXVI, 24 οὗτός ἐστιν Ἀνὰ ὃς εὗρε τὸν Ἰαμεὶν ἐν τῇ ἐρήμῳ,
ὅτε ἔνεμε τὰ ὑποζύγια Σεβεγὼν τοῦ πατρὸς αὐτοῦ.

I. Ὁ Σύρος καὶ ὁ Ἐβραῖος τὸν Ἰαμεὶν ὕδωρ βούλονται λέγειν ·
ἀντὶ τοῦ · « εὗρε πηγὴν ἐν τῇ ἐρήμῳ ». Οἱ δὲ ἑρμηνεύσαντες αὐτήν
πως τὴν λέξιν τὴν ἑβραικὴν τεθείκασι.

II. Τί ἐστιν « οὗτός ἐστιν ὁ Ἀνὰν, ὃς εὗρε τὸν Ἰαμεὶν ἐν τῇ
ἐρήμῳ ὅτε ἔνεμε τὰ ὑποζύγια Σεβαιγὼν τοῦ πατρὸς αὐτοῦ »; Ὁ Σύρος
λέγει πηγὴν αὐτὸν εὑρηκέναι · ἡ γὰρ πηγὴ Ἀνὰν καλεῖται τῇ Σύρων
φωνῇ.

D 138ᵛ — A 148 in marg., a 190ᵛ, Nie. I 418 — E 92ʳ.
B 210.
G 190, K 174.

I. sin. nom.   D A, manuscr. Niceph.
           B.
ΔΙΟΔΩΡΟΓ   G E.
ΘΕΟΔΩΡΗΤΟΓ K.

II. ΔΙΟΔΩΡΟΓ   D A K.
ΘΕΟΔΩΡΗΤΟΓ E.

Dans les manuscrits de la classe de Nicéph., ces deux fragments sont suivis par cette note d'un scoliaste inconnu : Πανταχοῦ μὲν τὸ ὕδωρ Ἀμματμ λέγεται ἐν τῷ ἑβραϊκῷ· ἡ δὲ πηγή, Μωκώρ· ἐν γὰρ τῷ λέ ψαλμῷ εἰς τὸ «παρά σοὶ πηγὴ ζωῆς», ἐν τῷ ἑβραϊκῷ κεῖται, Μωκὼρ ἀϊούμ. οὔτε οὖν τὸν Ἰαμεὶν κατὰ Διόδωρον εὗρον ἀντὶ ὕδατος, οὔτε ἀντὶ τῆς πηγῆς τὸ αἰνάν. κατὰ Θεοδώρητον δὲ, οὐ τὸ αἰνάν, πηγὴν ἔδει λέγεσθαι, ἀλλ' ἦ ἄρα τὸ Ἰαμεὶν. ὁ γὰρ Αἰνὰν εὗρε τὸν Ἰαμεὶν οὐχ ὁ Ἰαμεὶν τὸν Αἰνάν.

Sur cette indication, Nicéphore a attribué le premier fragment à Diodore, le second à Théodoret ; ce témoignage n'a pourtant rien de décisif, parce qu'on ignore qui est ce scoliaste et quelles étaient ses raisons.

89

cf. Gen., XXXIX, 1 Joseph chez l'eunuque Πετεφρῆς.

I. Πῶς εὐνοῦχον εἶναι φήσας τὸν Πετεφρῆν γυναῖκα τοῦτον εἶπεν ἔχειν ;

Οἶμαι τοίνυν ἐγὼ τῶν δύω τὸ ἕτερον, ἢ διὰ τὸ εὔνουν, εὐνοῦχον αὐτὸν καταχρηστικῶς προσειρῆσθαι, ἢ καὶ τῷ ὄντι τῶν μορίων ἐκτετμημένων, ἔχειν ἐν γαμετῆς τάξει τὸ γύναιον. Ὁ δὴ καὶ ἐφ' ἡμῶν ἔγνωμεν ὑπὸ πολλῶν πολλάκις γινόμενον.

II. Εἰ εὐνοῦχος ὁ Πετεφρῆς, πῶς εὑρίσκεται γυναῖκα ἔχων.

ἀλλ' ὁ μὲν Σύρος μιᾷ προσηγορίᾳ τόν τε σπάδοντα καὶ τὸν πιστὸν ἄνδρα λέγει τοῖς δεσπόταις · ὁ δὲ Ἑβραῖος ἀληθῶς εὐνοῦχον, καὶ τοῦτον ἀπὸ τῆς πίστεως, ἐπειδὴ φιλεῖ τὸ τῶν εὐνούχων γένος μάλιστα πιστεύεσθαι τὰ τιμιώτατα τῶν κτημάτων καὶ αὐτὴν τῶν βασιλέων τὴν σωτηρίαν. Καὶ οὐ θαυμαστόν, ὅπου γε καὶ Ἀβραὰμ καὶ Ἰσαὰκ καὶ Ἰακὼβ χριστοί· «μὴ ἅπτεσθε γὰρ, φησὶ, τῶν χριστῶν μου » ὡς τὴν τοῦ χριστοῦ εὐσέβειαν κεκτημένων, καὶ Κῦρος δὲ ὁ πέρσης λέγεται χριστός. Οὕτως ἄρα καὶ τὴν τοῦ σπάδοντος προσηγορίαν ὁ ἀρχιμάγειρος ἔσχεν, διὰ τὴν εὔνοιαν, καίτοι γυναῖκα ἔχων.

I. ΔΙΟΔΩΡΟΥ D (146), A (156), a (201), E (97ᵛ). Theodoros L (94).
     sin. nomine Nic. I 446.

II. ΔΙΟΔΩΡΟΥ B 223ᵛ, L 95ᵛ.
     sin. nom. D A Nic.

G a recueilli l'un et l'autre dans ses ΓΕΝΕΣΕΙΣ ΔΙΟΔΩΡΟΥ. Pourtant ce n'est que l'un ou l'autre qui puisse appartenir à cet auteur.

90

Exode, XIV, 21-22 ἐξέτεινεν δὲ Μωϋσῆς τὴν χεῖρα ἐπὶ τὴν θάλασσαν · καὶ ὑπήγαγεν Κύριος τὴν θάλασσαν ἐν ἀνέμῳ νότῳ βιαίῳ ὅλην τὴν νύκτα καὶ ἐποίησεν τὴν θάλασσαν ξηρὰν καὶ ἐσχίσθη τὸ ὕδωρ.

ΔΙΟΔΩΡΟΥ.

Ἐπειδὴ ἴχνη τοῦ τότε γεγενημένου θαύματος εἰς ἔτι καὶ νῦν δείκνυται, τῆς ἐρυθρᾶς ἀμπωτιζούσης καὶ τῆς ὑπηργμένης παρὰ τοῦ Θεοῦ
δωρεᾶς τοῖς Ἑβραίοις ἀνάμνησιν παρεχούσης, Ἕλληνες τὸ γινόμενον
5 πρόφασιν λαμβάνουσιν ἀσεβείας, ἐν πλείοσι τῆς θαλάσσης τόποις
δεικνύντες ἀμπωτισμοὺς φύσεως ἔργον, οὐ θείου θαύματος. Ἡμεῖς δὲ
συγχωρήσαντες αὐτοῖς ὃ βούλονται νοεῖν καὶ τῆς φύσεως εἶναι τὸν
ἀμπωτισμὸν τῆς ἐρυθρᾶς κατὰ τοὺς τόπους ἐν οἷς ἀπώλοντο μὲν οἱ
Αἰγύπτιοι, διεσώθησαν δὲ οἱ Ἑβραῖοι, δόντες πυθώμεθα αὐτῶν εἴ που γῆς
10 θαλάσσης ἀμπωτισμὸς μέσον τέμνει καὶ κόλπον καὶ τοῦτον σχοινοτενῶς
ὥστε γυμνοῦν τὸν κρυπτόμενον αὐτοῖς τόπον καὶ ποιεῖν ὁδὸν πλα-
τεῖαν, μᾶλλον δὲ ὁδοὺς εὐθείας, ὅπερ τοῖς Ἰσραηλίταις παρέσχε Θεὸς
κατὰ τὸν Δαβὶδ λέγοντα· « τῷ καταδιελόντι τὴν ἐρυθρὰν θάλασσαν
εἰς διαιρέσεις », καὶ εἰ τὸ θαλάττιον ὕδωρ σχισθὲν ἐκ δεξιῶν τε καὶ
15 ἐξ εὐωνύμων φύσιν ἔχει στῆναι δίκην τειχῶν ἀρραγές. Ὅπερ ἐπὶ
τῶν Ἰσραηλιτῶν γέγονεν ὁδῷ τοῖς θαλαττίοις τόποις χρωμένων.

Εἰ δὲ ἀπιστοῖεν ὅτι ταῦτά ποτε γέγονε διατί μὴ τὰς κατὰ μέρος
ἀντιλογίας ἀφέντες αὐτὸ τοῦτο ζητοῦσι πρὸς ἡμᾶς, διδασκάλῳ χρώμενοι τῇ ἀληθείᾳ, μᾶλλον δὲ τὴν ἀλήθειαν ἐκ τῶν ἀποδεικνυμένων
20 πραγμάτων διδασκόμενοι ; ἐγχωρεῖ τὴν ἐρυθρὰν ἀμπωτίζειν πῇ μὲν
ἐπιτρέχουσαν πῇ δὲ ἀναχωροῦσαν· ἀλλ' ἐπὶ τῶν Ἰσραηλιτῶν οὐκ
ἦν ἀμπωτισμός. Πῶς γὰρ τὸ σχισθῆναι τὴν θάλασσαν καὶ παγῆναι
εἰς τειχῶν στάσιν εἴη ἂν ἀμπωτισμός ;

D 218 — A 237, a 9ʳ, H 52, Nic. I 711.
L 131ʳ.

1. ΔΙΟΔΩΡΟΥ] omis D ; ΘΕΟΔΩΡΙΤΟΥ Nic.
2. Ἐπειδὴ] ἐπεὶ δὲ ἡ corr. D² ; — 3. ἀμπωτιζούσης] ἀμποτιζούσης H ; — 4. <παρὰ>
τοῖς H ; — 4-6. Ἑβραίοις -- δεικνύντες ἀμπωτισμοὺς omis. Nic. ; — 5. τῆς] τοῖς H ; —
6. ἀμπωτισμοὺς] ἀμποτισμοὺς H ; — 8. δὲ omis H ; τῆς omis. H ; — 9. πυθώμεθα
αὐτῶν] πυθώμεν αὐτῶν H, πειθόμεθα αὐτοῖς Nic. ; — 10. ἀμπωτισμὸς] ἀμπωτισμὸν D ;
τοῦτον] τοῦτο A ; — 13. καταδιελόντι] καταδιελώντι H ; — 14. εἰ] εἰς D ; — 16. <ἐν>
ὁδῷ D ; τόποις] τόπος Nic. ; — 17. ἀπιστοῖεν] ἀπιστεῖεν D Nic. ; — 18. αὐτὸ] αὐτῷ H ;
— 18-20. ἡμᾶς διδασκάλῳ -- ἐγχωρεῖ τὴν omis. Nic. ; — 20. ἀμπωτίζειν] ἀμποτίζειν H ;
— 23. τειχῶν] τειχῶς H.

91

Juges ch. XV-XVI. Samson commet des adultères et par la
suite reçoit des grâces de l'esprit de Dieu.

Εἰ δὲ μετὰ τὸ πορνεῦσαι τὸν Σαμψὼν τότε κατεύθυνεν ἐπ᾽ αὐτὸν πνεῦμα Κυρίου, ἢ ὅτε τὴν τρίτην ἠγάγετο γυναῖκα, ἢ καὶ προδέδωκεν αὐτὸν εἰς θάνατον, τοῦτο καὶ ἐξ αὐτῆς τῆς θείας Γραφῆς δεικνύντων τῶν αἱρετικῶν · τὸ πνεῦμα τὸ ἅγιον οὐ συνοικεῖ καθάπερ ἡ ψυχὴ τοῖς σώμασιν, ἀλλὰ πάρεστι μὲν ὡς ἀπερίγραφον, ἐνεργεῖ δὲ ὅσα βούλεται · τοῦτο προγινώσκον τοῦ Σαμψὼν τὴν ἀγριότητα καὶ οἴνου καὶ σταφίδος αὐτὸν ἀπέχεσθαι προστάττει, μήποτε τῇ μανίᾳ τῆς ψυχῆς συγκραθῇ ὁ οἶνος, καὶ κατὰ τῶν ὁμοφύλων αὐτὸν ἐγείρῃ.

Totum fragm. omis D et A.
ΔΙΟΔΩΡΟΥ Ρ 257, ΘΕΟΔΩΡΗΤΟΥ Ο 179, ΔΙΟΔΩΡΟΥ Ρ 3ο, ΔΙΟΔΩΡΟΥ Nic. II 221.

FRAGMENTS INAUTHENTIQUES

En tête de chaque fragment, on indiquera le recueil qui l'attribue à Diodore.

Nic. I 55.

Gen. II 1-2.

Ἵνα εἴπῃ ὅτι συνετέλεσε... ὃ προσθεῖναι ἐχρῆν ὡς λοίπον τῇ κτήσει.

ΘΕΟΔΩΡΟΥ E 3o', J 37, K 209.

Migne P. G. XXXIII col.

Gen. II 7.

Οὐκ εἶπε δὲ ὅτι ἐγένετο ἡ σὰρξ... ὁ ἄνθρωπος εἰς ψυχὴν ζῶσαν. Τοῖς μὲν γὰρ ἀλόγοις... ἄρχειν καὶ δεσπόζειν.

Nicéphore (I 63) tout comme les manuscrits les attribuent à Théodore : la responsabilité de cette erreur revient à l'édition de Migne.

Nic. I 80.

Gen. III 2.

Ἄλογος ὢν ὁ ὄφις... τὴν δύναμιν τοῦ ἐχθροῦ.

ΘΕΟΔΩΡΗΤΟΥ D 52', A 61, a 70, F 33', E 33, J 43.

D 115ᵛ.

Gen. XXVII 14-19.

Δεδιὼς δὲ μήποτε συνιεὶς ὁ πατήρ... παρὰ τοῦ πατρὸς ἔλαβεν οἰκονομίᾳ θεοῦ.

Sine nomine : A 124, a 158ᵛ; ΠΡΟΚΟΠΙΟΥ' Nic. I 334; ISIDORI, in epist. DXLVII' K.

D 119ᵛ.

Gen. XXVIII 12-16.

ἡ κλίμαξ ἐδήλου τὴν κυρίου κάθοδον... τοὺς ἀνακειμένους τῷ Θεῷ διασώζει.

ΘΕΟΔΩΡΗΤΟΥ A 127; sine nom. F 111, Nic. I 359, K 260; à noter qu'un fragment débutant par le même mot est attribué à Diodore. C'est ce qui explique et confirme l'erreur de D.

A 108.

Gen. XXII 2.

Διὸ δὴ καὶ Παῦλος ἐθαύμαζε... καταναανιευομένοις πράγματος.

ΓΕΝΝΑΔΙΟΥ D 202; sine nom. F 84; ΚΥΡΙΛΛΟΥ Nic. I 276, B 150ʳ.
Sine nom. K 248.

Gen. XXXII. cf. Fragments authentiques, le commentaire du v. xxxii, 24-28.

V. 1.

Τοῦ Λάβαν ἀπαλλαγεὶς ὁ Ἰακὼβ, ὁρᾷ παρεμβολὴν ἀγγέλων, πάντως που τὴν ὁρισθεῖσαν μετὰ Μιχαὴλ τοῦ ἄρχοντος τοῦ λαοῦ Ἰσραήλ· ὃς κατέστη αὐτοῦ προεστάναι, ὡς Γαβριὴλ φησι πρὸς τὸν Δανιήλ, « Μιχαὴλ ὁ ἄρχων ὑμῶν ». Ἐπειδὴ γὰρ τὸν τοῦ Λάβαν φόβον ἀποθέμενος, μετέθεικε τὰς φροντίδας εἰς τὰ κατὰ Ἡσαῦ, δείκνυται ἡ παρεμβολὴ τῶν ἀγγέλων, ὡς ἂν μὴ φοβοῖτο τὴν παρεμβολὴν τῶν συνόντων αὐτοῦ τῷ ἀδελφῷ.

N. 24.

Πάντας δὲ τοὺς αὐτοῦ παραγαγὼν διὰ τοῦ ποταμοῦ, καὶ αὐτὸς ὑποληφθεὶς, τότε παλαίει τῷ φανέντι. Καὶ οὗτος ἦν ἄρα ὁ ἐπὶ τῆς κλίμακος ἐστηριγμένος τῆς ἐν Βαιθὴλ φανείσης αὐτῷ. Οἱ δὲ ἄγγελοι οἱ ἀναβαίνοντες καὶ καταβαίνοντες ἡ παρεμβολὴ ἦν.

V. 25.

« Εἶδε δὲ, φησίν, ὅτι οὐ δύναται πρὸς αὐτόν· καὶ ἥψατο τοῦ πλάτους τοῦ μηροῦ αὐτοῦ, καὶ ἐνάρκησεν. » Ὁ μὲν Ἰακὼβ εἶδεν ὅτι οὐ δύναται πρὸς τὸν ἄγγελον, ὁ δὲ ἄγγελος ἥψατο τοῦ πλάτους τοῦ μηροῦ αὐτοῦ.

V. 26.

Τό γε μὲν τὸν ἄγγελον εἰπεῖν · « ἀπόστειλόν με » προτρεπομένου
ἦν, καὶ παρρησίαν διδόντος τῷ Ἰακὼβ εἰπεῖν, « Οὐ μή σε ἀποστείλω,
εἰ μή με εὐλογήσῃς. »

V. 27.

Ὁ δὲ ἐρωτᾷ · « Τί τὸ ὄνομά σου ; ὁ δὲ εἶπεν, Ἰακώβ. Εἶπε δὲ
αὐτῷ · οὐ κληθήσεται τὸ ὄνομά σου Ἰακώβ, ἀλλ' Ἰσραὴλ ἔσται τὸ
ὄνομά σου · ὅτι ἐνίσχυσας μετὰ Θεοῦ καὶ μετὰ ἀνθρώπων δυνατὸς
ἔσῃ ». Ἱκανή σοι, φησίν, εὐλογία τὸ παλαῖσαι μετὰ Θεοῦ, καὶ σημεῖον
ἔστω σοι μέγιστον τὸ Ἰσραὴλ μετονομασθῆναι, ὅπερ ἐστὶν ἄνθρωπος
ὁρῶν Θεόν. Καὶ μὴν εἰ τὴν φύσιν ἄγγελος ἦν ὁ φανεὶς αὐτῷ, ψευδῶς
ἂν ἐκλήθη, Ἰσραὴλ ἀπὸ τοῦ τὸν οὐκ ὄντα Θεὸν ἑωρακέναι, οὐκοῦν Θεὸς
ἦν ὁ αὐτός, καὶ ἄνθρωπος, καὶ ἄγγελος · πάντα ἀληθῶς, ἀλλὰ τὸ μὲν,
τῆς ἐνανθρωπήσεως · τὸ δὲ, τῆς οἰκονομίας · τὸ δὲ, τῆς φύσεως.

V. 29.

« Καὶ εἶπεν Ἰακώβ · ἀνάγγειλόν μοι τί ὄνομά σοι ; καὶ εἶπεν · ἵνα
τί τοῦτο ἐρωτᾷς ; καὶ τοῦτό ἐστι θαυμαστόν. »

Καλῶς ὁ κύριος εἰς ἑαυτὸν λέγεσθαί φησι τὸ « κύριε ὁ κύριος
ἡμῶν, ὡς θαυμαστὸν τὸ ὄνομά σου ἐν πάσῃ τῇ γῇ » · οὐ γὰρ ἂν ἀγγέλου
θαυμαστὸν εἴη τὸ ὄνομα, ἀλλ' ἢ υἱοῦ Θεοῦ |ὅτι Θεὸς καὶ Ἰησοῦ ὅτι
τοῦ κόσμου σωτήρ.

D 133 et 134 (v. 1-27 ; v. 29), A 142 et 143, a 183 et 184, Nic. I 391, 396, 397 B,
397 z, 399 E (autant de fragments séparés que de versets expliqués) ; E 87.
B 199 et 200 (v. 16 ; v. 27-29).
G 188, K 270-271, L 90.

V. 1-27 ΔΙΟΔΩΡΟΥ D A E B K L ; ΘΕΟΔΩΡΟΥ Nic.
V. 29 ΔΙΟΔΩΡΟΥ tous les manuscrits.

Ce n'est pas la tradition manuscrite qui permettrait de suspecter l'authenticité de
ces fragments. Mais la question se pose, si on les compare au commentaire des
v. 24-28 que nous avons publié p. 123, et dont l'attribution à Diodore est imposée par
D et B. Or, à rapprocher les deux commentaires, la conclusion s'impose qu'ils ne
peuvent appartenir à un même auteur.

Ils expliquent le même passage de l'Ecriture, celui où est racontée la lutte que
Jacob eut à soutenir contre un personnage mystérieux avant de passer le torrent de
Jabok. Et si l'on suit le commentaire que nous avons adopté, ce personnage ne
serait qu'un simple messager de Dieu ; à écouter ceux-ci, il ne serait autre que le
Dieu incarné. La première explication ne contredit pas seulement des lignes
ci-dessus celles qui suivent le v. 27 ; il faut le faire remarquer, puisque dans Nicéphore elles sont émiettées en de nombreux fragments, et que par suite, l'idée pourrait être suggérée qu'au cours de la tradition il y aurait eu, à ce verset 27, substi-

tution accidentelle d'un commentaire assez compliqué et d'inspiration dogmatique (οὐκοῦν θεὸς ἦν ὁ αὐτὸς, καὶ ἄνθρωπος, καὶ ἄγγελος · πάντα ἀληθῶς. ἀλλὰ τὸ μὲν, τῆς ἐνανθρωπήσεως · τὸ δὲ, τῆς οἰκονομίας · τὸ δὲ, τῆς φύσεως) à l'explication si brève, si naturelle, si digne de Diodore que nous lisons dans l'autre commentaire. On ne saurait attribuer à Diodore à la fois ce dernier et, par exemple, les lignes ci-dessus qui expliquent le v. 24, où l'on reconnaît dans le personnage mystérieux le même qui se dressait au haut de l'échelle aperçue en rêve sur la terre de Charra, c'est-à-dire le Seigneur (cf. commentaire de Diodore au v. Gen. XXVIII, 12-13, p. 121). D'ailleurs, il faut respecter l'unité de ces fragments ; la plupart des manuscrits les présentent en bloc, et à les examiner de près, on y reconnaît l'intention de l'exégète de faire découvrir le fil du récit, caché dans la Genèse sous une longue digression et plusieurs inhabiletés du narrateur.

Il fallait donc choisir entre les deux commentaires. L'autre nous a paru être bien mieux dans la manière ordinaire de l'auteur.

Gen. XXXVII, 1,

κατήνεγκαν δὲ Ἰωσὴφ ψόγον πονηρὸν πρὸς Ἰσραὴλ τὸν πατέρα αὐτῶν.

Cette ligne suit des leçons de Symmaque et d'Aquilée. D (140) A (150) Nic. (I, 423) l'attribuent à Diodore ; E (93) l'attribue à Théodotion : et ceci paraît bien plus vraisemblable.

D 139ᵛ.

Gen. XXXVII, 1.

Συνεποίμανε τοίνυν καθ' ἡμᾶς γεγονώς... αὐτοῦ τιθεὶς ὑπὲρ τῶν προβάτων.

ΚΥΡΙΛΛΟΥ, cf. Migne, P. G., t. LXIX, col. 300.

D 141.

Gen. XXXVII, 3-4.

Ἐκεῖνο δὲ ἄξιον ἰδεῖν ὅπως... τῷ τὴν δόξαν ὑπισχνουμένῳ.

ΚΥΡΙΛΛΟΥ, cf. loc. cit., col. 289.

D. 135.

Gen. XXXIV, 1-3.

Ἐλέγομεν ὅτι ἠγάγετο μὲν Ἰακώβ... τοὺς προφήτας καὶ αὐτὸν δὲ τὸν Ἐμμανουήλ.

Sine nom. A 145 ; a 130.
ΚΥΡΙΛΛΟΥ Nic. I 405 ; K 272.

Il est impossible après avoir lu le fragment d'hésiter à le rejeter, tant l'allégorisme outré en est la règle continue.

B. 260.

Gen. XLIX, 11.

"Αμπελον μὲν λέγει Ἰσραήλ, πῶλον δὲ τὰ ἔθνη... καὶ μὴ λυμήνασθαι τὴν ἄμπελον.

ΚΥΡΙΛΛΟΥ Nic. I 522.

B. 184ᵛ.

Exode III, 5-6.

Συνιέναι δεῖ ὅτι οὐκ ἂν ἀγχοῦ... λοιπὸν ἐπιτηδείως ἔχειν.

Sin. nom. A 195, a 248.
ΚΥΡΙΛΛΟΥ : Nic. I 579. C 224.

MIGNE, *P. G.*, XXXIII, col. 1585.

Préambule du Deutéronome.

Τὸ προοίμιον διδάσκει τὸν τόπον ἐν ᾧ ἐλέχθη · « πέραν γάρ φησι
τοῦ Ἰορδάνου ἐν τῇ ἐρήμῳ πρὸς δυσμαῖς πλησίον τῆς ἐρυθρᾶς
θαλάσσης. »

Ἀκύλας δὲ καὶ Σύμμαχος « ἐν τῇ ὁμαλῇ τῆς ἐρυθρᾶς θαλάσσης » ·
οὕτω γὰρ καλεῖται τὰ μεταξὺ πεδία τῶν τῆς Ἀραβίας καὶ Ἰουδαίας
ὀρέων · ἐπισημαίνεται δὲ καὶ τὸν χρόνον.

Aucun manuscrit ne l'attribue à Diodore.
B 407, A 449, P 126, O 86, Nic. I 1422, J 391.

TABLE DES MATIÈRES

ABBEVILLE. — IMPRIMERIE F. PAILLART